U0941473

星云大师十句箴言

/王贵水·编著/

四川人民出版社

图书在版编目（CIP）数据

星云大师十句箴言 / 王贵水编著．—2 版．
—成都：四川人民出版社，2015.7
ISBN 978-7-220-09476-7

Ⅰ.①星… Ⅱ.①王… Ⅲ.①佛教－人生哲学－
通俗读物 Ⅳ.①B948－49

中国版本图书馆 CIP 数据核字（2015）第 091614 号

XINGYUN DASHI SHIJU ZHENYAN

星云大师十句箴言

王贵水 编著

责任编辑	韩 波
营销策划	张明辉
封面设计	蒋宏工作室
版式设计	戴雨虹
责任校对	蓝 海
责任印制	李 剑 孔凌凌
出版发行	四川人民出版社（成都市槐树街 2 号）
网 址	http：//www.scpph.com
E-mail	scrmcbs@sina.com
新浪微博	@四川人民出版社官博
发行部业务电话	（028） 86259457 86259453
防盗版举报电话	（028） 86259457
照 排	四川胜翔数码印务设计有限公司
印 刷	成都金龙印务有限责任公司
成品尺寸	160mm×230mm
印 张	15.5
字 数	239 千
版 次	2015 年 7 月第 2 版
印 次	2016 年 5 月第 2 次印刷
书 号	ISBN 978-7-220-09476-7
定 价	29.80 元

前　言

星云大师（释星云），江苏省江都人，生于1927年，12岁在南京栖霞山剃度出家。早年参学于栖霞律学院、焦山佛学院，后被受记为临济宗第48代传人。佛光山开山宗长，佛光山寺第一、二、三任住持。2006年，星云大师创办的西来大学正式成为美国大学西区联盟（WASC）会员，为美国首所由中国人创办并获得该项荣誉的大学。

星云大师开创佛光山，并在全球广设数百道场，培育佛教人才，推动人间佛教。他提倡“佛法生活化，生活佛法化”，将佛教传统与现代生活圆融结合，有承继有创新，以出世的思想，做入世的事业。大师常为人细说般若，开示人生。“给人信心，给人欢喜，给人希望，给人方便”。大师有来自世界各地之出家弟子千余人，全球信众则有数百万之众。1991年成立国际佛光会，被推为世界总会会长。国际佛光会于五大洲成立170余个国家地区协会，成为全球华人最大的社团。

星云大师撰有《释迦牟尼佛传》、《星云禅话》、《迷悟之间丛书》等几十种著作，并翻译成英、日、德、法、西、韩、泰、葡等十余种语言，在全球广为流通。曾主编《人生》、《今日佛教》、《觉世》等刊物。他的思想和言论都体现在这些著述之中。

“一个国家、一个团体有没有前途，就看它对年轻人是否重视。一个人要想有所作为，年轻的时候就要将基础打好。”这是星云大师2005年5月27日在佛光山传灯楼大会堂主持“当代问题座谈会”时针对“佛教对青少年教育的看法”所发表的言论。这表明，星云大师对青年的成长和发展特别关心。

按照星云大师的说法，刚刚跨入社会的当代青年，由于缺乏基本的人生经验，在面对社会上纷繁复杂的事态和人际关系时，往往表现出不耐烦而无恒，不落实而幻想，不回头而任性，不认错而执著，不着意而无心，不立愿而无志，不行慈而自私，不求深而肤浅等不良心态。对此，星云大师有着大量著述和言论对青年人进行忠告和劝诫。本书作者则从宽心、舍得、放下、包容、知足、幸福、厚道、结缘等十个方面，精心提炼出其中最具代表性的十句箴言。作者认为，星云大师作为一位出家修行的世外高人，他老人家的这十句箴言具有极强的针对性、代表性和普遍性，值得我们所有人参考和借鉴，对于青年的教育成长和事业发展更具有普遍的指导意义。

十句箴言，微言大义！如何理解？如何运用？作者将结合自己对大师智慧的切身感悟及大师的其他论述，力图用通俗易懂的语言，行云流水的文笔，拉家常讲故事的方式，辅之以古今中外其他思想家的相关言论和生动的实际案例，力图将星云大师的思想及其在实际生活中的运用说清道明。本书既有事实依据，又有理论基础，所以作者希望，读者不仅能从中学到知识，领悟智慧，还能得到美的享受，真正成为年轻人走向社会的实用指南。当你置身于激烈竞争之中，处于困惑迷茫之时，本书能为你释疑解惑，指明方向，引领你跨越障碍，克服困难。

目　录

目录

箴言一

眼前世界随之敞亮， 事事畅通

——星云大师谈宽心

翻开对宽心的诠释，扑入眼帘的是三个内容：（1）解除愁闷；（2）心情舒畅；（3）放心；安心。这其实就是一种心态，一种良好的心态。人生在世，是快乐还是忧愁，并非取决于外在的物质的东西，而是取决于自己的心态。我们的心原本也与佛陀一般能够包容一切。我们的心原本是何等宝贵、何等宽大啊！我们的心好像太阳、月亮，可以照破黑暗；我们的心好像田地，可以滋长善根，种植功德；我们的心好像明镜，可以洞察万象，映现一切；我们的心又如大海一般，蕴藏着无限的宝藏。

1. 人生的境界

人生之路坎坷曲折，正所谓不如意事十有八九，烦心事、伤心事、痛心事、苦心事常常相伴。只有心胸豁达开朗之人，才能轻松承受生命之重。胸怀宽广，就能看得远，就不会被眼前的得失蒙蔽；即便屋小如舟，却要心宽似海，哪怕是天大的事，也能拿得起放得下。凡事都能从宽处着想，自然心宽境自高，修成虚怀若谷的心胸，而以平静之态，体验人生风起云涌，笑看世间潮起潮落。

宽心是一种境界

宽心具有三重境界，就以养鱼为喻：最初级的境界是玻璃缸赏鱼，只让它在一定的范围存在和活动；中等境界是池塘养鱼，因地就利，因势利导，水肥鱼跃，鱼张水活，相互利用；最高境界则是江海生鱼，千形万类，任其自生，海阔天高，任其自游，由此也就成就了海的博大和丰富。你有多大的胸怀，就有多高的境界；你有多高的境界，就有多大的福气。

人都是生活在群体社会之中的，而不可能像鲁宾孙一样远离尘世孤零零地独居于孤岛之上。因此，每一个人都将和他人共拥一片蓝天，同立一块土地。不可避免地总是会在茫茫人海中穿行，面对形形色色的人、事、物，无论是欣逢顺境还是遭遇坎坷，都要有一个宽广的胸怀，而你这颗心的容量有多大，就能断定你一生的成就有多大。

在美国一个市场里，有个中国妇人的摊位生意特别好，引起其他摊贩的嫉妒，大家常有意无意地把垃圾扫到她的店门口。这个中国妇人只是笑笑，不予计较，反而把垃圾都清扫到自己的角落。旁边卖菜的墨西哥妇人观察了她好几天，忍不住问道："大家都把垃圾扫到你这里来，你为什么不生气？"中国妇人笑着说："在我们国家，过年的时候，都会把垃圾往家里扫，垃圾越多就代表会赚很多的钱。现在每天都有人送钱到我这里，我怎么舍得拒绝呢？你看我的生意不是越来越好吗？"从此以后，那些垃圾就不再出现了。

这个中国妇人的胸襟与为人处世的智慧着实令人叹服：化干戈为玉帛，化诅咒为祝福。宽大的心胸包容了别人对自己的过错，就在宽恕别人时，也为自己创造了一个和谐融洽的环境。

▶ 宽心是一种器量

量大好做事，树大好遮阴。朱熹说得好："心只要放宽平便大，不要先有一私意隔碍便大。"学会宽容，拥有宽心，关键是要剔除心中的私心杂念，正所谓心底无私天地宽，不仅要淡泊明志，还要积极进取，勇于开拓。

所谓心包太虚，量周沙界。就是心量特别大，无边无际的世界都包括了，无量的世界都在你心中。宽广的世界是巨大无比的，它能容纳下人世间的一切，不仅是鲜花，也包括毒草，不仅是优点，也包括缺点。

宛如高高在上的天空，就因为容纳了每一片云彩，不论是美还是丑，所以造就了天空的广阔无边；有如巍巍高山，就因为容纳了每一块岩石，不论是大还是小，所以形成了高山的雄伟无比；就如滔滔大海，就因为容纳了每一朵浪花，不论是清还是浊，所以成就了大海的浩瀚无边。一个人能创多大的事业，就得看你拥有多大的胸怀。你的心能容下多少人，就能赢得多少人，你的心能容天下的人，才能为天下人所容。

宋朝有一个叫吕蒙正的宰相，刚刚参入政事的时候，有一位官员指着吕蒙正用十分轻蔑的口吻说："这小子也能参政？"面对那位官员的蔑视，吕蒙正依然满面笑容，装作什么也没听见。而站在吕蒙正身旁的人，几次提醒要他去打听那位官员是谁，吕蒙正不同意，回答说："假如我知道了这个人的姓名，就会将这个人记在心里，难以忘记，反而会弄得心里不愉快，岂不是自找难堪？倒不如不知道，所以还是不问的好。"吕蒙正就是拥有这样宽广的胸怀，后来终于成为北宋的宰相。

这位吕蒙正真是明智之极。本来怀恨之心人皆有之，有如与生俱来的劣根性，即便大度如吕先生也未能免俗，如果他知道藐视自己的那位官员是谁，心中滋长的虽然不会是仇恨，但无疑也会产生疙瘩，心中拥有了疙瘩，难免会给视觉带来阴影，影响思维的判断，就有可能导致误差，从而会给那位官员带来不公正的误判。与其给今后的工作带来困惑，不如一开始就给予忽略，这的确是睿智之举。

人有一分器量，便有一分气质；人有一分气质，便多一份人缘；人有一份人缘，必多一份事业。虽说器量是天生的，但也可以在后天学习、培养。中国是一个历史悠久的国家，在漫长的历史长河里，留下了许许多多的圣贤名人的佳话，而当人们赞赏某位圣达贤人时，往往不是赞其功业，而是交口称赞其器量。所以说器量对人生的功名事业，至关重要！胸有大志，就不会计较小事，不争一日之短长，不争一言之褒贬，就能体谅别人，就能容忍别人的缺点，正所谓古之成大器者，都是有气度的。

海纳百川，有容乃大。一个人无法宽宏大量，开创事业只是一句空话。宽心还是一种气度，它不具有宝石一般的华贵，却如天空般浩然。

只有以广阔的胸怀容纳他人的过错，消释恩怨，同时压制自己的妒贤忌才之心，才能为众人所拥护。如果把才能比作左翼，那么胸怀恰是右翼，它们将助你乘风而上，轻松飞翔。相反那些小肚鸡肠、斤斤计较的人，又有哪一个能做出一番事业呢？

心宽才志存高远

假如你不过是一枚平淡无奇的鹅卵石，你就会心甘情愿身居平庸默默无闻，因为你没有被注意的价值；但你如果是一颗珍珠，那么你即便被深深埋在地下，终究也会有绽放光彩璀璨夺目的一天。是金子就会闪光，人只要心存高远，即使你成为铺路的鹅卵石，也终会成为珍珠引起人们的注意。

维斯卡亚公司是20世纪80年代美国最为著名的机械制造公司，其产品销往全世界，并代表着当时重型机械制造业的最高水平。许多人毕业后到该公司求职遭拒绝，原因很简单，该公司的高技术人员爆满，不再需要各种高技术人才。但是令人垂涎的待遇和足以自豪、炫耀的地位仍然向那些有志的求职者闪烁着诱人的光环。

史蒂芬是哈佛大学机械制造业的高才生。他和许多人的命运一样，在该公司每年一次的用人测试会上被拒绝申请，其实这时的用人测试已经是徒有虚名了。史蒂芬并没有死心，他发誓一定要进入维斯卡亚重型机械制造公司。于是，他采取了一个特殊的策略——假装自己一无所长。

他先找到公司人事部，提出为该公司无偿提供劳动力，并且表示不管公司分派给他什么工作，他都不计任何报酬来完成。公司起初觉得这简直不可思议，但考虑到不用任何花费，也用不着操心，于是便分派他去打扫车间里的废铁屑。

一年来，史蒂芬勤勤恳恳地重复着这种简单但是劳累的工作。为了糊口，下班后他还要去酒吧打工。这样，虽然获得老板及工人们的好感，但是仍然没有一个人提到录用他的问题。

到了20世纪90年代初，公司的许多订单纷纷被退回，理由均是产品质量问题，为此公司将蒙受巨大的损失。公司董事会为了挽救颓势，紧急召开会议商议对策。当会议进行了半天却未见眉目时，史蒂芬闯入会议室，提出要直接见总经理。

在会上，史蒂芬对这一问题出现的原因作了令人信服的解释，并且就工程技术上的问题提出了自己的看法，随后拿出了自己对产品的改造设计图。这个设计非常先进，恰到好处地保留了原来产品的优点，同时克服了已出现的弊端。

总经理及董事会的董事见到这个编外清洁工如此精明在行，便询问他的背景以及现状……史蒂芬当即被聘为公司负责生产技术的副总经理。

原来，史蒂芬在做清扫工时，利用清扫工到处走动的工作性质，细心察看了整个公司各部门的生产情况，发现了公司存在的技术性问题并想出解决的办法。为此，他花了近一年的时间搞设计，获得了大量的统计数据，为最后一展雄姿奠定了基础。

人生当有远大志向，才可能成为杰出人物。但要成为杰出人物，光是心高气盛还远远不够，必须从最低级的事情学习做起。在你还是默默无闻不被人重视的时候，不妨试着降低一下自己的目标，放松自己的心态，从小事开始做起，这样你才有机会变成耀眼的珍珠。

2. 处世的智慧

漫漫人生路，上下来求索。求什么，索什么，对每一个人来说，都是一道难以破解的方程式。有些人穷其一身，机关算尽，到头来只落得个“水中捞月一场空”；有些人孜孜索求，苦苦拼搏，最终不过是“一枕黄粱全是梦”；有些人一生谨慎，战战兢兢，结果是“闭门家中坐，祸从天上来”。如何才能步入潇洒人生，只有学会心宽处世，才能使你的人生充满智慧。“三寸气在千般用，一日无常万事休”。名、利、财、色身外物，最是超脱四大空。“腹中天地宽，常有渡人船”，面对人生，无论“渡人”还是“渡己”，成败荣辱只是在方寸之间。诚然心宽的态度，未必能使你大富大贵，却能够使你洒脱快乐。

豁达才能宽松

豁达是一种博大的胸怀、超然洒脱的态度，也是人类个性最高的境界之一。一般说来，豁达的人能够对别人不同的看法、思想、言论、行为以至他们的宗教信仰、种族观念等都加以理解和尊重，不轻易把自己认为正确或者错误的东西强加于别人。他们也有不同意别人的观点或做法的时候，但他们会尊重别人的选择，给予别人自由思考和生存的权利。人一辈子免不了风风雨雨、沟沟坎坎，受一点委屈、遇一点挫折，就怨声载道、心灰意冷，有一点矛盾、一点冲突，就恩恩怨怨甚至伺机报复，心里总是笼罩在厚重的阴影之下，哪里能够感受到灿烂的阳光？就因为心中承受着巨大的压力，每抬一步都感觉到非常吃力，累得够呛，又何能得到半点轻松？

东汉有位叫孟敏的大臣，年轻时曾卖过甑（陶制炊具）。有一次，他挑着一担甑赶往城里去卖。天上淅淅沥沥下着雨，路上滑滑溜溜不好走，他赶路又有些急，一不留神“哧溜”滑了一下，一个趔趄身子一晃，肩上的担子掉在了地上，甑全被摔碎了。孟敏却也奇怪，竟然看也不看一眼，就这么径自离去。旁边的人十分困惑地问道：“唉，这甑摔坏了，多么可惜呀，你怎么都不回头看一眼就走了呢？”孟敏十分坦然地回答道：“甑，已经破了，回头看还有什么用处呢？”

诚然，对于当时的孟敏来说，那担甑与他的生计是息息相关的。也许一担甑的收入，对于贫困的家庭，具有着举足轻重的重要作用，只可惜无论那甑有多珍贵，有多值钱，可已经摔破了，已经成为无法改变的铁的事实。你急又怎么样，恼又怎么样，痛心疾首又能怎么样呢？还不是自寻烦恼，自讨苦吃而已。还不如一走了之，一笑置之。这就叫做遇事豁达了。

豁达之人，必能宽宏大度，能够吐纳百川，从来胸无芥蒂。想得开，放得下，不怨天尤人，不愁肠百结，不消沉颓唐，不心灰意懒；总是意气风发，斗志昂扬，精神抖擞，信心百倍地投入工作。泰山崩于前，面不改色心不跳。心安气爽，神定意闲，让快乐永驻心间。

美国第32届总统富兰克林·罗斯福年轻时家中曾遭梁上君子光顾，被偷去了不少财物。他的一位朋友写来安慰信，罗斯福在回信中写道：“感谢上帝。因为，第一，贼偷去的是我的东西，而没有伤害我的生命；第二，贼只偷去我部分东西，而不是全部；第三，最值得庆幸的是，做贼的是他而不是我。”

家中被窃的确不是一件幸运的事，可是你哭天抹泪一番，能感动那位窃贼么？失去的财物能回来么？既然不可能失而复得，你怨天尤人、悔恨不已又有何益？还不如来个精神胜利法，自我安慰一番，于是乎“感谢上帝”的三条理由应景而出。这不正是一种豁达、一种大度么？

豁达是和谐的一种内在元素和外在表现。内心不豁达，身心难和谐；内心不和谐，表现难豁达。豁达之“豁”，就是宽敞、透亮；“达”即通达、畅快。内心宽敞、透亮、通达、畅快，“通则不痛”，身心必定健康，思想和行为必然和谐。

学会宽容自己

“人有悲欢离合，月有阴晴圆缺，此事古难全”。苏东坡的确有着神来之笔，他的描述可谓入木三分。既然天上明月都有遗憾，谁又能十全十美呢？一个人有着这样或那样的缺点和不足又何足怪哉，有必要纠缠在自己的那点琐碎小事上么？对于自己的缺陷，一定要怀着宽容的心，懂得发现自己的长处，并且能够扬长避短，这样我们的生活才会变得更加精彩。

一位农夫有两只水桶，他每天就用一根扁担挑着两只水桶去河边挑水，两只水桶中有一只有一道裂缝，因此每次到家时这只水桶总是会漏得只剩下半桶水，而另一只桶却总是满满的。就这样，两年以来，日复一日，农夫天天只能从河里挑回家一桶半水。

那只完整无缺的桶很为自己的完美无缺得意非凡，而有裂缝的桶自然为自己的缺陷和不能胜任工作而羞愧。经过两年的失败之后，一天在河边，有裂缝的桶终于鼓起勇气向主人开了口：“我觉得很惭愧，因为我这边有裂缝，一路上漏水，只能担半桶水到家。”农夫笑了笑回答说：“你注意到了吗？在你那一侧的路边上开满了花，而另外一侧却没有花。我从一开始就知道你有漏洞，于是在你那一侧的路边撒了花种子。我每天担水回家的路上，你就给它们浇水。两年了，我经常从这路边采摘鲜花来装扮我的餐桌。如果不是因为你的所谓的缺陷，我怎么会有美丽的鲜花装扮我的家呢？”

每个人都好比那只有裂缝的桶，各自都具有这样或那样的缺点和不足。倘若能够怀着一颗宽容的心，懂得发现自己的长处，并且能够扬长避短，我们的生活一定会变得更加轻松愉快和丰富多彩。

人的一生不可能完美无缺、一帆风顺，而是充满坎坷、挫折与各种各样的不如意。在这些不如意面前，我们更需要自己对自己宽容。他人的宽容只不过为一颗受伤的心带来一丝慰藉，自己的宽容却能使这颗心迅速地恢复往日的活力，化失败的痛楚为前进的勇气。

要有容人之量

“将军额前能跑马，宰相肚里可撑船”。这句话形容的是一个人的气度要大。一个人在工作和生活中，总是要不断地和人打交道，不论是朋友还是同事，或是客户与竞争对手，每个人都有着自己的个性、爱好和生活方式，生长环境不同，受的教育程度不同，生活习惯也不相同，不可能所有人都是同一个节拍，也不可能都顺我们的心意。如果因为看不惯哪个人，就与他断绝一切来往，那用不了多久就会变成孤家寡人了。

因此，做人绝不能走极端，要有过人的气度，才可以使自己赢得别人的信任，也可以使自己不受一时得失的影响，而始终保持对人对事的正确判断。拥有容人之量，不忌才妒能，并坦然给对方一个展示的舞台，那么你也会得到应有的回报。

1831 年的一天，巴黎街头广告登出了匈牙利钢琴大师李斯特将要举行个人演奏会的消息，剧场门口人头攒动，门票很快一售而空。

演奏会那天晚上，剧场里早早就坐满了观众。紫红色的帷幕徐徐拉开，明亮的灯光下，风度翩翩的李斯特身着燕尾服，潇洒地向观众致意。台下掌声雷动，李斯特转身坐在钢琴前，摆好了演奏姿势。

按照当时音乐会的习惯，剧场里的灯全部熄灭了。一片黑暗中，听众们凝神静气，闭上眼睛，全神贯注地欣赏音乐家的演奏。

琴声响起，熟悉李斯特演奏风格的观众忽然发现，李斯特今晚的演奏与以往大不相同。这天的琴声是那样的深沉淳郁，没有一丝一毫追求表面效果的东西，听众们如醉如痴，完全被那美妙的音乐征服了。人们在心里感叹着：李斯特的演奏又进入了一个新的境界。

演奏结束，灯火重明，人们跳起来，兴奋地高喊："李斯特！李斯特！"可是，接下来，大家却惊愕地发现，舞台上坐的根本不是李斯特，而是一位眼中闪着泪花的陌生青年。李斯特上台向大家介绍这位年轻的钢琴新星，他就是肖邦。

这年，年轻的波兰作曲家肖邦只身流亡到法国巴黎。虽然肖邦才华出众，但在陌生的巴黎，一个没有名气的演奏者根本得不到公开演奏的机会。

一个偶然的机会，肖邦结识了当时已誉满巴黎的钢琴家李斯特。两人一见如故，当时的李斯特在巴黎上流文艺沙龙中已是闻名遐迩的骄子，他对肖邦的才华大为赞赏。胸怀宽广的李斯特并不担心肖邦被公众认识后会抢了自己的风头，而是真心实意地想帮他登上舞台。于是，李斯特以自己的名义举办了这场演奏会，剧场里的灯光熄灭后，他就让肖邦坐到舞台上代替自己演奏。

李斯特用这样的方式把肖邦介绍给了巴黎听众，使肖邦一鸣惊人，一夜成名，成为"钢琴家中的第一人"。

一颗明亮的音乐新星在这晚升起，钢琴诗人肖邦的横空出世并没有影响李斯特本人的成就，钢琴之王李斯特凭借他豁达的心胸、独特的个人魅力，在音乐的天空中与肖邦相映生辉。

李斯特帮助肖邦一夜成名，也使自己赢得了更多的尊敬。李斯特深深懂得：一花独放虽然美丽，但却不可能撑起一片春天；构成春天的美丽，只有那万花齐放。

其实，你如果能拥有一个和自己旗鼓相当的对手，就能够在不断的比较竞争中努力提升自己，并能给自己向上的动力。而在你忙于打压身边可能对自己造成威胁的对手时，自己的事业也会停滞不前。不前进就是落后，在你停止了前进的时间里，会有更多的人从你身边跑过，而真正有才干的人也不会被你打压下去，到最后，落在后面的只有你一个人而已。

3. 博大的胸怀

“祸兮福之所倚，福兮祸之所伏”。人生没有一帆风顺，也不可能倒霉一辈子。正所谓黄河尚有澄清日，岂可人无正运时。既然如此，我们何必为一时的得失，纠结于心耿耿于怀呢？风狂雨骤，不要惊慌失措；晴空万里，不要沾沾自喜。胜不骄败不馁，不以物喜不以己悲，拿得起放得下，这样才能真正领悟生命的内涵，学会“坐看风起云涌，胜似闲庭信步”。

切莫自寻烦恼

人的一生本来就是一种磨砺过程。弯弯曲曲，波波折折，坎坎坷坷，磕磕碰碰，本来就是寻常之事，既不要太当一回事，更不能老是将这些事压在心上，整日里忧心忡忡，总是活在“霉运”之下，活在担忧恐慌的阴影下。

一架正在蓝天翱翔的飞机上，空姐微笑着将食品派送给机上的乘客。一位中年人接过食品，细细品尝后露出了满意的微笑，而坐在他旁边的女孩则丝毫没有吃东西的兴趣，而是一直都愁眉苦脸地望着窗外。

“遇到麻烦了么，怎么满脸的忧虑？”中年人问道。

女孩依旧皱着眉头，叹了口气说道：“我总有一种不好的预感，而且我的感觉通常也很准确。唉，您不是我，也没遇到什么麻烦事，肯定体会不到我的感受的。”

“你怎么知道我没遇到麻烦事？”中年人笑着说，“我的公司现在正在遭遇前所未有的大麻烦。我这次出行就是去打官司的，而且还不知能不能够胜诉。”

“啊？真的吗？”女孩惊诧地问道。

“当然，我骗你干吗？”

“可是，您看起来一点儿都不着急啊！”

中年人微微一笑，淡淡地回答道：“如果说一点儿都不着急，那是在骗人，可是我再急又有什么用呢？事情已经出了，而且我也不知道它最终会发展成什么样，只能到了地方再说了。何必为了还不知道的事情辜负旅途的愉快和美味呢？”

女孩开始佩服起了身边的这个中年人，他们畅快地交谈起来。两个小时之后，飞机降落了。临别前，中年人给女孩留了一张自己的名片，并告诉女孩，如果遇到了他可以帮上忙的事便可以随时找他。

第二天，中年人接到了女孩的电话，女孩在电话中说道：“谢谢您，事情果然像您说的那样。只是我男朋友想我了才让我过来，而且他还给我准备了一个浪漫的迎接仪式，为了给我惊喜，才没有提前告诉我。对了，您的事情处理得怎么样了？”

中年人笑声爽朗：“还好，也没有遇到什么大麻烦。经过协商，对方已经撤诉了。姑娘，我没说错吧！以后都要记住，为还没到来的事情担心根本无济于事，一切都得到真正面对的时候再说。”

车到山前必有路，船到桥头自然直。万事万物都会循着固有的轨迹运行，是福不是祸，是祸躲不过。无论悲与喜、好与坏，该来的总会要来，不可能按照个人的意愿而有所改变。既然如此，又何必每天去为那些还没有发生的事情而处心积虑、费尽心思呢？如果一个人总是活在设想的烦恼里，就会让自己陷进未来的恐慌中不能自拔。明天的烦恼，即便会发生，你的忧虑也不一定能起到多少作用，更何况那些想象出来的烦恼，会不会发生还在两可之中呢。

如果你越是想入非非，明天的烦恼在你的心中就容易堆积得越来越多，这烦恼就如枷锁，把自己束缚得越来越紧。于是，在反复的折磨纠缠之下，使自己坠入前途无望的无比沮丧之中。

学会原谅别人

一个智者这样说过：“你必须宽容三次。你必须原谅你自己，因为你不可能完美无缺；你必须原谅你的敌人，因为你的愤怒之火只会影响自己和家人；在寻找快乐的路途中，最难做到的或许是你必须原谅你的朋友，因为越是亲密的朋友，越能于无意中深深伤你。”

富兰克林说：“对于所受的伤害，宽容比复仇更高大得多。”如果自己能够原谅别人，不但自己能够及时释放心里垃圾，而且别人也能够因此而宽容别人，同时与自己友好相处。假如别人伤害了自己，千万不要只会怨恨，关键是要学会原谅，并避免被别人再次伤害。心胸太狭窄，绝对是一件坏事。报复心太强烈，只能害自己。

一些人总以为，你做了对不起我的事，我是不会原谅你的，我要让你永远背着沉重的十字架，一辈子都不会有好日子过。可实际上当你怨恨别人时，别人固然心中不爽，可你自己的心情也好不到哪里去。其实，怨恨是一柄双刃剑，当你伤害别人时，你自己也同样会受到伤害。而能够原谅别人对自己的伤害是对自己最大的心灵释放，当你真正能够原谅别人时，自己的内心也会豁然开朗。其实很多事情，回过头来看竟是那么的微不足道，自己竟然在所谓的愁怨上浪费了那么多的感情和精力。斤斤计较于别人的缺点，同时也暴露了自身的心胸狭窄，真是得不偿失；相反，懂得宽容别人的不是，得到的是别人和自己的双重肯定，何乐而不为？

潘石屹是中国大名鼎鼎的房地产商，他创造了一个个房地产开发的神话，美国《时代周刊》曾这样评价：“潘石屹楼盘在品位上已国际化。”就是这样一个人，在有一年新年即将来临之时，他做了四件事，把自己从多年的精神羁绊和折磨中彻底地解放出来。

第一件事：将一些多年来借了他的钱实在还不上的同学、同事甚至朋友名字列了个清单，在点燃的蜡烛上烧了，让所有的旧账随着这张纸化为灰烬，并主动问清了他们的地址，给他们一一拜年，重新捡回来当

年的友谊；

第二件事：把曾经伤害过他、欺骗过他并在心里一直记恨的人列了个名单，也在火上烧掉了！他说，过去这种记恨的情绪时不时控制着他的大脑，无休止地折腾着他，使他不得安宁。就像是自己招来的鬼，现在烧掉了它没有了仇恨就没有鬼了；

第三件事：对自己过去伤害过的人，表示了深深的歉意。主动地很真诚地对他们说“对不起，请原谅”！从而使自己成为一个情感没有负债的人；

第四件事：作为一个公司领导，千方百计地创造条件，让每一个员工在愉快和受鼓舞的环境中工作。

他说：“当我做完这些事情后，我走到长安街上，下午的阳光十分明媚，大街上每一个人的笑容都非常灿烂，我身上也有如同大病初愈的感觉，是那么放松、愉悦。”

人生在世，不过短短的数十载，何苦去与人结怨，弄得自己都不开心呢？原谅了别人，其实正是解脱了自己。正如佛家有偈语：世上本无事，庸人自扰之。当你看开了世事的时候，就会感觉到没有什么人不可以理解，没有什么事情不可以谅解。

▶ 做到能屈能伸

天下事总是一分为二的，既没有绝对的好，也没有绝对的坏。当你认为一件事进行得很糟糕的时候，说不定其中就暗藏转机；当你觉得正好运连连的时候，后面的发展却可能急转直下。好与坏是相互对立，相互转换的。比如水是生命之源，大洪水却可能夺取人的生命；断肠草本身有剧毒，却也有人服用了断肠草治好了皮肤病。因此，当我们面对所谓的坏事时，先不要灰心丧气，学会能屈能伸，学会发掘其中隐藏的机遇，说不定坏事就变成你改变命运的转折点；当我们遇到好事的时候，要时刻告诫自己不要得意忘形。你不知道晴朗的天空中哪块云里正孕育着风暴。任何事都不会是绝对的，无论我们遇到好事还是坏事，好事能伸，坏事能屈，这才是真丈夫。

世界上没有绝对的好事，也没有绝对的坏事，好事和坏事在不同的时候带来的结果也是不同的。所以，辩证地看问题，学会能屈能伸。

因天气干燥，森林里失火了，森林之王老虎得知消息后立刻派出猴子消防队去救火。可是，火势太大，尽管消防员们全力扑救，还是损失惨重，有的动物受了重伤，有的动物全部财产都被烧光了。

老虎去现场探查了情况，觉得大事不好，它心想："在我治理的范围内出了这样大的事故，以后选民们肯定不会再选我当森林之王了。"

这时，松鼠记者来采访。老虎慌了神，解释虽然说是自己的防护措施做得不够，才酿成这样的大祸，对不起那些受伤的动物，但这是天灾，不是人祸，他老虎想控制也控制不了，想躲也躲不过啊！老虎请求松鼠千万别把这件丑事报道出去，否则自己的前程就断送了。

松鼠说："放心吧，你把事情的详细经过告诉我，我保证不会断送你的前程，说不定还能助你一臂之力呢。"于是，老虎把事情从头至尾讲了一遍，还领着松鼠，到处走访，拍了不少照片。

第二天，《动物快报》头版头条便登出了消息——《森林突起大火形势万分危急，老虎挺身而出奔赴救火一线》。报道中列举了老虎听到失火消息后如何组织动物救火，救火过程中如何身先士卒，受伤后还坚持援救伤员，事后如何进行紧急安排部署，如何解决受伤动物的生活问题等。

报道一出，在动物王国中引起了强烈的反响，大家都觉得是因为老虎的英勇机智，才使得火灾的损失减少到了最小，老虎很快成了大家心目中的英雄。松鼠记者来做跟踪报道时对老虎说："问题不止一个方面。换个角度去看，坏事有时候也可以变成好事。"

有的人对所有事都抱悲观的态度，但凡遇到一点挫折，就哀叹自己运气怎么就这么差，认为事情没有转还的余地了，于是也就放弃了继续努力的念头，甚至也不去想怎么控制坏事发展，挽回损失，只任由坏事发展下去，抱着这样消极颓废的心理，以后的问题会越来越多，坏事就永远没有变好的机会。事实上，哪怕发生再大的灾难，只要经过努力，就能把破坏程度降到最低，说不定还有意外的收获。

就像曾经在唐山发生的那场大地震一样，因为地震发生在人口稠密、以工业为主的城市，造成了十分严重的损失。唐山市区建筑物基本倒塌，破坏程度非常严重，伤亡人数之多，让世界震惊。一座繁华的城市在顷刻间变为废墟。

面对这样的天灾，这么巨大的损失，如果政府和人民只知道悲叹，不去行动，对事情又有什么帮助呢？灾难发生后，政府立即行动，研究救援方案，划拨救援资金，全力支持唐山的恢复建设。历经 7 年时间，总投资达 43.57 亿元，一个全新的唐山站起来了！

现在的唐山好比凤凰涅槃，这座完全从废墟上建起来的城市功能分区明确、城市布局合理，生产、生活方便，环境比以前更为优美。震后唐山的建筑物均达到了八级设防，唐山成为“世界上最安全的城市”。

一次地震，把旧唐山毁得面目全非，因为地震后及时开展了有效的救援重建活动，唐山变得比以前更好了！世事多变，什么都不是绝对的。只要我们不抛弃、不放弃，抓住每一分希望，坏事也不是一坏到底，无可挽回。

祸福相伴，好坏相依。事情是好是坏，关键在于我们有一个怎样的心态去看待，以及遇事后采取了什么样的行动。

4. 和谐的方略

和谐是对立事物之间在一定的条件下，具体、动态、相对、辩证的统一，是不同事物之间相辅相成、互助合作、互利互惠、互促互补、共同发展的关系。一个人或一件事，不管是大还是小，也不管是简单还是复杂，不管是聪明还是愚昧，这些外在的形式毫无影响，一律都是和谐的。未知数是大是小，并不知道，但是，它必须是和谐的，才能列出方程。和谐是和外在形式无关的所有事物的本质。它既看不见，也摸不着，但必须遵守。

莫忘帮助他人

生命之舟航行在漫漫人生的旅程中，不可能总是一帆风顺。在风平浪静的时候，也在酝酿着惊涛骇浪；当灿烂阳光普照之际，阴霾暴雨也在暗中涌动。当你遭遇困境时，最渴望的是有人向你伸来援助之手；当你春风得意时，切莫忘记对别人伸出帮助之手。当你全心全意帮助别人时，也在为你遇到困境，贮备帮助自己的大量资源。

人们的善心往往只在一念间迸发，而善心所结下的善果，芬芳馥郁。谁说前人栽树只有后人乘凉？送人玫瑰，手有余香。帮助别人，从心底透出的快乐也滋润了自己的生命。

一连好几年，墓园的守墓人每周都收到一封来信，信里附着钞票，要他每周给寄信人儿子的墓地放一束鲜花。

一天，一辆汽车停在了公墓大门口，司机匆匆走进守墓人的小屋，说："我们夫人在门口的车上，她已经病得走不动了，请您过去一下，跟她说几句话。"

守墓人来到车旁，一位上了年纪的贵妇人坐在车里，她气质高贵，眼神却十分哀伤，看上去十分虚弱，怀里抱着一大束鲜花。

"我是亚当夫人，"贵妇人说，"这几年我每个礼拜给你寄钱……"

"买花。"守墓人答道。

"对，给我儿子。"

"我一次也没忘了放花，夫人。"

"我相信您是守信的人。"亚当夫人温存地说，"今天我亲自来，是因为医生告诉我，我活不了几个礼拜了。死了倒好，活着也没什么意思。我只是想再看一眼我儿子，亲手为他放一束花。"

守墓人为亚当夫人深沉的母爱感动，可他还想再说几句其他的事："尊敬的夫人，您是一位伟大的母亲。可是，这几年您总寄钱来为您的儿子买花，我总觉得有点可惜。"

"可惜？"亚当夫人疑惑地望着守墓人。

"是啊，鲜花搁在墓园里，几天就干了。没人闻，没人看，太可惜了！"

"你是这么觉得吗？我只是想让我在天国的儿子看到他喜欢的鲜花。"亚当夫人有些不高兴。

“是啊，夫人，您别见怪。我是想起自己常去的孤儿院。那里的孩子们可喜欢花了，他们爱看花，爱闻花，却买不起花。这些墓里的人却都看不见花了。”

亚当夫人没有作声。她思考了一会儿，默默地祷告了一阵，就离开了。守墓人有些后悔，觉得自己的话可能有点欠考虑，太过直率了。

从那以后，守墓人再也没从亚当夫人那里收到让他买花的委托。

几个月后，原本早已被医生宣判了死刑的亚当夫人又忽然来访。更让守墓人吃惊的是，她这回是自己开车来的。

“我把花都送给孤儿院的孩子们了。”亚当夫人看起来容光焕发，活力十足。她友好地对守墓人微笑着：“你说得对，他们看到花可高兴了，这真叫我快活！我的病好转了，医生都不明白是怎么回事，可我自己明白，那些孩子的笑脸让我觉得我活着还有些用处。”

把鲜花和快乐送给需要它的人们，却给自己收获了生的希望。施与受，其实是一个铜板的两面，你对这个世界付出多少爱，生活也回报给你多少快乐。助人的双手比祈祷的双唇更加神圣和高尚。当你帮助别人使其获得快乐之时，自己也能得到爱的回报。

当我们在给他人点亮一盏灯的时候，也照亮了自己的道路。纵使人生路上充满凄风苦雨，善良与关爱就像那穿透阴霾的阳光，温暖着人们的心房。在赶路的同时，也请你携上这一份爱，少给自己一点，善待每一个人，收藏生活中点点滴滴的感动与领悟，让心灵成为宁静安详的港湾。

善待别人批评

生活中，一个人无论多么优秀，多么完美，总有一些这样那样的缺点。因此，在人的一生中，被指责批评是很平常的事情，关键是看怎么样对待批评。有的人耿耿于怀，不思悔改，不接受批评，最终不能达到胜利的巅峰；有的人虚心宽容，善意改过，最终使自己更加优秀，趋向完美。

清朝大理寺卿王昶曾经告诫儿子说：“别人抨击我们，我们应当退而反省自身。如果我们自己有可被攻击的行为，那么别人就说得很恰当了。如果我们没有他所说的缺失，那么他就是在妄语了。对方批评得当，则对他没有伤害，对方妄语，则对我们自身也没有伤害，我们又何必去报复呢？所以忍辱的要害是自我反省。”

当年马修布拉在美国国际公司担任总裁的时候，有人问他是否对别人的批评很敏感。他回答说：“是的，我早年对这种事情非常的敏感。我当时急于要使公司里的每一个人都认为我非常完美。只要一个人对我有一些怨言，我就会想法子去取悦他。可是最后我发现，我愈想去讨好别人，就愈会使我的敌人增加。所以最后我对自己说：只要你超群出众，就一定会受到批评，所以还是趁早习惯的好。这一点对我大有帮助。从此以后，我就决定只尽自己最大的能力去做，而把我那把破伞收起来，让批评的雨水从我身上流下去，而不是滴在我的脖子里。”

生活总是用严厉的方式提醒我们改进不足，提高能力，批评是其中最轻微的一种。如果你对这个提醒不加注意，很快就将遭遇人际关系破裂、机会尽失的危机。所以，善于对待批评并从中找到改进自己的方法，是一种智者的生存哲学。

批评不仅仅是对人或事情的指责，更多的是爱护和责任，更多的是鼓动和帮助，没有人会和你过不去。所以，善待批评，置身于批评的环境里，有利于个人的成才。我们在批评中校正人生坐标，在批评中总结经验、完善自我，在批评中调正前进的方向。

如果我们只听得见赞誉，多半会因为不思进取而失败；如果我们能听得进批评，则可能奋发而更加成功。很多人成功，也有很多人失败，其中一个很重要的原因就是能不能听得进批评。

比尔·盖茨经常对全公司的员工说：“客户的批评比赚钱更重要。从客户的批评中，我们可以更好地吸取失败的教训，将它转化为成功的动力。”可见，善待批评是一种修养，是一种心胸，是一种境界。会主动听取别人的意见，才能不断改进自己的工作。别人的意见是对你最好的礼物，可是，如果你没有足够的涵养，你可能会丧失掉这个成长的好机会。

在生活中，只要我们保持积极的态度，善待批评，那么，我们的人生将会更加成功，事业也会更加辉煌。

退一步天地宽

很多时候，我们常常会因为一些小事情和身边的人发生争执，双方各执己见，谁也不肯往后退一步，于是就这样一直僵持着，问题得不到合理的解决，彼此的关系也变得紧张起来。

做人做事不要太较真，也不要太认死理，这正是有人活得潇洒、有人活得累的原因之所在。太认真了，就会对什么都看不惯，连一个朋友也容不下，就会把自己封闭和孤立起来，失去与外界的沟通和交往。

人非圣贤，岂能无过。人活在世上难免要与别人打交道，对待别人的过失、缺陷，宽容大度一些，不要吹毛求疵、求全责备，可以求大同存小异，甚至可以糊涂一些。如果一味地“明察秋毫”，眼里揉不得沙子，过分挑剔，连一些鸡毛蒜皮的小事都要去论个是非曲直，分个输赢出来，别人就会日渐疏远你，最终自己就成了孤家寡人。如果我们每个人都各自向后退一小步，不再对那些细枝末节的事情斤斤计较，而是转过身给对方一个温暖的拥抱，原本针锋相对的敌人，很有可能会变成无话不谈的朋友。

每天，当库克驾驶着自己的蓝色宝马回到公寓的地下停车场时，他总会发现，有辆黄色法拉利停得离他的车位特别近。一边是黄色法拉利，另一边是高大的水泥柱，要在这么小的空间范围内把车挤进停车位，这可不是件简单的事情。为此，库克不得不来回倒车……

对于这件事，库克已经烦恼很久了，“为什么总是不给我留点儿地方，实在是太过分了！”他在心中愤愤地想。

有一天，库克比那辆黄色的法拉利早一点回到家。当他正准备将车停在自己车位上的时候，那辆黄色法拉利开了进来，驾车人像以往一样，将自己的车紧紧地贴着库克的车停了下来。

这一天，库克刚好得了重感冒，头疼得很厉害，又不幸收到了税务所的催款单。心情本来就不是很好，现在又遇到这样的麻烦事。于是，他恶狠狠地对着黄色法拉利的主人大声喊道：“你每天都把车停得离我的车位那么近，到底是什么意思？你不知道你这样会给我造成很大的困扰吗？”

那位黄色法拉利的主人哪里被人这样吼过，听到库克这样说，她的火气一下子就上来了，于是便用她最大的嗓门回敬库克：“你这个人说话怎么这么没有礼貌，你以为你是谁啊？我又没把车子停在你的车位，你对我凶什么！”说完，她便转身离开了，临走前还抛给库克一个轻蔑的眼神。

库克心想：算了，打嘴仗也不能解决任何实际问题，倒不如动用我智慧的头脑想想办法，让你知道我的厉害。第二天，库克特意赶在黄色法拉利之前赶回车库，他把车子紧挨着对方的车位停下，心想，这下也让你尝尝因为水泥柱子而打不开车门的折磨滋味。

可是在接下来的几天里，不知是故意还是无心，那辆黄色法拉利总会比库克更早回到车库，库克觉得自己比前些日子更难受了。

“一直这样下去也不是办法，我得想出更好的主意才行。”他在心里默默对自己这样说。

第二天一大早，黄色法拉利的女主人刚走到车子旁边，就发现挡风玻璃上放着一封信。她把信纸打开，看到上面写着这样的字：

亲爱的黄色法拉利：

我的男主人曾经对你的女主人大喊大叫，对此事我感到十分抱歉。但我希望你知道，这并不是他一贯的作风，他也不是故意要针对你的女主人，只是因为那天他身体不舒服，又不小心听到了一些坏消息。因为他自身的原因，而不小心伤害到你们，实在是很过意不去，但我希望你们可以原谅他，给彼此一个和睦相处的机会。

您的邻居蓝色宝马

短短的一封信，她却看了很久，然后便小心翼翼地将它收好，嘴角上洋溢出好久不见的微笑。

又过了一天，当库克走进车库时，发现自己的挡风玻璃上也放着一

封信，他迫不及待地抽出信纸，仔细阅读了起来。

亲爱的蓝色宝马：

你昨天代表你的男主人，向我和我的女主人道歉，而我想要告诉你的是，这些日子以来，我的主人也一直心烦意乱。她想告诉你，其实这一切不只是你的错，她也有做得不对的地方。她刚刚学会驾驶汽车，因此在停车的时候，总是会遇到许多麻烦，同时也给你的主人制造了许多麻烦。昨天你说希望大家可以成为朋友，我的女主人也是这样想，因为她觉得，做朋友总比做敌人要好多了。

您的邻居黄色法拉利

看完了信，库克哈哈大笑：“如果一开始就像现在这样，大家各退一步，不就好了吗?”

从那以后，每当蓝色宝马和黄色法拉利再见面时，他们的主人都会面带微笑，热情地对彼此打着招呼，就像每一对朋友见面时那样。

人与人之间之所以会产生矛盾，只是因为我们都太自私了，从来都只是站在自己的角度去考虑问题。如果我们可以偶尔进行换位思考，把自己放在对方的位置上，设身处地地体会对方的难处，理解这件事情，事情也就变得简单多了。

古今中外，凡能成就一番大事业者，无不具有海纳百川的雅量，容别人所不能容，忍别人所不能忍，善于求大同存小异，赢得大多数人。他们豁达而不拘小节，善于从大处着眼；从长计议而不目光短浅，从不斤斤计较，拘泥于琐碎小事。

你怎样对待别人，别人就会怎样对待你，想要赢得来自对方的尊重，就必须给予对方同样的尊重。沟通是彼此亲近的真正原因，一旦缺少了沟通，我们将永远只能活在自己的世界里，无法真正了解对方，所谓的关心和爱，也就根本无从谈起。退一步，海阔天空。学会释怀，学会包容，学会退让，路才能走得更顺，生活才会更加美好！

5. 成功的秘诀

人生路上从来都不是一马平川。几时起几时落，浮浮沉沉；几时哭几时笑，悲悲喜喜。自信时，相信自己的直觉，失意时，总是把感觉当成错觉，而这些错觉会让人掉进一些人生旋涡，如果不看透，可能会危害你的人生。要想把握成功的秘诀，就得握有成功的金钥匙。

努力加上实力

成功之路离不开别人帮助，但是不能把成功的希望完全寄托在别人的帮助上。少一点依赖，多一些自我努力与拼搏，你获得成功的机会会更多。

有一个贫穷的农夫，他每天不辞辛劳地工作，生活却依然困窘。一天，他在森林深处遇到了一位老僧人，那僧人对他说："我知道你每天都工作得很辛苦，却只能得到微小的收获，付出与回报相差太多了。为了公平起见，我把我的禅杖送给你，它能够使你拥有你想要的一切。只要你说出你想要得到什么，同时转动禅杖，你将会立刻得到你所期望的东西。但是，这种法术每个人只能用一次，只能用来实现你最想要的一个愿望。所以，你在许下愿望之前要仔细考虑清楚。"

这从天而降的好运让农夫惊喜万分，他接过禅杖，谢过老僧人，激动地踏上了回家的路。路上，农夫遇到了一个商人，商人对他手中的禅杖很感兴趣，老实的农民就向他讲述了这段稀罕的经历。

商人对农夫的宝物起了贪婪之心。晚上，商人邀请农夫到他家暂住一晚。深夜，商人悄悄来到熟睡的农夫身边，小心翼翼地用一柄外观相同的禅杖换走了农夫的神奇禅杖。第二天一早，农夫醒来，向商人道了谢，就又继续赶路了。

商人急不可待地关紧了房门，许愿说："我要拥有1亿两黄金！"禅杖一转动，奇迹出现了，无数的金子像下雨一样落了下来，铺天盖地砸向商人，商人还没有来得及跑就被他喜欢的金子给砸死了。

对这一切毫不知情的农夫回到家，把自己的奇遇讲给妻子听，并让她将禅杖妥善保管起来。农夫的妻子按捺不住内心的激动，对丈夫说："快，试试看，让它带给我们大片的土地吧。"

"我们必须谨慎地对待我们的愿望，不要忘记，这宝物只能实现我们一个愿望。"农夫解释着，"最好让我们再苦干一年，或许我们可以自己挣到想要的良田。"从此，他们更加努力地工作，上天也仿佛对他们优厚了许多，这年的收成非常好，他们的劳动所得使他们买下了想要的那片土地。

要耕种的土地变多了，两个人感觉有点忙不过来，农夫的妻子又想让禅杖赐给他们一头牛和一匹马。农夫说："老婆，牛马我们可以通过劳动也能挣到，为什么不能再继续苦干一年，留下我们珍贵的愿望做更重要的事呢?"农夫和妻子再一次收起禅杖，靠两人的力量经营自己的土地。一年后，牛马也买回来了。

"我们已经是最快乐的人了。"农夫说，"我们还很年轻，拥有健康的身体，有力的双手。生活中所需要的一切都能够凭我们的劳动获得，哪里用得着祈求禅杖呢? 等到我们老的时候，再去想那个禅杖吧。"

年复一年，农夫和妻子曾经遇到过许多困难，也有过许多想要的东西，但是他们总是想，这件事凭借自己的力量是可以解决的，那些东西他们可以自己挣钱买回来，何必要动用那个唯一的神奇的愿望呢?

40年过去了，农夫和他的妻子已经老了，他们的身体变得衰弱，头发变得和雪一样白。他们已经拥有了曾经希望获得的一切，那旧禅杖依旧完好地保存着。他们不需要跟禅杖索取什么，纵然没有神奇的禅杖帮助，他们仍然得到了属于他们的快乐。比起贪得无厌的商人，他们享受到了太多人生的乐趣。

农夫没有运用神奇禅杖的帮助，却依靠自己不懈的努力取得了成功。只有努力才能拥有实力，只有凭借强大的实力才能创造自己的成功。

当今社会是在高速发展前进的，各行各业的竞争也日益激烈，无数的成功人士都告诉我们，实力与机遇是成功的秘诀。现实生活中，我们不得不承认机会的重要性，机遇是我们展现自己走向成功的道路之一，相对于机遇而言，实力是一条通向成功的更宽更广的道路。

要低姿态做人

低姿态做人高姿态做事，已经成为成功的不二法门。其实放低姿态既是一种态度，也是一种作为，学习谦恭，学习礼让，学习盘旋着上升，这既是人生的一种品位，也是一种境界，只有谦虚做人，脚踏实地地做事，才能攀登成功的高峰。

古来文人多以清高著称，这既是文人的一种脾气，也是一种当时文人的"通病"。清高虽显得与世不同，不与乱臣贼子同流合污，表现出了一种高洁的品格，可是一味地清高不仅不会得到称赞，反而会遭人唾弃，受到打击。

西汉时的盖宽饶为人刚正耿直，不畏权贵，对于权臣、贵戚、宠官种种违法犯禁之事，他都毫不留情地纠举，甚至对皇帝本人举措不当之处，也敢直言不讳。盖宽饶也绝不与贪官污吏、谄媚小人同流合污。

盖宽饶在汉宣帝时任司隶校尉，受皇帝之命，负责察举包括丞相在内的朝廷百官以及京师附近一带所有违法者，手下率有千名徒隶，可以领兵逮捕任何大奸巨猾，可见他所面对的是整个上层统治集团。

盖宽饶一再结怨于公卿显贵，仕途自然不顺利，很多地位比他低、能力比他差的凡庸之辈都超过了他，他心中不免抑郁不平，有所流露。他的一个好朋友王生写信劝他说："圣明的皇帝知道你不畏豪强，廉洁公正，所以让你做监督百官之官，地位够尊显的了，俸薪也够丰厚的了。你应当忠心报答上恩，而你却一再以激烈的言辞指斥那些大臣，这可不是保全性命、立功扬名之道啊！如今朝中的执政大臣都是一些玩弄权力的老手，他们会花言巧语地加罪于你，你是不能避开他们的，也不要想以自己宝贵的血肉之躯，去和那些凶险难测的势力较量，否则我实在为你痛心。大丈夫立世，应当正直而又不过分僵硬，灵活而又不失去分寸。古人讲'明哲保身'，就是这个道理。"

然而，盖宽饶是不能做到这一点的。

一天，皇后的父亲许广汉迁入新居，满朝公卿都去恭贺，盖宽饶却

不去，在许广汉一再邀请下，他才肯前去，见到这位皇帝的岳父大人，他还是不卑不亢。许广汉说："你来晚了，要罚酒。"他说："别让我多喝，我一喝酒就会管不住自己！"

丞相魏侯趁机笑他说："你不喝酒也管不住自己。"满座的人都以一种十分鄙视的目光注视着他。酒酣耳热之时，那些高官显要的大臣们一个个丑态毕露，身为九卿之一的檀长卿竟然跳出座位，学着猴狗相斗，在座的人都开怀大笑起来。盖宽饶十分气愤，他抬头看着雕梁画栋的屋顶，冷笑道："真是够快活啊，岂不知富贵无常，很快就会被他人所取代！大家在这样的高堂华屋相聚，也不过是匆匆过客而已，这样的事我见多了，诸位大人好自为之吧！"

说罢离席而去，回去后向朝廷劾奏檀长卿，说他以大臣而作猴狗之态，有失身份与尊严。宣帝本来想处理这件事，在许广汉一再请求下，才把这件事压了下去。

后来盖宽饶看到宣帝重用宦官，便上书批评，并引用古书所说"官位应当由贤者来做，不是贤者不应在其位"的话来告诫皇帝。这一来可闯了大祸，皇帝认为他在诽谤，那些早就对他心怀怨恨的大臣更是诬称他要宣帝让位于自己，大逆不道。

一位大臣在上书救盖宽饶时这样说："山中有猛虎，森林便可以得到保全，朝廷有忠臣，奸邪之辈便不得不有所收敛。"但只有寥寥几人上书保奏，皇帝不予理睬。可怜他仇多友少，也没有后台依托，终于被逮捕，含恨自杀在宫门。

汉宣帝不是一位昏君，许广汉也算不上奸臣，在处理盖宽饶的事件上，他们有失公正，是站在正直的对立面的。然而，盖宽饶太清高了，大是大非自然不可苟且，而有些小事尽可以睁一只眼，闭一只眼。

盖宽饶正直刚正，不与宦官小人为伍，本是件好事，对其为人品格也没有什么可以非议的，可是他却有点太清高了，得罪了不少人，因小小的一件事情，还是在其职权范围之内的小事，便丢了性命。正是由于他平日里清高过了头，不与人交好，在性命攸关时，竟然没有几人为之求情，可见盖宽饶人际关系的失败。

在今天这个复杂的社会中，我们在骨子里可以恪守我们的原则，这样做一是可以保持自己高尚的本心，二是不会危害他人的利益，不会被打击报复。而表面上，我们照样可以和我们鄙弃之人打招呼，讨论问题，做到这一点的人才是人中高手。由此看来，清高确实在某种程度上来说是一种错误。如果放低姿态，做到谦卑为人，那么效果往往就会不一样了。

如果你想把事情做成，就得以一种低姿态出现在对方面前，表现得谦虚、平和、朴实、憨厚、毕恭毕敬，使对方感到自己充分得到了别人的尊重。

善于以柔克刚

为人处世不能简单粗暴，而应学会从大处着眼，以柔克刚。以刚克刚，两败俱伤，以柔克刚，则马到成功。

有句俗语叫“四两拨千斤”，讲的正是以柔克刚的道理。俗话说“百人百心，百人百性”。有的人性格内向，有的人性格外向，有的人性格柔和，有的人则性格刚烈，各有特点，又各有利弊。然而纵观历史，我们不难发现，往往刚烈之人容易被柔和之人征服利用。为人处世更需善于以柔克刚。

“以柔克刚”还表现在特定人物和特定场合的迂回，而不是以硬碰硬，以刚克刚。好比走路，时常会遇到各种障碍，如果面前横了一块大石头，你究竟是搬开它，还是绕开石头再往前走？搬开石头要用多大力气，自己是否对付得了？绕开它，路程又远了多少，有没有足够的时间？这一系列问题都要在最短的时间内作出权衡，才能得出结论。多设想一下在你行进的路上可能会出现多少“石头”，而自己怎么做个“弯弯绕”，胸有成竹地一一绕过它们快速前进。

光武帝刘秀带兵打仗时，在昆阳城上的将领望见王莽的军队人马众多，大都心惊胆战，忧虑后方的妻子儿女，想分别返回原来驻守的城池。

刘秀这时不但没有杀一兵一卒，反倒非常冷静地对将领们说：“现在士兵和军粮都很少，而外敌强大，合力抵抗他们，还有打胜的希望，要是分散，势必全都难以保全性命。而且现在主力不能前来救援，昆阳一旦被攻破，各部也将被消灭，现在怎么不同心同德，共建功名，反而只想守着自己的妻子儿女和财物呢?”将领们被刘秀说服了，就定下心来继续跟随刘秀作战，从而取得昆阳大捷，为光复汉家天下赢得了最终胜利。

心理学上说：“一个人的言行是他的第二身份。”别人就是依据言行来看你，和你相处的。不要斤斤计较。你计较，他也计较。你不计较，他才有可能不计较。没有人愿意示弱。宽容不是服输，而是理性的赢，有理也要让三分。

有句话说得好：得饶人处且饶人。人在有理的时候不要咄咄逼人，抓住别人的“小辫子”不放，而要有容人容事的胸怀。《法华经》云：“诸有修功德，柔和质直者，则皆见我身。”柔和者，慈悲也，忍耐也。不论对方对错，对的不嫉妒不打压不挑剔，错的不打击不讽刺不轻视，佛眼相看，慈心相向。令人觉得如春风拂面，有如到家的感觉。

得理也要饶人，即便对方真的错了，而且一时不能醒悟，也应本着治病救人的心态，伸出温暖之手，耐心解释，不生失望舍弃之心。

6. 修身的奇方

人生一世，草木一秋。人的一生是十分短促的，就如一场梦，转眼即逝。只可惜现实生活中，许多人看不清楚。为了升官，阿谀奉承；为了发财，尔虞我诈；为了一些鸡毛蒜皮的小事，也会烦恼很久。殊不知，良田千亩，不过日食三升，广厦千间，不过夜占八尺。心无杂念，世无尘埃，开心健康的一生一世，才是人生的最大追求。

拥有快乐心态

邵康节的《养心歌》写道：得岁月，延岁月；得欢悦，且欢悦；万事乘除总在天，何必愁肠千万结。放心宽，莫量窄，古今兴废如眉列。时来顽铁有光辉，运退黄金无颜色；逍遥且学圣贤心，到此方知滋味别；粗衣淡饭足家常，养得浮生一世拙。

一个人的健康和性格是与心理状态密切关联的。一般而言，性情孤僻、心胸狭窄的人，由于其情绪经常处于不稳定状态，也会产生一些躯体的疾病；而性情开朗、乐观的人，其体魄也往往比较健康。因此，人们在日常生活中应该注意营养和身体锻炼，更重要的是要陶冶自己的情操，开阔胸怀，避免持续的情绪紧张。如果感到自己的心情长时间抑郁不愉快，必定会出现身体上的不适。

其实，生活的本质就像是一杯无色无味的白开水，你可以随心所欲地去调配它。如果选择放进一点盐，它就是咸的；如果选择加一点糖，它就会变得无比甘甜。对于味道的左右，全在于你自己的心情。

就像有句话说的那样："生活中从来不缺少美，而是缺乏发现美的眼睛。"同样，生活中并没有剥夺快乐的事情，只有不肯去感受快乐的心。

有一个人整天茶饭不思、忧心忡忡，身体也在急剧地消瘦，但检查身体时，却发现一切健康指标都是正常的。他为自己的状况感到担忧，于是便决定去看心理医生。

心理医生一见到他就开口问："你是不是觉得自己的心中满是痛苦?"

这个人对于医生的问话感到相当惊讶——他居然如此了解自己。于是，他像是遇到了知音一样开始诉说起了自己的苦恼——其实那些在旁人看来不过都是些鸡毛蒜皮的小事。

比如，楼上的邻居每晚都会在深夜还制造出各种声响，惹得他不能安心睡觉；对门的那家人太没礼貌，总是一脸冷若冰霜地不肯跟他打招呼；小区的治安不太好，他曾几次看到有几个形迹可疑的人到处转悠，担心自己家中某天会被盗窃；已经在单位工作了五年，可老板一点都没有给他升职加薪的意思；一直和一个同事关系很好，但最近却发现他居然在背后说自己的坏话……诸如此类的事情，让他觉得自己的生活简直没意思透了。

一个小时之后，他的唠叨总算停止了。心理医生微笑着问他："您和太太的感情如何?"

这时，他终于松开了紧锁的眉头，面带笑容地说道："哦，我们感情很好，她是一位绝对的好太太，我们结婚八年了，从来没有吵过架。"

心理医生点了点头继续笑着问道：“那你们有孩子吗？他们怎么样？”

“是的，我有一个四岁的儿子和一个两岁的女儿，他们都聪明活泼，惹人喜爱。”

然后，心理医生又问了他许多诸如此类的问题，并且将他所有的回答都一一记在了纸上。

最后，心理医生把两张纸摆在了他的面前，说道：“在这两张纸上，一张记载着你的苦恼，一张写满了你的快乐。而你却只看到了苦恼的这一张，而忽视了身边的快乐。治病的良方就在这张写满快乐的纸上。”

亨利曾在自己的诗句中这样写道：“我是命运的主人，我主宰自己的心灵。”的确，决定你的生活是悲伤还是快乐的人只有你自己。如果你认为生活是不快乐的，那么它就是不快乐的，并且会因为你的消极对待而变得更加糟糕。但如果你认为一切逆境都没法影响你快乐的内心，那么你就可以通过自己的努力让自己的生活变得更加精彩。

你必须随时掌控好自己的心舵，下达命令，来支配自己的命运。不要遇到不平的事情就生气，遇到了逆境就悲伤。这样也许是顺其自然的反应，但并不是好的现象。

我们每个人都有自己的生活，都有选择精彩人生的机会，关键在于你的态度。态度决定人生，这是唯一一件真正属于你的权利，没有人能够控制或夺去的东西就是你的态度。如果你能时时注意这个事实，你生命中的其他事情就会变得容易许多。

要使心境平和

悠悠岁月，世事纷扰。芸芸众生中，谁都会有过痛苦、困惑、烦忧抑或萎靡的时候。宽容地面对生活，面对人生。才会使自己拥有一个平静从容的生活，才能使自己活得更轻松、更洒脱。世上没有过不了的河，也没有解不开的疙瘩。当你烦恼时，当你和同事、和家人有矛盾时，当你不顺心、不如意时，想开点：冬天过去了就是春天，黑暗过去了不就是黎明吗？

唐代著名禅师慧宗酷爱兰花，因而在平日弘法讲经之余，花费了许多的时间种了数十盆兰花。一天，他又要远行弘法讲经，便吩咐弟子看护好兰花。在这段时间，弟子们都很细心照顾着兰花。不料，一天深夜，狂风大作，暴雨如注，偏偏当晚弟子们一时疏忽，将兰花遗忘在户外。第二天，弟子们望着倾倒的花架、破碎的花盆、憔悴的兰花，后悔至极。

几天后，慧宗禅师返回，众弟子忐忑不安地上前迎候，准备领受责骂和惩罚。谁知得知原委后，慧宗禅师泰然自若，神情依然是那样平静安详。他宽慰弟子们说："我种兰花，一是希望用来供佛，二也是为了美化寺庙环境，不是为了生气而种兰花的。"就这么一句平淡无奇的话语，令在场的弟子们肃然起敬，如醍醐灌顶，备受感动。

禅师之所以看得开，是因为他虽然喜欢兰花，但心中却无兰花这个挂碍。因此，花的得失，并不影响他心中的喜怒。况且，已然这样，生气也没用，何必还要用生气乱了心情，坏了情绪？平和的人，其玄机在一个"静"字，"猝然临之而不惊，无故加之而不怒"，冷静处人，理智处事，身放闲处，心在静中。

拥有平静的心态，能使人看穿迷茫而清醒地认识自我，寻找内心的宁静与安详。困惑与挫折，失落与忧虑，烦躁与不安，这些都只是人生中的小插曲。唯有平静的心才能带给我们安宁和乐趣，才是人生的真谛。心平如镜，心静如水，这不正是人生想要达到的境界吗？

保持心理健康

谁都希望自己的生命之树常青，谁都希望幸福和快乐在自己身边围绕。那么请别忘记其秘诀之一，那就是要宽容、大度。宽容，若从"健康经"上讲，能使人有个好心情、好心态。而好的心情与心态才能永远保证与保持健康。宽容，既是儒家幸福观中的健康与长寿，也是道家幸福学说中的心灵快乐。因此，为了健康，我们要学会宽容。宽容不仅能保障健康，而且本身就是心理健康的标志。

最近一项新的科学研究结果表明，宽心不仅是人类长期崇尚的一种美德，更重要的是这种平和的生活态度会给健康带来很大的益处。美国

科学家所做的这项新研究得出的结果表明，较之那些不太宽容的人，易于宽容他人的人血压较低。这说明，在日常生活中，对周围的人持一种宽容大度的心态有益于健康。而敌视周围的人群，或易于焦躁人的身体健康则容易出问题，也容易患心脏病。

这项研究对108名大学生做了调查。调查的内容包括，如果别人背叛了他们，他们的反应是什么，以及他们对宽容的一般态度等。在研究期间和之后，研究人员多次测试了这些大学生包括血压和心跳在内的主要健康指标。研究结果表明，受试者是否属于宽容类型的人，可以从其血压状况直接看出。与那些宽容类型的受试者相比，不太宽容的受试者通常血压较高，甚至在卧床的情况下血压仍比较高。这说明，宽容类型受试者的血压情况更有益于健康。

许多心理学专家研究证实：报复心理非常有碍健康，高血压、心脏病、胃溃疡等疾病就是长期积怨和过度紧张造成的。有一位好莱坞的女演员，失恋后怨恨和报复心使她的面孔变得僵硬而多皱，她去找一位最有名的化妆师为她美容。这位化妆师了解她的心理状态后，中肯地告诉她："你如果不消除心中的怨和恨，那么全世界任何美容师也无法美化你的容貌。"

有位心理学家曾说："人类要开拓健康之坦途，首先要学会宽容。"人活在世上，不管多么富有，多么有权势，总有不顺心之事。当人的内心矛盾冲突或情绪危机难以解除时，内分泌功能就易失调，造成血压升高、多梦失眠、倦怠无力、心绪烦乱等症状。这些心理与生理异常相互影响，形成恶性循环，可诱发疾病的发生。

不肯宽容他人的人，其心态更为糟糕。因为不肯宽容会产生愤恨和沮丧，愤恨首先破坏的是你自己的健康。

有一次，拿破仑·希尔演讲完毕之后，有一位妇女对他说："我现在痒得要命，我该怎样才能止住痒痒呢？"拿破仑·希尔吃惊地问她："为什么会觉得身上痒呢？"

这位女士告诉希尔，她的姐姐是分配她们父母遗产的执行人，却没有把她应得的大部分财产分给她，所以她对姐姐十分愤恨。一想起她的姐姐，她身上就会出现痒的感觉。

出于好奇，拿破仑·希尔决定和她的医生讨论这件事。医生对拿破仑·希尔给他讲述的话也十分感兴趣，他认为：这位女士只要能使得她丢掉愤恨，她的痒病就会被治好。

这位医生找到这位女士，与她深谈了一次，并要她再去与拿破仑·希尔谈谈。医生警告她说，如若她不改掉不健康的想法，那么她会痒得直到精神崩溃。

她接受了这些治疗，做出了排除愤恨的第一步——原谅了她姐姐。当愤怒感日益减轻的时候，那位女士的痒病也减少发作了，以致最后完全好了。意外的，她自身态度的转变，影响了她那贪心的姐姐，后来她姐姐也还给了她一些钱，从此两个人都感到满意。

人生之路不可能一帆风顺，生活当中，令人心碎、受伤害的事人人都会遇到，这些事情总会或多或少影响到你的情绪。但是你有权控制你的情绪，却无权控制他人的不恭。遇到这些事时，有人用宽厚的心态去对待，就会感到幸福；有人用凄惨的心态去理解，就会感到痛苦；如果用不健康的思想去认识，还有可能会生病。

宽心是一种不需要投资、保持心理健康的“维生素”。宽心不仅能给我们带来平静和安定，也是通向健康的坦途。世界著名的长寿学者胡弗兰德说：“在一切对人不利的因素中，最能使人短寿的、夭亡的，是不好的情绪和恶劣的心境。”因此，人们应该时刻重视对心理的护养，以保持心理健康。

箴言二

善事因果，以舍为得获精进

——星云大师谈舍得

舍得，就是愿意付出，不吝惜。有如酿酒，如果我们舍不得把粮食转成糟粕，就不会得到佳酿。人生也是如此，如果我们舍不得自己付出的时间和精力，就不可能得到属于你的成功。同样如果不能舍弃旧有的社会，又岂能创造崭新的世界。舍得舍得，有舍才有得。这是古人留给我们的财富，也是古人留给我们的大智慧。

1. 能舍方能得

《圣经》中有这样一句话：人降临世界的时候，手是合拢的，似乎在说："世界是我的。"他离开世界时手是张开的，仿佛在说："瞧哪，我什么都没有带走。"是的，其实人生就是一连串取舍的过程。有取就有舍，有舍才有得。

大舍才大得

人生有得就有失，得就是失，失就是得，所以人生最高的境界，应该是无得无失。但是人们都是患得患失，未得患得，既得患失。明智的做法是学会舍弃。舍弃是一种境界，大舍大得，小舍小得，不舍不得。舍弃，并不意味着失去，因为只有舍弃才会有另一种获得。

第二次世界大战的硝烟刚刚散尽时，以美英法为首的战胜国首脑们几经磋商，决定在美国纽约成立一个协调处理世界事务的联合国。一切准备就绪后，大家才发现，这个全球至高无上、最权威的世界性组织，竟没有自己的立足之地。

买一块地皮，刚刚成立的联合国机构还身无分文。让世界各国筹资，牌子刚刚挂起来，就要向世界各国搞经济摊派，负面影响太大。况且刚刚经历了第二次世界大战的浩劫，各国政府都财库空虚，许多国家财政赤字居高不下，在寸土寸金的纽约筹资买下一块地皮，并不是一件容易的事情。联合国对此一筹莫展。

听到这一消息后，美国著名的财团洛克菲勒家族经商议，果断出资870万美元，在纽约买下一块地皮，将这块地皮无条件地赠给这个刚刚挂牌的国际性组织——联合国。同时，洛克菲勒家族也将毗连这块地皮的大面积地皮全部买下。

对洛克菲勒家族的这一出人意料之举，当时许多美国大财团都吃惊不已。870万美元，对于战后经济萎靡的美国和全世界，都是一笔不小的数目，而洛克菲勒家族却将它慷慨赠出，并且什么条件也没有。这个消息传出后，美国许多财团和地产商都纷纷嘲笑说："这简直是蠢人之举!"并断言："这样经营，不出十年，著名的洛克菲勒家族财团，便会沦落为著名的洛克菲勒家族贫民集团!"

但出人意料的是，联合国大楼刚刚建成完工，毗邻它的地价便立刻飙升起来，相当于捐赠款数十倍、近百倍的巨额财富源源不断地涌进了洛克菲勒家族财团。这种结局，令那些曾经讥讽和嘲笑过洛克菲勒家族捐赠之举的财团和地产商们目瞪口呆。

这是典型的"因舍而得"的例子。如果洛克菲勒家族没有作出"舍"的举动，勇于牺牲和放弃眼前的利益，就不可能有"得"的结果。舍弃和得到永远是辩证统一的。然而，现实中许多人却执著于"得"，常常忘记了"舍"才是一种至高无上的人生境界。要知道，什么都想得到的人，最终可能会为物所累，导致一无所有。人要有所得必有所失，只有学会放弃，才有可能登上人生的高峰。

你之所以举步维艰，就是因为背负太重，你之所以背负太重，就是你还没学会舍弃，功名利禄常常微笑着置人于死地。你舍弃了烦恼，就

能与快乐结缘；舍弃了利益，就能步入超然的境地。你如果连舍弃都舍弃了，就更为伟大了，几乎能够步入圣人的行列。

不舍就不得

世间万物，有来就有往，有进就有出，正所谓“财法二施，等无差别”。来与往，进与出，同等重要。能够有来有去，有去有来，收受同等，进出自如，这才是正常合理的。

有位居士向禅师诉苦：“我的妻子非常吝啬，不但对慈善事业毫不关心，甚至连亲戚朋友遇到困难也不肯接济。请禅师去我家开导开导她。”

禅师就和这位居士来到他家中。果然，居士的妻子十分抠门，仅仅给禅师倒了一杯白开水，连一点点的茶叶也舍不得放。

禅师并不在乎，依然一脸的微笑，可却用两个拳头夹着杯子喝水。

居士的妻子看到这里，忍不住“扑哧”一声笑了起来。

禅师奇怪地问她道：“你笑什么？”

居士的妻子说：“大师，你的手是不是有毛病？怎么总是攥着拳头呢？”

禅师满脸诧异地问：“攥着拳头不好么？我假如天天都是这样呢？”

“那就真的是有毛病了。长此以往，岂不就变成了畸形？”

“哦——”禅师像是恍然大悟般，连忙伸开手，五根指头撑开，再也不肯合拢。

居士的妻子又被禅师的滑稽模样逗乐了，笑着说：“大师哎——，你的手总是这样撑开着，还是一样的畸形啊！”

禅师点了点头，略有所思地说道：“女施主说得不错，总是攥着拳头是畸形，而总是伸开巴掌也是畸形呀。这就如同我们的钱财，若是只知死死攥在手里，总也不肯松开，天长日久，人的思想就成了畸形；若是大撒手，只知花用不知储蓄，也是畸形。钱，是流通的，只有流转起来，才能实现它的价值啊。”

居士妻子听禅师这么一说，脸腾地就红了。因为她这才明白，禅师所做的一切，都是变相在规劝自己要改正吝啬的毛病。虽然她知道一毛不拔不是太好的道理，但养成的习惯，形成的性格是很难改变的，尤其是禅师采取这种方式来劝说自己，让她有一种挫折感，她不愿意就这么样被禅师三言两语给说服，很想给禅师出个难题，从而挽回一些面子来。恰在这时，她家养的一只小猴子跑了进来。她灵机一动，将小猴抱起来，对禅师说："大师你看这小猴子多可爱呀，跟我们人类的模样差不多。"

禅师颇含深意地说："它比人多了一身毛，若肯能舍弃，就可以做人了。"

居士的妻子有意取笑说："大师您法力无边，就请您想方法把它变成人吧。"

居士在旁见妻子口无遮拦，说话越来越不靠谱，边训斥妻子荒唐无理，同时向禅师道歉，请禅师不要理睬妻子的胡言乱语。

出乎意料的是，这位禅师却十分认真地说："好吧，我可以试试看。不过，能不能变成人，主要看它自己了。"禅师说着伸手扯住一根猴毛，使力欲拔出来。

小猴子痛得吱吱乱叫，从女主人怀里猛地挣脱出来，逃之夭夭，不见踪影。

禅师长长叹了一口气，摇着头说："唉，这猴子它一毛不拔，又怎么能做人呢？舍得舍得，有舍才有得；丝毫不舍，如何能得？"

要做一个布施的智者，或是一毛不拔的猴子，就看你愿不愿意舍得！舍得利益分享，舍得患难相助，舍得随手服务，舍得爱语赞美，舍得用身口意行善积德。

其实世界上的万事万物，都离不开舍与得：要想采一束清新的山花，就得舍弃城市的舒适；要想做一名登山健儿，就得舍弃娇嫩白净的肌肤；要想穿越沙漠，就得舍弃咖啡和可乐；要想获得掌声，就得舍弃眼前的虚荣。

舍离与布施

只有当人充分理解了"舍"字的含义，明白了舍离的道理，他才能真正懂得布施的意义。在佛法中。舍离与布施是一体两面，就像硬币的两面，没有舍离，就没有真正的布施。

从前有一个非常吝啬的人，他从头上的每一根头发到脚上的每一个脚指头都很吝啬，他从来没有想过要给别人东西，连别人叫他讲“布施”这两个字，他都讲不出口，只会“布、布、布……”个半天，好像一讲出这两个字，自己就会有所损失。

佛陀知道了这件事后，就想去教化他，于是到了他住的城镇去开示。佛陀告诉大家布施的功德：一个人这辈子之所以富有，比别人长得高、长得帅，所有一切美好的事物，都跟上辈子的布施有关。

这个吝啬的人听了佛陀的教示之后很感动，可是他仍然布施不出去，他为此深感烦恼，便跑去找佛陀，对佛说：“世尊呀！我很想布施，但是做不到。”佛陀从地上抓了一把草，把草放在他的右手，然后要他张开左手，佛陀说：“你把右手想成是自己，把左手想成是别人，然后把这把草交给别人。”这个吝啬的人一想到要把这把草给别人，就呆住了，急得满头大汗，仍然舍不得给出去，最后，他突然开悟：“原来左手也是我自己的手。”就赶紧把草给出去，自己也为此深感欣慰。第二次他只花了约一分钟，就把草给出去了。后来，他只要很简单地就可以把草给出去。佛陀又说：“现在你把草放在左手，把右手张开，将草交给别人。”第一次他也是想了半天才给出去，第二次他很容易就交出去。最后，佛陀对他说：“你现在把这把草给别人。”他便把这把草给了别人。经过不断的练习，这个有钱人便把财物布施给别人，最后把房子也布施给了别人，结果终于得到了他以前从未有过的幸福。在佛家看来，懂得舍弃，行布施之道，才能修得福报；在现实中的人看来，懂得舍弃，才能抓住更重要的东西。

施予没有资格的限制，再吝啬、再冷漠的人，只要决心想给予，就可以通过训练开启布施之心。所以，在生活中，让我们学会“布施”吧，因为，只有如此，才能让我们得到更多，学会给予，才能收获幸福；懂得付出，才能有更多收获。

人的成长，必定要经历一个舍弃、放下的过程，才能真正地成熟起来。

2. 舍得蕴智慧

星云大师说，舍得既是一种处世的哲学，也是一种做人做事的艺术。

舍与得就如水与火、天与地、阴与阳一样，是既对立又统一的矛盾概念，相生相克，相辅相成，存于天地，存于人世，存于心间，存于微妙的细节，囊括万物运行的所有机理。万事万物均在舍得之中，才能达至和谐，达到统一。你若真正把握了舍与得的机理和尺度，便等于把握了人生的钥匙和成功的机遇。

舍的智慧

舍，并非毫无章法。《四十二章经》说："仰天吐唾，唾不至天，还堕己面；逆风扬尘，尘不至彼，还坌己身。"施舍好比是送礼给人，如果我们所送的礼物不恰当，对方不肯接受，那就只有自己收回。所以说"己所不欲，勿施于人"。施舍不当，适得其反；施舍得法，才能事半功倍。

昔日有一对孤儿寡母，家徒四壁，一无所有。纵使外境清贫，母子俩却不以为苦，他们以佛法为精神的食粮。在朝暮课诵研读佛经中，获取许多知识。

母子所处的国家，有位无视人民困苦，整日沉湎酒色、荒淫度日的昏君。随着岁月的推移，看着逐渐苍老的面孔，国王越来越恐惧死亡的降临，胆怯的内心，使他变得不快乐。

某日夜里，死亡的恐惧再度浮现，扰得他彻夜难眠。思索着如何摆脱死亡带来的恐惧。国王心想："今生做尽坏事，不问民间疾苦，死后必堕地狱。何不趁有限的生命，揽尽天下金银珠宝，贿赂一下阎罗王，相信可以免去罪孽。"

隔日，国王命大臣四处搜刮钱财，并下令："举凡私藏一文一钱，将处以死刑。"上自王公贵族，下至凡夫走卒，无一幸免。如是三年，举国上下，已一贫如洗。贪心的国王仍嫌不足，又谎称，只要有人供出一分一毛，便将公主许配给他。

这对母子早已不满国王的恶行，儿子想借此时机进谏，他告诉母亲："父亲往生时，我们拿了一枚金币含在他嘴边，现在将此金币拿去贡献给国王，母亲以为如何？"母亲点头答应。

于是，儿子拿着金币进宫觐见国王。见到金币，国王欢喜若狂，急

着问：“你从何处得到这枚金币的?”

儿子回答：“是从先父的嘴里取出，当时打算贿赂阎罗王。今日听闻国王将以爵位换得黄金，因此费了好大的力气，从坟墓里挖掘出来献给您。”

国王又问：“你父亲往生多久了?”

“十二年了。”儿子回道。

“难道你不用再贿赂阎罗王了吗?”国王满脸狐疑。

儿子说：“佛经教导：善恶有报，祸福如影随形，如同我们的影子，不论身体走到哪里，都紧紧地跟随，不知国王是否认同?”国王点头如捣蒜。儿子又说：“身体是由四大假合而有，一旦四大分离，神识便会离开肉体，四处游荡，为了神识而花钱贿赂阎罗王又有何用？国王因前世行善积德，才得今生为王的果报。如今，您又以仁心仁德治国，名声遐迩争传。现世虽未得道，来生相信能再为国王。”

儿子的一席话，听得国王喜出望外，随即下令，大赦狱中囚犯，退还搜刮的钱财，终获人民的爱戴与拥护。

“施舍”虽属善举，但也要分清时机和对象，这母子二人“布施”金币给荒淫残暴的国王，无疑是置生死于度外的。所幸的是，这对母子虽然贫穷，但由于研读佛经的关系，勇气中也不乏聪明和智慧。用一枚金币换得天下大赦以及民众的爱戴，这样的“舍”无疑是最有价值的“得”。

舍结善缘

人生，有时候也会有舍而不得。尤其是在养育子女方面，往往辛苦一生，并不能得到相应的回报。父母在形容那种只知花钱惹麻烦、不懂得感恩的子女时常常称其为“讨债鬼”，意思就是前世他们欠了这孩子的债，今世就用烦神、折磨来让他们还债。

有一位富翁，生了三个儿子。大儿子最得他欢心，聪明能干，帮他经营管理，赚进了不少金子，他叫大儿子黄金子，能替他招财进宝。二儿子也算精明，虽然没有大儿子的聪明，也能为他牟利不少，因此二儿子叫白银子。有两个黄金白银的儿子，富翁应该是称心如意才对，偏偏最小的儿子是个败家子，把家里吃的用的都拿去送人，富翁打骂都没有用，只要他稍微不注意，小儿子又把成斗的白米送给上门的乞丐。这个小儿子最让富翁生气烦恼，大骂他是讨债鬼，早晚会把家产败光。

过了几年，三个儿子分家，富翁偏心，十份家产，大儿子得了五份，二儿子得了四份，剩下一份薄产给小儿子过活。慢慢地，富翁年老卧病，他打发人叫大儿子黄金子回家看他，大儿子说，父亲，我每天忙着事业，连睡觉都没有时间，以前您不是教育我们，世界上什么都是假的，只有钱才是真的，有钱才会受人重视、肯定！父亲，我可以替您请最好的看护，把您送到一流的安养中心。富翁失望地挂上电话，他需要的是亲情的安慰，不是安养中心的看护。

他试着再找二儿子。“白银子，我是你父亲，我生病了，你回来看看我好吗?”过了好大一会儿，白银子才慢吞吞地说：“唉！父亲。最近我流年不利，银子被套牢，工厂周转不灵，对不起，您可以借我一点钱吗?”

寂寞无助的老人，没有办法，只好抱着试试看的心态找小儿子。小儿子一听到父亲病了，马上就赶回家，并且安排医院，给父亲最好的治疗。富翁住院期间，每天都有川流不息的访客来慰问，每个人都向他诉说小儿子帮助他们的事，使他们绝处逢生，重见光明，甚至有人对他磕头道谢。

富翁这才觉悟，一向被视为“讨债鬼”的小儿子，其实是替他广结善缘。他老泪纵横，悔恨年轻时，只看到黄金白银，看不到人情恩惠的价值。

人生不要只看到黄金白银，还要能看到施舍的温暖、结缘的感动。施舍结缘，就像深井汲水。你越是舍得提水灌溉，给人饮用，井里的水就越是清澈不绝！

舍中有得

人生在世，有舍有得，有盈有亏。有人说得好，你得到了名人的声誉或高贵的权力，同时就舍去了做普通人的自由；你得到了巨额财产，

同时就舍去了淡泊清贫的欢愉；你得到了事业成功的满足，同时就舍去了眼前奋斗的目标。我们每个人如果认真地思考一下自己的得与舍，就会发现，在得到的过程中也确实不同程度地经历了舍去。整个人生就是一个不断得舍的过程。

拿破仑的军队从莫斯科撤走后，一个农夫和一个商人在街上寻找财物，他们发现了一大堆未被烧焦的羊毛，两个人就各分了一半捆在自己的背上。归途中，他们又发现了一些布匹，农夫将身上沉重的羊毛扔掉，选些自己扛得动的较好的布匹，而贪婪的商人却将农夫所丢下的羊毛和剩余的布匹统统捡起来。重负让他气喘吁吁，缓慢前行。

走了不远，他们又发现了一些银器，农夫将布匹扔掉，捡了些较好的银器背上，商人却因沉重的羊毛和布匹压得他无法弯腰而作罢。突降大雨，饥寒交迫的商人身上的羊毛和布匹被雨水淋湿了，他踉跄着摔倒在泥泞当中，而农夫却一身轻松地回家了，变卖了银器，过起了富足的生活。

一个不懂得什么时候该舍去什么的人，就是愚蠢可悲的人。谁违背这个过程，谁也会像贪婪的那种人，累倒在地，爬不起来。谁能坦然地面对舍去，谁就有可能换来幸福、美满的人生。居里夫人的一次“幸运的舍去”就是最好的说明。

1883年，天真烂漫的玛丽亚（居里夫人）中学毕业后，因家境贫寒无钱去巴黎上大学，只好到一个乡绅家里去当家庭教师。她与乡绅的大儿子卡西米尔相爱，在他俩计划结婚时，却遭到卡西米尔父母的强烈反对。

这两位老人深知玛丽亚生性聪明，品行端正。但是，贫穷的女教师怎么能与自己家庭的钱财和身份相匹配呢？父亲大发雷霆，母亲几乎晕了过去，卡西米尔屈从了父母的意志。

失恋的痛苦折磨着玛丽亚，她曾有过“向尘世告别”的念头。玛丽亚毕竟不是平凡的女人，她除了个人的爱恋，还爱科学和自己的亲人。

于是，她放下情缘，刻苦自学，并帮助当地贫苦农民的孩子学习。几年后，她又与卡西米尔进行了最后一次谈话，卡西米尔还是那样优柔寡断，她终于砍断了这根爱恋的绳索，去巴黎求学。这一次“幸运的失恋”，就是一次舍去。如果没有这次舍去，她的个人历史将会是另一种写法，世界上就会少了一位伟大的科学家。

学会习惯于舍去，往往能从舍去中获得。得其精髓者，人生则少有挫折，多有收获；人会从幼稚走向成熟，从贪婪走向博大。

3. 布施之快乐

布施是佛教用语，即以慈悲心而施福利与人之义。亦即指施与他人以财物、体力、智慧等，为他人造福成智而求得累积功德，以致解脱的修行方法。

布施使人快乐

星云大师说：世间的钱财是生活所需，但除却金钱之外，人还有其他比钱更值得珍惜的东西。钱，可以使鬼推磨，甚至一文钱就能逼死一位英雄汉；钱，能令兄弟不顾手足之情；钱，能令夫妻对簿公堂……所以说，钱多不一定是好事。《大庄严经论》卷二说：“无病第一利，知足第一富；善友第一亲，涅槃第一乐。”

一只狗到法院按铃申告，法官很意外，问它：“人总免不了有冤屈不平，你做条狗，生活单纯，来告什么状呢？”狗委屈地诉说：“有一天我到李四家去乞讨饭食。我依照狗讨饭的规矩，可是李四竟然用棍子打我，他侵犯我的‘狗权’，我要请法官判他的罪。”

法官听了，不禁莞尔一笑，问狗：“你们跟人讨饭吃还有什么规矩吗？”

狗回答：“狗上人家里要饭吃，只有前面的两条腿可以伸进门槛里，后面的两条腿一定要在门外。我遵守狗的规矩，李四怎么可以打我呢？”

法官觉得狗的申诉有理，就问它："李四打狗是不对的，可是这是我生平第一次判决狗向人告状的事，我要怎么处罚李四呢？我想听听你的意见。"

狗欣喜地说："请罚他来世做个大富翁。"

法官诧异地说："你不处分李四，反倒给他讨了便宜。"

狗神色黯然地说："法官大人，你有所不知，我的前世就是个家财万贯的富翁，从来不肯施舍半分给予急难贫困的人，没有发善心去救济亲戚朋友。因为我为富不仁，像个守财奴，今生才沦为狗身。我要求法官你判李四来世做个富翁，让他被黄金蒙蔽智慧，最后也尝尝做狗的滋味。"

这个故事说明了一个道理，有钱没钱不是主要的，有钱人要知足，还要懂得花钱、懂得布施，懂得让财富发挥应有的作用。星云大师告诉我们：钱，可以污浊恶臭，也可以清净芳香；钱，可以造成一座孤独地狱，也可以使人人亲如骨肉。钱，如果是池塘的泥沼，我们要记得播种莲花，让莲叶田田，十里飘香。

"布施"并不是有钱人的专利。布施没有贫富的差别，重在心意的虔敬。

卖贫买富，并不是天方夜谭的神话故事，而是唾手可得的身边事。一块破布的布施，能使穷苦的老婆婆转贫为富，快乐长寿，感得天人福报。物质的布施或许并非人人可为，但一个微笑、几句好话、随手帮忙之类随缘随喜的布施，人人都可以做到。所以说，想要"卖"掉我们今生来世的贫穷，施与舍是最简单的方法。

布施的是诚心

布施，贵在真诚恭敬，不在于东西的多寡。所谓有一分恭敬心，就能消除一分业障，增长一分福德和智慧；有十分恭敬心，就能消除十分业障，增长十分福德和智慧。

一个贫穷的女孩经过一座寺庙，恰逢法会期间，她看到很多人到寺庙打斋、点灯，做种种的结缘布施，心里很羡慕。而自己靠乞讨过日子，哪里有什么钱可以布施呢？直到有一天她遇到一个好心的人家，给了她几文铜钱，她忍耐饥肠辘辘，拿着这几文铜钱到寺庙做虔诚的布施。寺里的住持大和尚为她的真心所感，亲自为她诵经、祝福。

女孩高兴地离开寺庙，因为饥饿的关系，她靠在路边的树下休息。刚好国王到民间巡视，远远看到有金色光芒闪烁，走近一看，一个衣衫褴褛、满身污垢的女孩身上正发着金光！国王把她带回王宫，让她沐浴，换上新装。经过装扮的女孩，更显高贵秀丽。国王渐渐喜爱她，不久之后，立她为皇后。

从乞讨的贫女，摇身一变成为皇后之尊，女孩心想：一定是布施的功德，才有此福德因缘。于是她准备了十大车的金钱宝物，载运到寺庙，供僧打斋。

这一天供养时，只有知客师父出来迎接。她心中很纳闷，以前只有几个铜钱的布施，住持和尚亲自为我诵经、祝福，为什么今天我用几千万倍的布施反而只有知客师父出来招待？她向知客师父央求要见住持和尚，知客师父答道："我们的住持和尚表示，当初你的布施虽然微少，却是你的所有，那时候，你的心清净虔诚。此时，你虽然带着十大车的金钱，但是大和尚看不到你供养的心，只看到你的骄恃和傲慢。"

乞丐变皇后，看起来神奇，其实只需心香一瓣。人的一颗心，可以纳受法界刹尘；凡夫成佛祖，秽泥转净土，都在我们这颗心。

钱财的布施固然可贵，但更重要的是要开发我们内在的圣财——诚心。因此，当我们在做身、心、意等种种布施时，让别人领受的，是美好的谦卑和恭敬，而不是丑陋的轻慢心。

4. 退让空间大

舍得的一种表现形式是退让。不管是利益之争还是意气之争，肯退让都意味愿意舍弃本该属于自己的东西。在生活中，我们看到更多的是争，为了蝇头小利或口舌高下争个头破血流以至于两败俱伤。而善于退

让、舍得退让的人则可以兵不血刃地达到自己的目的。

妥协的高明

工作、生活中，绝对的公平、完全的意见一致是难以达到的，为了创造一个和谐的生存环境，每个人都需要有所舍弃，在适当的妥协中追求目标的实现。

清末大臣张之洞深刻理解“小不忍则乱大谋”的道理，虽然在大多数情况下都坚持己见，敢于以硬碰硬，不向异己屈服，但他毕竟是个聪明人。因此他也善于因时顺势，目光长远，敢于妥协。

虽然他与李鸿章早有嫌隙，在政见上多有不同，也看不惯李鸿章一味地对外求和的为政策略，更看不起李鸿章不顾全大局，始终维护自己淮军的局部利益的做法，但他同时也深知：李鸿章毕竟位高权重，自己如果一味地同他僵持下去，两个人之间就会由嫌隙转化为比较大的矛盾，那样对自己的前程将大为不利。于是，他想只要不是重大问题，自己还应该对李鸿章虚与委蛇，尽量不贸然得罪他。所以，他在李鸿章母亲八十寿辰时就送过寿文，李鸿章本人七十寿辰时，他更是两天三夜几乎没有睡觉，写了篇洋洋洒洒的寿文送给李鸿章。在寿文中，张之洞极尽能事地推崇李鸿章，赞扬李鸿章文武兼备，既饱学博识，文才盖世，又运筹帷幄，统领千军万马，镇守着祖国边疆。这篇约 5000 字的寿文成为李鸿章所收到的寿文中的压卷之作，琉璃厂书商将其以单行本复刻，一时洛阳纸贵。张之洞对与李鸿章的这种关系的处理方式，包含着聪明人高超的智慧。

学会妥协，善于取舍，是成大事者必备的要素。成大事者，需要在小事、小利上面忍让一些；在大事、大利上面要坚持一些，争取一些，这样才能取得并维持大事、大利。

退却是进攻

从处理事物的步骤来看，退却是进攻的第一步。现实中常会见到这样的事，双方争斗，各不相让。最后小事变为大事，大事转为祸事，这样往往导致问题不能解决，反而落得个两败俱伤的结果。不如采取较为温和的处理方法。先退一步，使自己处于比较有利的地位。待时机成熟，便可以以退为进，成功地达到自己的目的了。

何为退呢？如在战场上当形势对我军不利时，如果全力攻击也可能不奏效时，就应采取退却的方法。军事家指出，会退却的统帅是最优秀的统帅。战而不利，不如早退，退是为了更好的胜利。

李渊任太原留守时，突厥兵时常来犯。突厥兵能征善战，李渊与之交战，败多胜少，于是视突厥为不共戴天之敌。一次，突厥兵又来犯，部属都以为李渊这次会与突厥决一死战，可李渊却另有打算。他早就欲起兵反隋，可太原虽是军事重镇，却不是号令天下之地，而又不能离了这个根据地。如果离太原西进，则不免将一个孤城留给突厥。经过这番思考，李渊派刘文静为使臣，向突厥称臣。书中写道："欲大举义兵，远迎圣上，复与贵国和亲，如文帝时故例。大汗肯发兵相应，助我南行，幸勿侵虐百姓，若但欲和亲，坐受金帛，亦惟大汗是命。"

唯利是图的始毕可汗不仅接受了李渊的妥协，还为李渊送去了不少马匹及士兵，增强了李渊的战斗力。而李渊只留下了第三子李元吉固守太原，由于没有受到突厥的侵袭，李渊得以不断从太原得到给养。终于战胜隋炀帝杨广，建立了大唐王朝。而唐朝兴盛之后，突厥不得不向唐朝称臣。

唐高祖李渊以退为进，为自己的雄心大志赢得了时间。如果不能忍一时，李渊外不能敌突厥之犯，内不能脱失守行宫之责，其境险矣，忍一时而成了大谋。

从人生的态度来看，退却有时也是一种进攻的策略。现代社会中，"以退为进"表现自我也不失为一种良好的方法。

有一位计算机博士，毕业后找工作，结果好多家公司都不录用他。于是他不用学位证去求职，很快他就被一家公司录用为程序输入员。不久，老板发现他能看出程序中的错误，非一般的程序输入员可比，这时，他亮出了学士证。过了一段时间，老板发现他远比一般的大学生要高明，这时，他亮出了硕士证。再过了一段时间，老板觉得他还是与别人不一样，就“质问”他，此时，他才拿出了博士证。于是，老板毫不犹豫地重用了他。

有时候，表面的退让只是一种随机的策略，为了追求更高的目标作出一些退让是作为善于变通之人的成熟表现。

退让乾坤大

任何事情既然不能一蹴而就，就要给自己留下余地，同时也在进退之间获取利益，自然就达到了目的。香港富商李嘉诚在与怡和洋行较量的商战中，就成功地运用了此计策。

李嘉诚是香港20世纪70年代崛起的地产商，几乎把整个香港的每一块土地、房屋都思量过了，每个上市公司的股市行情都分析透了。他获得一项关于英国在香港最大的洋行——英资怡和洋行的绝密情报，即它虽然是九龙仓股份有限公司的大东家，但实际上占的股份还不到20%，简直少得不成比例，这说明怡和洋行在九龙仓的基础薄弱。尖沙咀早已成为繁华商业区，其旁边的九龙仓实际地价已是寸土寸金，而股票价格却多年未动，股票面值低得不成样子：这些都是争夺九龙仓的有利条件。因此，早日购足50%的股票，取代怡和洋行成为大东家，这样就有权运用九龙仓土地发展房地产，此堪称一本万利。

李嘉诚得到这一信息，当即决定分散吸进九龙仓股票。从1977年起，他悄悄地分散户名，吸进18%的股份。由于李嘉诚大量吸进股票，使每股由10港元飞速上涨到了30余元，引起怡和洋行的警觉。李嘉诚的偷袭战必将转入阵地战。两军对垒，李嘉诚的实力大大弱于怡和洋行，硬拼实难取胜。在此时，李嘉诚若继续买入股票，怡和洋行必然会高价回收九龙仓股票。对手它财大气粗，李嘉诚必将惨败无疑。

李嘉诚不愧为一流商贾，他决定以退为进，化险为夷。他的金蝉脱壳之计是寻找一个代替自己与怡和洋行作战的人，将全部股票高价卖给他。

1978年9月的一天，在中环文华阁的高级包间里有两位身穿中式服装的本地客，使用普通话进行了一次短暂而又神秘的会晤。时间虽只20分钟，却决定了价值20亿美元的九龙仓脱离英资怡和洋行的关键性交易。

这两个人中，一个是地产商李嘉诚，另一个就是船王包玉刚，2000万股票全部转卖给包玉刚，包玉刚将帮李嘉诚从汇丰银行中承购英资和记黄浦股票9000万股。两人皆大欢喜。

李嘉诚知难而退，退中获利，既卖得人情又富了自己，岂不英明！包玉刚则借李嘉诚的情报、信息和卓越的判断实现夙愿，仅此一个妙计，出千金巨资都买不到，何况李嘉诚已为他打好了赢得价值20亿美元的九龙仓之基础。包玉刚自知确有实力，胜怡和洋行心中有数，此妙计正用得上，不费吹灰之力一举获得18%的九龙仓股票，开盘就有与怡和洋行相等的实力，怎能不高兴。

另外，李嘉诚成功地为幕后的包玉刚打了个掩护，当李嘉诚被怡和洋行发现之后却停手不干了，使怡和洋行误认为已化险为夷；而包玉刚接上来吸收九龙仓股票，怡和洋行又误认为是有人盲从李嘉诚顺势抢购而已，还讥笑他们自找倒霉，料定九龙仓股票不久即会下跌。等怡和洋行发现九龙仓股票持续上涨而不回落，值得警惕时，包玉刚已大刀阔斧，仅用一个季度就吸收了另外1000万股，占有30%的九龙仓股份了。时值1979年初，股票价格已达50港元，怡和洋行这才知道上当，心急如焚，立即研究对策，出高价回收九龙仓股票，准备决战，然而大势已去。

其实，不管做生意也好，还是平常的过日子、做工作也罢，你不能什么事情都想着一步到位，必要的迂回、退让反倒会让你收获更大。

5. 帮人是帮己

帮人是一种境界，也是一种智慧。舍弃了自己的利益使他人得到好

处，这自然是值得称道的一种做人境界；从另一个角度讲，助人者必得人助，帮助了别人也就等于帮助了自己，这难道不是一种智慧的体现吗？

多给人方便

我们说有的人很自私，这里的“自私”在很多种情况下其实指的就是不愿意帮助别人。生活中这样的例子并不鲜见，举手之劳就能给人以方便，就能帮助别人，偏偏不愿意做。为什么？舍不得属于他自己的那一点点时间，那一点点精力，那一点点金钱。在这样的人看来，舍弃了自我利益帮了别人而自己什么也得不到，不划算。这实在是一种短见。

从前，有一个生活困苦不堪的年轻人。有一天，当他正要经过十字路口时，一位老人挡住了他的去路，他背驼得十分厉害，连站都站不稳。“年轻人，你愿意帮助我走过这条马路吗？”

当时，他实在心烦意乱，对什么事情都提不起精神。不过，他看到这位老人实在很可怜，最后，还是扶着老人的臂膀，穿过那条车水马龙的大街。

“你觉得好些了吗？”老人微笑着问他。

“噢！是的……我想是的！”他觉得在帮助别人之后，心里舒坦多了。

这时，老人突然挺直了腰杆，身子骨也变得硬朗起来了。年轻人惊讶地说不出话来。

“刚才看到你一副愁眉不展的样子，我就决定要帮帮你。一个失意的人如果帮助那些比他更失意的人，他就会好过些，所以我就装扮成刚才那个样子了。年轻人，不要有太多的忧虑！一切都会过去的，上帝会对你很公平的！”说完，老人就在年轻人的面前消失了。

当你在帮助他人的时候，感觉到了自己的重要性，心境也就会变得开朗。于是你帮助他人过马路，其实也就是在帮助自己走出心灵的阴霾。

生命像回声，你送出什么它就送回什么，你播种什么就收获什么，你给予什么就得到什么。你想要别人是你的朋友，首先你得是别人的朋友。心要靠心来交换，感情只有用感情来交换。得到大多数人帮助的人，成功就大；得到少数人帮助的人，成功就小；得不到别人帮助的人，只有失败，没有成功。希望获得别人帮助的人，首先是要帮助别人。

一年冬天，年轻的哈默随同伴来到美国南加州一个名叫沃尔逊的小镇，在那里，他认识了善良的镇长杰克逊。正是这位镇长，对哈默后来的成功影响巨大。那天，天下着小雨，镇长门前花圃旁边的小路成了一片泥淖。于是行人就从花圃里穿过，弄得花圃一片狼藉。哈默不禁替镇长感到痛惜，于是不顾寒雨淋身，独自站在雨中看护花圃，让行人从泥淖中穿行。这时出去半天的镇长满面微笑地从外面挑回一担煤渣，从容地把它铺在泥淖里——结果，再也没有人从花圃里穿过了。镇长意味深长地对哈默说："你看，给人方便，就是给自己方便。我们这样做不是很好吗？"

每个人的心都是一个花圃，每个人的人生之旅就好比花圃旁边的小路，而生活的天空不仅有风和日丽，也有风霜雪雨。那些在雨中前行的人们如果能有一条可以顺利通过的路，没有人愿意去践踏美丽的花圃，伤害善良的心灵。

助人亦助己

也许你助人的本意并不是为了得到什么，但也许那确实为你带来些什么。

乔伊斯在美国的律师事务所刚开业时，连一台复印机都买不起。移民潮一浪接一浪地涌进美国时，他接了许多移民的案子，常常深更半夜被唤到移民局的拘留所领人。他常开着一辆破旧的车在小镇间奔波。

多年后，律师事务所的电话线换成了四条，扩大了业务，处处受到礼遇。天有不测风云，一念之差，乔伊斯将资产投资股票几乎亏尽。更不巧的是，岁末年初，移民法又再次修改，职业移民名额削减，顿时门庭冷落，几乎要关门大吉。

正在此时，乔伊斯收到了一家公司总裁写来的信，信中说道：愿意将公司30%的股权转让给他，并聘他为公司和其他两家分公司的终身法人代表。

乔伊斯简直不敢相信这是真的，于是他就找上门去。“还记得我吗?”

总裁是个年纪四十开外的波兰裔中年人。乔伊斯摇摇头，总裁微微一笑，从硕大的办公桌的抽屉里拿出一张皱巴巴的五美元汇票，上面夹着名片，印着乔伊斯律师的地址、电话。对于这件事，乔伊斯实在想不起来了。

“10年前，在移民局……”总裁开口了，“我在排队办理工卡，人非常多，我们在那里拥挤和争吵。排到我时，移民局已经快关门了。当时，我不知道工卡的申请费用涨了5美元，移民局不收个人支票，我身上正好一美元都没有了，如果我再拿不到工卡，雇主就会另雇他人了。这时，老天在帮忙，你从身后递了5美元上来，我要你留下地址，好把钱还给你，你就给了我这张名片。”

乔伊斯也渐渐地回忆起来了，但是仍将信将疑地问道：“后来呢?”总裁继续说道：“后来我就在这家公司工作，很快我就发明了两个专利。我到公司上班后的第一天就想把这张汇票寄出，但是一直没有。我单枪匹马来到美国闯天下，经历了许多冷遇和磨难。这5美元改变了我对人生的态度，所以，我不能随随便便就寄出这张汇票……”

乔伊斯做梦也没有想到，多年前的一个小小的善举竟然获得了这样的善果，仅仅5美元却改变了两个人的命运。

爱出者爱返，福往者福来。善良是可以创造奇迹的，当别人失利受挫或面临困境时，你及时伸出援助之手，你的帮助无疑成了最有价值的东西，这种雪中送炭般的帮助会让原本无助的人记忆一生。

救人之所急

你在关键时刻帮人一把，别人也会在重要时刻助你一臂之力！要想让别人将来帮助你，你就必须先付出精力去关心别人、感动别人，这样才能赢得别人回报的资本。因此，高明的做人艺术便是：雪中送炭最能温暖人心。

范仲淹是一位充满人格魅力的宋代英杰，除了忧国忧民的忧患意识支配着他一生的行动外，他还乐意帮助那些需要帮助的人。

范仲淹在睢阳做学官时，经常以自己的薪俸资助穷苦的读书人。曾有个孙秀才，特意来请求他接见。范仲淹很关心他，见过以后送给他十个铜钱。

第二年，这位孙秀才又来了，范仲淹又赠给了十个铜钱。范仲淹问他："你这样辛苦地来回跑路，究竟为什么？"孙秀才悲伤地回答："因为我没有办法养活老母亲，只好这样奔波，来求得一些帮助。倘若我每天能有一百铜钱的收入，就足够维持生活了。"

范仲淹说："我看你不是一个专门向人乞讨混日子的人。这样辛苦奔波能得到多少资助？我替你补一个学职，每月有三千个铜钱的薪俸可供衣食之需。但有了这个安排以后，你能安心在学业上下工夫吗？"

孙秀才特别高兴，一再拜谢，一再表示要在学业上下工夫。于是，范仲淹安排他研习《春秋》。孙秀才果然十分刻苦，日夜抓紧学习，而且行为谨慎，严于约束自己，范仲淹很喜欢这个人。过了一年，范仲淹的职务调动，孙秀才也结束学业回去了。

10 年以后，人们都说在泰山之下有位教授《春秋》的学者孙明复先生，学问和修养都很好，受到人们的赞誉。朝廷把这位先生请到太学来，原来就是当年贫穷的孙秀才。范仲淹颇有感触地说："贫穷，对于人来说真是个大的困难。如果衣食没保证，到处奔波，寻求帮助，一直到老，那么孙明复那样的人才，就会被埋没。"

凡是在关键时刻伸出热情之手，予以大力支持，使之功成事就，都可以说是"救人之所急"，这应该算得上是人类最美好的情感之一。

20 世纪 70 年代初，石油危机波及中国香港。香港的塑胶原料全部依赖进口，香港的进口商趁机垄断价格，将价格炒到厂家难以接受的高位。不少厂家因此被迫停产，濒临倒闭。

在这个关系许多企业命运的时刻，李嘉诚毫不犹豫地站到了风口浪尖上。在他的倡议和牵头下，数百家塑胶厂家入股组建了联合塑胶原料公司。原先单个塑胶厂家无法直接从国外进口塑胶原料，是因为购货量太小，现在由联合塑胶原料公司出面，需求量比进口商还大，因此可以直接交易。所购进的原料，按实价分配给股东厂家。在厂家的联盟面前，进口商的垄断不攻自破。笼罩全港塑胶业两年之久的原料危机，一下子烟消云散。

李嘉诚在救业大行动中，还将长江公司的13万磅原料以低于市场一半的价格救援停工待料的会员厂家。直接购入国外出口商的原料后，他又把长江本身的20万磅配额以原价转让给需求量较大的厂家。危难之中得到李嘉诚帮助的厂家达几百家之多，因而，李嘉诚被称为香港塑胶业的“救世主”。

俗话说，患难见真情。李嘉诚救人于危难的义举，为他树立起崇高的商业形象，他的信誉和声望无疑又会回馈他无尽的生意和财富。我们姑且不论李嘉诚是否有更高层次的思想意识，就以商论商，李嘉诚此举，无疑是经商的上乘之作。

6. 最佳金钱观

星云大师告诉我们，积存储蓄的金钱，并不一定是我们自己的，但如果拿来种福田则享用不尽。能舍才会有所得，肯布施必定会得到更多，这都是用钱为自己积福。金钱抓得太紧不会用是吝啬；太浪费不知节制也是不当。当赚则赚，当舍则舍，有来有去，用得适当，是最好的金钱观。

拥有不如用有

人人都想“拥有”财富，但问题在于人心不足，有了还想再有、多了还想更多，“拥有”是无限的。填饱肚子，又求珍馐；娶了娇妻，又求美妾；有了房舍，还求华厦；谋得一职，又想升官；得到千钱，又求万金……宝贵的一生就在追求“拥有”中，苦苦恼恼地浪费了。

拥有多少才算够，怎么才算真正的拥有，这又有什么标准呢？有钱人尽管名下拥有很多高楼、土地、黄金、股票，但日夜担心，睡不安稳，比起读书人知足常乐、以天下为己任、心怀众生的坦荡和自由，谁拥有的更多、谁更快乐呢？

一个人偷偷存了许多黄金砖，藏在家里的地底下，一藏就是三十多年。这三十年中，他虽然都没有用过，但只要偶尔去看一看心里就欢喜了。

一天，这些金砖被人偷去了，他伤心得死去活来。

旁边有人问他：“你这些金砖藏在那边几十年了，你有没有用过它呢？”他难过地说：“没有。”那个人就说：“你既然没有用过，那不要紧，我去拿几块砖头，用纸包起来，藏在同一个地方，你可以常常去看，把它当做金砖藏在那里，这不是一样可以欢喜吗？又何必这么伤心呢？”

金砖藏在地下，三十多年不曾用过，那它与普通的砖块就没有什么区别了。金砖的真正价值不在于观赏，而在于使用，只有把它拿去购物办事，让它发挥应有的作用，那它才真正被你所用、为你所有。有道是：“良田万顷，日食几何？华厦千间，夜眠几尺？”

石崇生前万般积聚，富可敌国，但是到了最后，死无葬身之地。比起身居陋巷的颜回求法行道，不改其乐，谁是真正的拥有呢？拥有财物而不用，和“没有”有什么差别呢？拥有财物而不会用，和“无用”有什么不同呢？

河水要流动，才能涓涓不绝；空气要流动，才能生意盎然。人之财物既然取之于大众，必也用之于大众，才合乎自然之道。一心想要“拥有”，不如提倡“用有”。

冯谖散财于民，让孟尝君拥有人心，只算是懂得“用有”的初步，更高一层的应如爱迪生将发明创造所得的专利用于为众生谋福；松下幸之助将企业所有盈余用于教育文化，让全社会得利。

这才是“用有”，不是“拥有”。真正的“用有”不易做到，一旦执著财物是“我”的，用的对象就不广泛，用的心态就不正确，用的方式

也有所偏差。其实，人的一生空空而来，空空而去；人的财物也应空空而得，空空而舍。

所谓“拥有”，“有”是有限、有量；所谓“空无”，“无”是无穷、无尽。我们都应该以“用有”的胸怀，来应真理；以“用有”的财富，顺应人间。让因缘有、共同有来取代私有的狭隘，让惜福有、感恩有来消除占有的偏执。因此，“拥有，是富者；用有，才是智者”。（摘自星云大师《舍得的艺术》）

钱的价值在用

钱财均为身外之物，在你的名下，可并不一定是你的。股票会跌、房价会降，甚至自己家里的财物都可能丢失，更不用说天灾造成的家破人亡了。所以，只有用了的钱才是自己的，而且，钱只有用在正确的地方，才能为自己带来福报。

1952年起，星云大师负责编辑《人生杂志》，前后有6年之久。有一次，发行人东初法师说过这么一句话：“钱，用了才是自己的!”这句话使星云法师受益终身。

从小，大师就在贫苦中成长，因为没有钱，养成了不购物的习惯，甚至不积聚的习惯。这个习惯，对他一生帮助很大，他一生的佛教事业都从这习惯而来。虽然不积聚钱，但他非常会用钱。有钱是福报，会用钱才是智能。

1951年，他在台湾佛教讲习会担任教务主任，台湾省佛教会发给他新台币50元的月薪，对于一般人而言，这是一笔微乎其微的钱，但是，因为大师从小就养成了不贪不聚的习惯，50元对他来说，也算是很多了。他每个月拿这笔钱为教室校舍添置教学设备，为贫苦学生购买文具用品，自己几乎身无分文，但是眼看莘莘学子在佛学上有所成长，能为教界所用，他感到非常欣慰。

早年，曾经有一个贫穷的小女孩，因人介绍前去找星云大师，表示要跟随他学习佛法。那时，他自己托身何处都感困难，只有婉言拒绝，但在她临走时，大师又非常不忍，当下即掏出身上仅有的50元相赠，让她另寻佛学院，作为学道之资。没想到三十五年后，她居然以十万倍的捐款作为报答，并且护法护僧，不遗余力。她，就是素有“黄仙姑”之称的黄丽明居士。对于此事，她津津乐道，而星云大师也更加确定：“钱用了”，不但“是自己的”，而且还有百千万倍的利息。

一些人坐拥财富珍宝，出入汽车洋房，一旦死后，尸骨未寒，不肖子孙即为分配财产而争论不休，生前的所有钱财不但带不走，还成为后世的祸根，很悲哀啊！还有一些人，汲汲营营，贪图小利，于金钱之积聚无所不用其极，到头来一生的辛苦还是归为别人所有，后悔也没用。佛陀在2500年前即已说明：财富是五家所共有——水火、刀兵、盗贼、暴政和不肖子孙，因此教我们要布施结缘，要善用钱财，因为只有用了，用到对的地方了，那才是我们自己的。（摘自星云大师《往事百语》）

尊严重于金钱

要在这个社会上生存，就不可能抹杀钱的作用和重要性，衣食住行生老病死都要用钱，但钱并不是全部。我们需要钱，那是为了用钱购进所需，但是我们也没有必要把钱奉为上帝，变成了金钱的奴仆，为了赚钱不择手段。

用合法的正常的途径去赚钱，来满足自己的需求，这才是最舒心的事。

1914年的冬天，在瑟瑟的寒风中，美国加州沃尔逊小镇来了一群逃难的流浪者。长途辗转流离，使得他们一个个面黄肌瘦、疲惫不堪。善良的沃尔逊人家家燃炊煮饭，友善地款待这群流浪者，镇长亲自为他们盛上粥食。这些流浪者显然很多天没有吃到食物了，他们一个个狼吞虎咽，连句感谢的话都顾不上说。只有一个年轻人例外，当镇长把食物送到他面前的时候，这个骨瘦如柴的年轻人问：“先生，吃您这么多东西，您有什么活儿需要我做吗？”

镇长想，给每个流浪者一顿果腹的饭食，这是每个善良的人都会做的，并不需要什么报答。于是答道：“不，我没有什么活儿需要你做。”

这个年轻人目光顿时暗淡下来，他的喉结剧烈地上下动了动："先生，那我不能随便吃您的东西，我不能没有经过劳动，便得到这些东西。"

镇长想了想，说："我想起来了，我这儿确实有点活儿要你帮忙，不过得等你吃完饭以后再去做。"

"不，我现在就去做，等做完活儿，我再吃这些东西。"年轻人激动地站了起来。

镇长深深地赞赏这个年轻人，但他知道这个年轻人已经很久没吃到东西了，又走了这么远的路，他没有力气做什么活儿了。可是不让他做，他是不会吃东西的。镇长思索片刻，说："小伙子，你愿意为我捶背吗?你知道，人老了，腰背就总是酸疼。"说着还握拳轻轻敲了敲自己的腰。

年轻人便十分认真地给镇长捶起背来。过了几分钟，镇长说："可以了，小伙子，你捶得棒极了。"说完将食物端到年轻人面前，年轻人这才狼吞虎咽地吃了起来。

镇长微笑着注视着年轻人："小伙子，我的农场太需要人手了，如果你愿意留下来的话，那我就太高兴了。"

年轻人留了下来，并很快成了农场的一把好手。两年后，镇长把女儿许配给了他，并对女儿说："别看他现在一无所有，但他百分之百是个富翁，因为他有尊严!"

二十年后，那个年轻人果然成了亿万富翁，他就是赫赫有名的美国石油大王哈默。

哈默没有因为饥饿而将自己降低到乞丐的地位，而是坚持用劳动换取食物，正是因为他的自尊自重才赢得了别人的尊敬，得到更多的机会。

天上不可能掉下馅饼来，世上没有免费的午餐，想拥有好一些的物质生活，就必须付出努力。一日不工作，一日不得食，拥有这种信念的人才会成功，"流自己的汗，吃自己的饭"，这才算是最舒心的生活。不劳而获或许可以暂时得到一些利益，但是牺牲的却是自己的尊严和别人的尊重，失去的是长久的利益。

箴言三

思量计较苦，放下便是福

——星云大师谈放下

人生如果不能学会放下，就会拥有无穷的烦恼，整个身心都会压在沉重的包袱之下，又劳累又辛苦，可谓是举步艰难了。其实，这不过是因为在自己的心灵上套上了枷锁，且使精神上增添了压力，将自己陷入了无力自拔的困境。所以说“放下”，不仅是解脱心态，更是清醒智慧。不管你目前的境遇如何，只要你能放下昨日的辉煌，放下昔日的苦难，放下所有束缚你的包袱，你就会有顿悟之后的豁然开朗，重负顿释的轻松，云开雾散后的阳光灿烂。

1. 无欲则刚

无欲则刚，出自郑板桥的对联“海纳百川，有容乃大；壁立千仞，无欲则刚”。千仞峭壁之所以能巍然屹立，是因为它没有世俗的欲望，以此来借喻人只有做到抛离了世俗的欲望，才能达到大义凛然（即刚）的境界。星云大师借以告诫人们：只有摆脱了各种烦扰的欲望，才能静心做自己的事，达到刚的境界。

▶ 圣人无名

所谓“闲名”，不过就是没有用的名望。它生不带来，死不带去，加之于人心反而是一种负担，不得自由。不过，大多数人不仅不懂得除去闲名的道理，反而极其功利地去追求，最终弄巧成拙，有的甚至身败名裂。真正圣贤的人是不需要有名的。名气再大，名声再盛，也只当它是

过眼烟云而已。

唐朝时候，禅宗信道大师在黄梅住了三十多年。贞观年间，唐太宗仰慕信道大师的仙风道骨，就派遣使臣前往迎请，希望信道大师能进京与自己见面，并要赐予大师尊贵的名号。

使臣到了黄梅，向信道大师面告太宗皇帝的旨意，信道大师听后只是淡淡地说道："请你为我回谢皇上的盛意，我年老了，过惯了山林生活，不愿再入繁华的市井。"

使臣将信道大师的意思回复了太宗，太宗不死心，第二次派遣使臣前来黄梅迎请信道大师。信道大师再次告诉使臣："请你禀告皇上，我年老多病，不能进京。"信道大师这样倔强，使臣毫无办法，只好又把信道大师的意思禀告唐太宗。

唐太宗见信道大师一而再、再而三地推辞，非常不悦，觉得信道不尊重自己的九五之尊。

虽然如此，唐太宗仍然派遣使臣用轿子恭敬地迎接信道大师进京。哪知，又被信道大师拒绝了。

"一之为甚，其可再乎？"太宗终于发怒了，就令使臣前去黄梅，威吓信道大师："若再不应诏进京，当取首级前去！"

信道大师的徒弟们这时候都被吓得面无血色，纷纷劝其进京面圣，而大师却不但没有慌张，反而静静地伸颈就刀，令使臣大惊。使臣也不敢造次，连忙抛刀扶着信道大师，向大师顶礼忏悔。

使臣回京后把这情形禀告唐太宗。太宗听后，对信道大师的志向敬重不已，并赐以珍帛，以满足大师修行于山林的志向。

像这位信道大师一样，中国自古就有很多圣贤之人，视珍宝如粪土，看功名如浮云。然而能够像信道大师这样，做到宠辱不惊，以至将生死置之度外，不为权势所迫，的确不是凡夫俗子能够望其项背的。

现实中的很多人总是追名逐利，贪慕虚名，他们以为自己是世界的中心，相信自己的名字会永垂不朽，自己是天地间最完美的，因此要求别人看自己的时候都要仰视。这往往适得其反，他越是如此，在别人看来越是低贱。只有那些看破名利、谦虚自持的人才能被人们真正地崇敬；只有那些不刻意追求名声的人，才会自然地得到人们歌颂的好名声。

轻松生活

生活中，很多人都抱怨生活太累。其实，苦累的生活恰恰是他们自己找来的。如果没有那么多欲望，就能够时不时让自己放松，又怎么会活得那么累呢？

一位禅师听到了一阵悦耳的琴声。走近一看，是一个年轻人正在弹奏。

“你的弦拉满了吗？”禅师问。

年轻人回答：“没有。”

“那么，你是把它放松了吗？”禅师又问。

他回答：“没有。”

“那么你是怎么调它的？”禅师故作不解。

他答道：“不松不紧，这样才能奏出美妙的音乐。”

禅师赞叹道：“生命，就是一场游戏，正如此琴般。若众生对待每一件事，皆轻松却不轻浮去面对，便可达到事半功倍的效果。只有在琴弦不松不紧的时候，才能弹奏出美妙的乐音来。”

年轻人听后，谢过禅师点化，并在以后的生活中慢慢感悟此意，渐渐地得到了人生的真正乐趣。

禅师的话道出了深深的哲理，其实，学习、生活、做事都一样，不能急功近利，要保持一种不松不紧的状态。

凡事保持一份泰然处之的心态能让我们遇事不惊不慌，轻松化解。很多时候事情也没我们想象的那么复杂，我们不妨放宽心，把事情往好处想想，不要因紧张乱了阵脚。

心性平和

有的人心里始终不能安稳平静，那是因为他们的心不够净。学会净

心，摒除心里的污垢，才能让心性趋于平和。

星云大师常说：“境由心生。”事情的境遇往往是由人心变化而产生的后果。想要做到佛法中的无我、净心是非常困难的，疑心太重的人总是杯弓蛇影，自己让自己得不到安宁。修行者尚且如此，何况凡夫俗子。

从前，在一座深山中有一个平和安乐的小村庄。

有一天，村庄里来了一个奇特的老人，他在众目睽睽之下，生了一把火，把一只碗放在火上烤，并且用一根棍子在碗里不停地搅拌。搅着搅着，竟然从碗中掉出一粒粒的金块来。

村里的人见了，都十分惊讶。老人说这就是炼金术，只要把一些泥土和水放在碗中搅一搅，再用火烧一烧，就会炼出金子来。

村长请求老人告诉他们秘诀。经不住村民一再的恳求，老人终于点头答应了。

老人把炼金的步骤告诉了村长。之后，老人又对大家说：“在炼金的过程中，千万不可以想树上的猴子，否则就炼不出金块来。”

大家听了，都觉得这很容易办到，等老人走了以后，由村长开始炼金，他一直告诉自己不可想树上的猴子，可是越想着不想，偏偏猴子越是不断地浮现在眼前。

他只好交给另一个人，并一再叮咛不可想树上的猴子。

就这样，全村的人都试过了，却没有一人能炼出金子，因为每个人在炼金的时候，都会有树上的猴子从心中跑出来。

古语云：“心宁则智生，智生而事成。”这个小故事告诉我们，干一件事，尤其是干一件很简单的事情，一个人能做到百分之百的完全投入也是很困难的。俗谚有云：“威猛的狮子，即使只是为了捕捉一只弱小的兔子，也必须全力以赴。”

2. 修养心性

心性是人最深刻的品质，它不同于性格、脾气等外在的表现，而更多的是一种源自心灵深处的气质。一个人的心性对他的人生无疑有着巨大的影响。星云大师在他的一生中总是注意修心养性，因此最后能够看破尘世，达到心神合一、心性平和的境界。

心有慈悲

心性影响人的言行举止。当你怀着一颗恶毒的心对待这个世界的时候，这个世界也会以同样的面目来对待你；当你怀着菩萨的慈悲之心对待他人时，他人也就把你当做可以亲近的人。心生毒害，人就沦为畜生；心生慈悲，则处处皆是菩萨。

惠心禅师见弟子终日打坐，有一次便问道："你为什么终日打坐呢？"

弟子回答："我参禅啊！"

惠心禅师说："参禅与打坐完全不是一回事。"

弟子回答："可是你不是经常教导我们要守住容易迷失的心，清净地观察一切，终日坐禅不可躺卧吗？"

惠心禅师说："终日打坐，这不是禅，而是在折磨自己的身体。"

弟子糊涂了。

惠心禅师紧接着说道："禅定，不是整个人像木头、石头一样地死坐着，而是一种身心极度宁静、清明的状态。离开外界一切物相，是禅；内心安宁不散乱，是定。如果执著人间的物相，内心即散乱；如果离开一切物相的诱惑及困扰，心灵就不会散乱了。我们的心灵本来很清净安宁，只因为被外界物相迷惑困扰，如同明镜蒙尘，就活得愚昧迷失了。"

弟子躬身问道："那么怎样才能祛除妄念，不被世间之事所迷惑呢？"

惠心禅师开导说："思量人间的善事，心就是天堂；思量人间的邪恶，就化为地狱。心生毒害，人就沦为畜生；心生慈悲，处处都是菩萨；心生智慧，无处不是乐土；心里愚痴，处处都是苦海了。"

弟子终于有所醒悟。

正如惠心禅师所说，心中所想，往往会映射到现实中去。整天想着人世间的善，自己便活得开心，像处于天堂一般；反之，如果整天想着

人间的邪恶，那么自己也会郁郁寡欢，如同在地狱一般。参禅如此，人生也是如此。

心中有路

有时候，我们也许会走到路的尽头，面对一堵高墙，再也不能前进一步；有时候，我们也许会走到岔路口，面对诸多路径，不知道该选择哪一条前行。止步的人和徘徊的人之所以不能继续前行，是因为他们心中无路。倘若心中有路，自会顺利走到终点。

约翰很喜欢徒步旅行。他在旅行时总是带很少的行李，别人好心提醒他多带些必备品，他总是说："路没有那么长，用不着那么多东西。"

有一次，约翰独自一人去一座森林里旅行。同样，他还是带着很少的物品。他在森林里走着走着，最后走到了森林深处。眼前已经没有路了，他被一片茂密的树林挡住。

约翰停了下来，左右看看。这时，一棵树后面走出来一位女神。女神对约翰说："旅行者啊，我是这森林的守护神。你可知道前方已经没有了道路？快快转身回去吧。"

约翰笑着说："尊敬的女神，感谢您的指引。虽然我的路被树木所遮掩，但是只要我心中有路，我的脚下就一定会有路。"说着，约翰就径直向前走去。

说来也奇怪，等到约翰走到近前，面前挡住去路的树木竟向两边闪了开来，给约翰让出了一条路。约翰便继续向前走，最后终于走出了森林。

森林中的猴子见此情形，纷纷询问森林女神："为什么在本没有路的地方出现了一条路？"

女神笑着回答："因为那条路是他心中的路。"

心中有路，这对于任何人都是非常重要的。只有心中有一条始终指引自己前行的道路，才会有继续走下去的勇气，才会找到自己的方向，才能够平心静气、排除杂念，坚定不移地向自己的目标前行。

人活一生总得有所作为。即使无大作为，也要有小作为。否则，虚度一生，一无所为，何颜以对天地？有些渴望成功的人，总想着做大事，根本瞧不上一点一滴的小事。星云大师奉劝大家，千万不要对身边的小事不屑一顾，我们要懂得积少成多的道理，何况，很多人的成功之路就是从小作为开始的。

美国标准石油公司里，有一位小职员叫阿基勃特。他在远行住旅馆的时候，总是在自己签名的下方写上“每桶四美元的标准石油”字样，在书信及收据上也不例外，签了名，就一定写上那几个字。因此，他被同事笑称“每桶四美元”，而他的真名反倒没有人叫了。

公司董事长洛克菲勒知道这件事后，感动地说：“竟有职员如此努力宣扬公司的声誉，我要见见他。”于是邀请阿基勃特共进晚餐。

后来，洛克菲勒卸任，阿基勃特成了第二任董事长。

就是这样一件谁都可以做到甚至很多人不屑一顾的小事，只有阿基勃特一个人去做了，而且坚定不移、乐此不疲，结果他成功了。嘲笑他的人中，肯定有不少人才华、能力在他之上，可是他们或许终其一生都只能做一个平凡的职员，而只有阿基勃特成了董事长。

心中有路，脚下生风，想到了就要去做。只有真正地去做，而且坚持着做下去，才能达到成功的彼岸。

保持心净

心的净，不同于尘世的干净。我们之所以会有烦恼，正是因为我们的心不够净，仍然有杂质和尘埃蒙蔽了心灵的天空。如果心净了，那么世间万物在我们看来就都净了。

婆罗门教的神殿里灯烛辉煌，十分热闹。大梵天王神的塑像庄严地供奉在座上。教徒们正忙碌着，一盘盘的猪、鸡、鸭等庖牲都抬上来了。他们恭恭敬敬地奉献着。

“你们为什么要用庖牲做祭品呢？”佛问。

“因为用庖牲祭祀，可以得到天神降福，赐我们大量财富，农作物丰收，人民安乐，命终后还可以投生天堂。”

“不对，用庖牲祭祀是野蛮的行为。杀生流血，只会做成更大的罪孽，罪孽的行为，怎能带来福泽呢？”

婆罗门教徒很惭愧，就问：“那么，要怎样才可以祈福呢？”

“只有奉行众善，纯洁身心，才是福德的本源。”佛陀回答道。

婆罗门教徒听了，立刻信服，就跪在地上忏悔，以后再也不用庖牲祭祀了。

佛陀的话无疑是富于智慧的。向佛祖祭祀，并不需要什么稀有物，只需要纯洁身心就足够了。只有纯净的心，才能给人们带来无限的福德。

星云大师说：“真正心诚之人，不以外物所扰。因此，我们看待一个人也要看他的内心，而不应该只看外表。”

3. 超凡脱俗

人生在世有太多的东西放不下，有了功名，就对功名放不下；有了金钱，就对金钱放不下；有了爱情，就对爱情放不下；有了事业，就对事业放不下……这些重担和压力，让很多人感到生活很艰难。

《金刚经》中谈道“无所往而生其心”，“无所往”就是空，就是要忘掉一切不合理的成见、低落的情绪和对善恶、爱憎的执著，才能“生其心”。这里的“心”，就是清心，就是宽容，就是解脱。因此。在佛教中，放下世间的一切俗念，人便能得以解脱，得以享受到心灵的自由和愉悦。

一种解脱

人生中本来就有许多的忧愁烦恼，如果自己一直惴惴于心，就会将自己累垮。只有善于把强加于身的负担放下来，才能找到真正的快乐，从而真正地做到“宠辱不惊，看庭前花开花落；去留无意，望天空云卷云舒”。

台湾有一寡妇，丈夫早亡，她以教书赚钱抚养小儿，不但抚养儿子长大成人，而且送他到美国留学。儿子完成学业后，留在国外上班、赚钱、买房子，也在国外娶老婆生子，建立美满家庭和辉煌的事业。寡妇得知儿子的成就与志愿，心中暗自窃喜，盘算着退休后，带着退休金前往美国与儿子一家人团圆。每天早晨可以到公园散步，也可以在家享受晚年、享受含饴弄孙之乐。

就在距离退休不到三个月的时候，她写了一封信给她的儿子，告诉他过些时候她就要飞往美国和他们一家团聚。

一想到养儿防老，想到亲戚朋友羡慕的眼光，又算算自己很快就要到美国养老，不觉心中喜悦阵阵。于是，她一面等待儿子的回音，一面把在台湾的产业、事务逐一处理。

在她退休的前夕，她接到儿子从美国寄来的一封回信。信一打开，有一张支票掉落下来。她捡起来一看，是一张三万美元的支票。她觉得很奇怪，儿子从来不寄钱给她，而且自己就要到美国去了，怎么还寄支票来？莫非是要给她买机票用的？她心中一阵喜悦，赶紧去读信。只见信上写道："妈妈！我们经过讨论决定不欢迎你来美国同住。如果你认为对我有养育之恩，以市价计算，约为两万元美金，现在我添了些，寄上一张三万元美金的支票给你，希望你以后切不要再写信来。"

母亲读完信，老泪纵横，只觉得一生守寡，从此老年凄凉，如风中残烛，情何以堪！

痛定思痛的她，忽然想通了。退休后，想到无事一身轻，于是拿着这张支票兑换成台币，为自己规划一趟环游世界之旅。在旅行中，她见到大地之美，看到各国不同的民情，于是她又寄了一封信给她的儿子。信上写道："你要我不再写信给你，那么这封信就当做是以前所写的信的补充文字好了。我收到了你寄来的支票，用这张支票上的钱规划了一次成功的世界之旅。在旅行中，我忽然觉悟。我非常感谢你，感谢你让我懂得放宽自己的胸襟，让我看到天地之大，大自然之美。"

人要能看破人与人之间聚散的因缘，才能让自己在缘散时保持一份潇洒。寡妇若执于儿子不孝，不能看开此段即将消逝的母子因缘，必然

心中怒不可遏，一旦怒气难消，必因怒恨攻心而生病，病到后来死了，也只在当时留下一段人间不平事。几年后烟消云散，谁还会去凭吊这段往事？如此，这段往事又有什么意义可言？

面对痛苦

佛家有语：有钱也苦，没钱也苦；闲也苦，忙也苦。世间有哪个人不苦呢？越不能忍耐，越会觉得痛苦，何不把苦当磨炼？

人的一生，很难保证永远相安无事。尽管中外先人们创造了祈祷祝福一类的吉祥词，但灾难和痛苦还是免不了莅临人类。如失去亲人、爱情受创、事业受挫等。要想抚平心灵的创伤，稳步实现自己的人生目标，每一个活着的人都必须学会承受痛苦。

对于痛苦，《涅槃经》上有这样一个故事：过去无量劫的时候，释迦牟尼佛，是一个很穷困的人。当时有佛出世，看到大家都先供养佛然后求法，自己却贫穷而无钱可供，于是，他心生一计，愿以身卖钱来供佛，就到大街上去卖自己的身体。当在大街上喊卖身时，恰巧遇一病人，医生叫病人每日吃三两人肉，那病人看见有人卖身，便十分欢喜，便向他说："你每日给我三两人肉吃，我可以给你五枚金钱！"释迦牟尼听了这话，与那病人商洽说："你先把五枚金钱拿来，我去买东西供养佛，求闻佛法，然后每日把我身上的肉割下给你吃。"病人应允，即先付金钱。释迦牟尼供佛闻法已毕，即天天以刀割身上的三两肉给病人吃。病人吃了一个月，病才痊愈。释迦牟尼每天割肉的时候，他常常念佛所说的偈，精神完全贯注在佛法上，竟没有痛苦，而且不久他的身体也就平复无恙了。

痛苦，是拥有其自身的价值的。

珍珠是痛苦的造化，它是美丽的；五彩的人生之所以缤纷，是因为痛苦的折射；每一次痛苦都意味着一种美的开始，这是痛苦的价值。

溪流中有一块小石，在向山岩诉说着自己的痛苦，痛有多痛？是被水流的冲刷，琢磨着那尖尖的棱角。它低沉着，因为它在承受痛苦。

古今中外，有多少伟人在经历过痛苦之后获得成功，得到甘甜。

霍金，一个举世闻名的人，命运的不幸使他丧失了双腿，连一个正常人的生活都不如，然而他有斗志，不甘于落魄，以他顽强的意志，战胜了自己，战胜了世界。

李白，身处蜀地，心却在长安，蜀道难难于上青天，可是又怎能比得上他的仕途波折？他是不羁的，挺胸而立，悠游山水，一挥手，写就了半个盛唐。

文天祥，山河破碎，风雨飘摇，大宋的气数已经尽了，多年的抗金救国，一次次失败，更是让他万分凄凉。即使明知必死，又怎能叛国投敌？于是，他挺身而出，从容就义。

的确，“不经一番寒彻骨，怎得梅花扑鼻香？”没有经历过痛苦的人，就是一个不完整的人，过着一个不完整的生活；经历重重痛苦，跨越千山万水，你的生活才更完美、更充实，你的人生才会更有价值，也更有意义。

人活着并不是为了痛苦，但要活着却不能不承受痛苦。离开痛苦，人就会变得简单而肤浅，但如果不想方设法摆脱痛苦，那么活着也只是肤浅而简单。痛苦可以锤炼出哲学思想，但你必须是一块钢铁；痛苦可以磨砺出卓越人才，但你必须是一把宝剑。

与其说痛苦是人的劲敌，不如说它是人的忠实侍从。它伴你走向成熟，走向坚强；而且，说一个人是否成熟，是否坚强，关键就是看他能否在痛苦的簇拥下依然保持主人翁的身份。

其实，要想使自己永远超脱于痛苦之上，还得学会在无情的现实面前保持冷静的头脑。要懂得人生就是爬大山的道理，要从潜意识里相信自己有摆脱困境的能力，要在心理上强硬起来，一切向前看。因为有许多不幸的事情是不以人的意志为转移的，即使因为自己的失误，种下了悔恨，也不必无休止地自责，使自己的灵魂永远背负着沉重的十字架，重要的是一切从头做起。

化苦为乐

圆满的人生并不是一辈子没有吃过苦、没有失过恋，而是经历过、

体验过、面对过那苦的滋味，超越那苦的感觉。

苦为乐、乐为苦。苦与乐的感受全在于一心。达摩面壁，凡人皆称其为苦修。有谁知道达摩祖师在静修中心归空灵、慧及宇宙。体肤之苦尽皆化为极乐，并无半点苦楚可言。

巴尔扎克是法国现实主义作家的代表。巴尔扎克一生共完成了九十部长篇小说，平均每天工作十二个小时以上。每天深夜十二点时，仆人就会叫醒他，他穿上白色修道服，立刻奋笔疾书。一般他会连续写五六个钟头，直到累到极点才会离桌休息。

巴尔扎克是举世公认的观察和剖析人性的高手，但在现实生活里，他却不太精明。在年轻时，他曾经商失败，欠下了六万法郎的债务。等他成名后，尽管收入不菲，但由于奢侈浪费，最后弄得入不敷出。在他入不敷出的日子里还发生了一桩趣事。

有一天晚上巴尔扎克醒来，发觉有个小偷正在翻他的抽屉，他不禁哈哈大笑。小偷问道："你笑什么？"

巴尔扎克说："真好笑，我在白天翻了好久，连一毛钱也找不到，你在黑夜里还能找到什么呢？"

小偷自讨没趣，转身就要走。巴尔扎克笑着说："请你顺手把门关好。"

小偷说："你家徒四壁，关门干什么啊？"

巴尔扎克幽默地说："它不是用来防盗，而是用来挡风的。"

巴尔扎克曾自诩要超过拿破仑，"他的剑做不到的，我的笔能完成。"他的确做到了，虽然他只活了五十岁，却留下许多伟大的作品，为全人类提供了巨大的精神财富。

在平常人的眼中，出家人的生活很清苦，但对于真正的出家人而言，他们不会认为苦，而是把苦当成乐，并且从中获得真正的快乐。其实，获得快乐的真正方法并不是去逃避痛苦，而是化苦为乐。

苦与乐并不是相互对立的，而是和谐统一的，相辅相成、相互转化的。正如哈密瓜比蜜还要甜，人们吃在嘴里乐在心上，而苦巴豆比难吃的中药还要苦。然而，种瓜的老人却告诉我们：哈密瓜在下秧前，先要在地底下埋上半两苦巴豆，瓜秧才能茁壮成长，结出蜜一样的果实来。

对于人生来说，悲苦从来都是无法逃避的。多苦少乐是人生的必然。因此，我们要懂得幽默的智慧，享受苦中作乐的那份智者之坦然，以及化苦为乐的那份佛家的超然。

4. 凡事低调

俗话说，“木秀于林，风必摧之”，“枪打出头鸟”，这些都是告诫世人不要太张扬。因为太过张扬会引起别人的嫉妒和不满，给自己招来不幸。与之相反的，韬光养晦是智者的做法。这就是说，不要过于表露自己，而要善于隐藏自己的能力，不到不得已的时候不发挥出来，这样才能一鸣惊人。而且，这种低调为人处世的方式，又可以避免很多不必要的麻烦。

抑制欲望

身处物质社会里，人总会催生出各种各样的欲望。如果不能加以抑制，最后只会坠入欲望的深渊而无法自拔。

欲望是人的天性，是每个人都会有的，没有了欲望就没有了动力。但是，要想成功就必须很好地运用自己的欲望，而不能被它左右。成功与失败之间最大的差别，往往不是智商和能力的差别，而是韧性和耐心的差别，是内心欲望抑制程度的差别。要想获得成功，必须时刻抑制自己的欲望，才能有所收益。

有一则关于佛陀住世时代一个乞妇的故事。她是当时印度最穷的乞丐之一，因为她不但生活穷苦，甚至连心灵也很贫乏。她贪求很多东西，这使她愈发觉得自己贫困不堪。有一天，她听说佛陀被须达长者请去。须达长者很富有，并且乐善好施，因此她决定也跟着去，因为她知道佛陀一定会将剩下的食物分给她。

她参加了供佛斋僧的典礼，然后坐在那里，一直等到佛陀看见她。

佛陀转向她，问：“你想要什么吗？”佛陀当然心知肚明，这么问只不过是要让她承认并亲口说出来罢了。于是，她回答：“我要食物，我要你将剩下的食物给我！”佛陀说：“可以，不过你必须先说‘不要’；我给你的时候，你一定要拒绝。”佛陀将食物递给她时，她发现说“不要”非常困难，这时候她才明白，原来自己一生都没有说过“不要”！不论谁给她任何东西，她一向都说：“好，我要！”

因此，她觉得说“不要”太困难了，这两个字对她而言是完全陌生的。费了九牛二虎之力，她终于说出了“不要”二字，佛陀于是将食物给她。如此一来，她对于自己内心真正的饥渴是想有、想要、想抓取、想占有的欲望恍然大悟。

私心是一个人的致命弱点。如果一个人私心太重，任贪婪作祟，人生的快乐将随之消失。

人常说，金钱不是万能的，没有金钱却是万万不能的。可见，金钱对于人有着非同寻常的意义。但是人切忌将钱财看得过重，更不要去刻意追求。因为，钱财不过是身外之物，生不带来，死不带去。可是在现实中，偏偏有人私心太重，贪婪成性。这样的人不会施舍钱财，救助他人，同样，如果他遭遇到困境，也不会得到他人的布施和援助。因此，为了让人生更从容、美好，我们也要正确地看待钱财，取舍有道。

愿入地狱

“我不入地狱谁入地狱”，想必这句话人人皆知。能够有这样一种胸怀的人，肯定是非常博爱、愿意为他人付出和奉献的人。舍己为人是一种崇高的境界，只有心灵非常纯粹、美丽的人才会达到人生的至高境界。

在《佛经》中有这样一个感人至深的故事：佛陀在因地时，有一回与五百商人同坐一条船，船上有一个贼，想杀五百商人窃取金银珠宝。佛陀当时已有他心通，知道贼要杀五百商人，而且是绝对劝不听的。他心里想，如果告诉商人，贼一定活不了；不告诉商人，贼一定会杀商人。该怎么办呢？

用智慧来抉择，没办法之下，佛陀就自己把贼杀了，这叫“杀一贼而救五百商人”。

这贼你不杀他，让他杀五百商人，怎么得了!! 佛陀在此时大慈大悲完全无我，所谓“我不入地狱，谁入地狱”。佛陀想：“我自己下地狱，我来解救他。”因为明白了佛法，以大悲心做下这“杀一救众”的伟大创举。

这就是佛家的“我不入地狱，谁入地狱”。其实这是在强调一种责任。这是一些承担了重担的人对于自己的激励，是以个人的牺牲换来具体利益的一种承担。

在现实生活中，每个人都肩负着责任，对工作、对家庭、对亲人、对朋友，我们都有一定的责任，正因为存在这样或那样的责任，才能对自己的行为有所约束。

与人为善

人生在世，与别人打交道，必须学会善待他人。无论对自己、对别人，还是对社会，善待他人都是一种明智的选择。善待他人能很好地推动人们相互之间的理解和合作，做成做好各种事情；能很好地促进人们同心协力营造一个良好的学习和生活环境，从而使每个人都感到温暖和快乐。

佛经中有一个故事：远古时，有一片大森林忽然起火，大量树木被烧，不少动物的家园被毁，它们四散逃窜。林中有一只雉鸟，挺身而出，它拼尽自己微薄之力欲熄灭这场大火。它飞向远处的河，跳入水中，把自己的羽毛湿透了，再飞入森林救火。

如此往返，飞来飞去，不以为苦。但毕竟杯水车薪，于事无补，但它还是坚持这样做，竭力想扑灭大火。

这时，天帝见它这么不辞劳苦，便问道：“你这样做是为了什么呢?”

雉鸟答道：“我只想救这场大火，好让森林中的动物都能得到安身之处而已！森林是动物赖以为生的场所。我虽然身体小，但还是有力量的，

尽管这力量很微弱，但还算是一分之力。既然还有力量，为什么不尽力扑救呢?”

天帝于是又问：“你的力量这么微弱，肯定是扑不灭这场大火的，那你打算干到什么时候?”雉鸟答道：“我一直这样飞来飞去，取水救火，一直到我飞不动了，死了，才会停止。”

这种不计功利、价值、得失，毅然跃入火坑的傻劲，就是一种源于大悲心的菩提心。雉鸟对他人的爱已经远远地胜过了对于自身的爱，它用它那仅有的一颗菩提心拯救着他人，而这其中所彰显出来的善良足以让我们感动。

勿以善小而不为，对于我们这些平常人来说，要生起这种不忍怜悯的悲心，首先要让自己完全地去爱别人，且爱他人胜过爱自己，我们才有办法生起这样强烈的大悲心。有了这样的爱心，人与人将会相处得更加融洽、和谐，世界也将会变得更加美好。

5. 淡定从容

淡定是一种生活态度，抛去生活中的杂念，淡定地看待生活中发生的一切。心平气和的时候才容易悟到生活中的真谛。也许有了这样一种从容和淡定，生活才有了乐趣。淡，要淡在荣辱之外，淡在名利之外，淡在诱惑之外。在平凡、平静、平淡的生活中，让自己拥有一份淡淡的情愫，过着淡淡的闲情逸致的生活。淡定是一种智慧，要时刻保持好的心情，要谦虚、谨慎，要有广阔的胸襟，要学会和他人分享，要耐得住寂寞经得起诱惑，才能守得住淡定。

从容之德

一个人之所以能够被人敬仰，受人尊敬，不在于他能力有多高、相貌有多体面、知识有多渊博，而在于他有宽广的胸襟，能够容人之不能。

逸清禅师在尚未正式开示说法前，曾在法远禅师处求法。有一次，法远禅师听说苑通禅师在邻县说法，便让逸清禅师去他那里求法。

逸清禅师极不愿意，他认为苑通禅师并不比自己高明，但又不愿违逆法远禅师，便不情不愿地去了。但到了苑通禅师那里，逸清禅师并不参禅问法，只是一味地贪睡。

执事僧看不过去，就告诉苑通禅师说："堂中有个僧人总是白天睡觉，应当按法规处理。"

苑通禅师很是惊讶，问道："是谁？"

执事僧回答："逸清上座。"

苑通禅师想了想，便说："这事你先不要管，待我去问一问。"

苑通禅师带着拄杖走进了僧堂，看到逸清果然正在睡觉。苑通禅师便敲击着逸清禅师的禅床呵斥说："我这里可没有闲饭，给只会睡大觉的上座吃。"

逸清禅师却似刚睡醒般地问道："和尚叫我干什么？"

苑通禅师便问："为什么不参禅去？"

逸清禅师回答："食物纵然美味，饱汉吃来不香。"

苑通禅师听出逸清禅师话里的机锋，说："可是不赞成上座的有很多人。"

逸清禅师则胸有成竹地回答："等到赞成了，还有什么用？"

苑通禅师听其话，知其来历一定不凡，就问："上座曾经见过什么人？"

逸清禅师回答："法远禅师。"

苑通禅师笑道："难怪这样顽赖！"

随之，两人握手，相对而笑，再一同回方丈室。

容人是一种美德，是一种思想修为，更是一种高尚的品德。一个人越能够容人之攻——对别人的讥讽之词不计较；容人之长——对别人的优点虚心学习；容人之短——对别人的缺点正确看待；容人之过——对别人的错误不记旧账，其包容心愈大，成就的事业也就愈大。所以，要想成为一个伟大的人，必须有容人的雅量。反过来讲，只有自己能容人，别人才能容自己。

做人，唯有宽大容物才能成就自己。胸襟宽广，就能够团结一切人，能够成就大事。反之，心胸狭窄，容不得他人强过自己、容不得他人轻视自己，很多时候只会使自己局限于一隅，难以有所建树。

顺其自然

佛理讲求的是“一切随缘”、“顺其自然”。一切随缘才能保持心态的平和；顺其自然，才能把握机缘，促使一切水到渠成。在我们的生活中也一样，用一种顺其自然的心态来面对，才发现其实事情往往不像我们想象的那么复杂。

三伏天里，禅院的草地已经是一片枯黄。“快撒点草子吧！好难看啊。”小和尚说。“等天凉了。”师父挥挥手，“随时！”

中秋的时候，师父买了一包草子，叫小和尚播种。

秋风起，草子边撒边飘。“不好了！好多种子都被风吹飞了。”小和尚喊道。

“没关系，吹走的多半是空的，即使撒下去也发不了芽。”师父说，“随性！”

种子撒完，就飞来几只小鸟啄食。

“要命了！种子都被鸟儿吃了！”小和尚急得直跳脚。

“没关系！种子多，吃不完！”师父说，“随遇！”

半夜下了一阵骤雨，小和尚一大早就冲进禅房：“师父！这下全完了！好草子被雨水冲走了！”

“冲到哪里，就在哪里发芽！”师父说，“随缘！”

转眼一个星期过去。原来光秃秃的地面，居然长出了许多嫩绿的草苗。一些原来没播种的角落，也泛出了绿意。

小和尚高兴得拍起手来。师父点点头：“随喜！”

随不是跟随，而是顺其自然，不怨怒，不躁进，不过度，不强求；随不是随便，是把握机遇，不悲观，不刻板，不慌乱，不忘形。是的，顺其自然并不是消极地去等待，顺其自然是听从命运的安排，更确切地说，顺其自然是寻求生命的平衡。

“命里有时终须有，命里无时莫强求”。生活中有许多东西是可遇而不可求的，有时能有某种体验就足够了。不完美的才是真实的。正如徐志摩所说：“得之我幸，不得我命，如此而已。”这就是我们应该追求的生活态度——顺其自然，不属于你的，大概永远也不会属于你，譬如天上的月亮。你想真正得到你所珍惜的东西最好顺其自然，如果它微笑着翩然而至，它将永远属于你；如果它无意降临，你又何必像放风筝似的，死死拽住它不放？

淡泊名利

人生一世，草木一秋，每个人都只不过是一个来去匆匆的过客。名和利都是过眼烟云，是身外之物，生不带来，死不带去。一生为名利所累，实在是本末倒置。

名利原本无所谓好坏，有道是：“名利高寒阁，冷暖只自知。”无论宦海沉浮，无论商战成败，无论情场生死，其中滋味都如寒鸭戏水一般冷暖自知。做到淡泊名利，可以免去精神上的许多痛苦，笑看人生。也只有淡泊名利，才能给人以恬淡、宁静的生活氛围，才能在平淡中寻找快乐，才能在宁静中制造浪漫。

钱锺书的著名小说《围城》发表以后，不仅在国内引起轰动，在国外反响也很大。新闻和文学界有很多人想见见他，一睹他的风采，都遭他的婉拒。有一位英国女士打电话，说她读了《围城》迫切地想见他。钱锺书再三婉拒，她仍然执意要见。钱锺书幽默地对她说：“如果你吃了个鸡蛋觉得不错，何必一定要认识那只下蛋的母鸡呢？”

1991 年 11 月，钱锺书八十华诞的前夕，家中电话不断，亲朋好友、学者名人、机关团体纷纷要给他祝寿，中国社会科学院要为他开祝寿会、学术讨论会，钱锺书一概坚辞。

正是钱老面对名利淡然处之的态度，使他能够心无旁骛地专注于自己的学术领域，成为一代大家。我们普通人也应该学习钱老，放下名利

这些身外之物，关注心灵上的需求，才能达到人生更高的境界。

春秋末期的政治家、军事家范蠡就是一个淡泊名利的人。辅佐越王勾践一举灭吴后，他很冷静地看出勾践只可共患难，不可共富贵，于是飘然离去，这体现了他卓越的聪明才智和视功名如粪土的淡泊。范蠡最传奇的故事是，在他离开越国之后，他乘船从海上漂到了齐国，本想安安生生做个老百姓，可他赚钱的本事实在了不得，很快就家藏千金。齐国人一看，呀，好生了得，一打听，原来是大名鼎鼎的范蠡，于是请他作相。当了一阵官以后，范蠡说："居家则致千金，居官则致卿相，此富贵之极也，久之，不祥。"于是散尽家产，把相印挂在城门上，搬了家。如此这般，搬了三次家，最后居于陶，大约在现在山东和河南交界处，可谓交通要地，商业发达。后来范蠡老了，不再问事，他的儿子们舍不得散去家产，以致越来越富，后世有人以陶朱、猗顿并称，以示富贵之极及。

范蠡的故事告诉我们，只有完全放下名利，在淡泊宁静的心态磨砺中，人才能心胸豁达宽广，心志才能长存不溺。淡泊宁静给人以抚慰、净化，令人潜心埋头苦干。淡泊功名以求实，宁静心绪以做事。

淡泊宁静神智和思维的清醒保持，是一种难得的思想和精神上的成熟，是成功中的谨慎，是掌声中的清醒，是兴奋中的收敛，是等待中的耐心。淡泊是一种本色，一种选择，一种风范，一种追求。淡泊明志，使人领略和感悟人生；宁静致远，让人心静如水胸襟开阔。

6. 生活哲学

世界之大，每个人都只是其中的一粒尘埃，个人的力量何其微小。一个人如何能将自己的力量发挥到最大，如何让自己拥有竞争的优势，如何让自己的人生之路越走越宽？所有这些都需要我们懂得放下。放下不是放弃，而是一种豁达和睿智的智慧。只有学会放下，放下利益、面子、身段、纷争、仇恨、私心、争执等，才会拥有更多的朋友，才能让自己的路越走越宽。同时，也只有放下，才能让自己真正释怀，在人际交往中保持一份恬淡的心情，收获更多的快乐。

放下是快乐

放下，是一种生活的智慧。放下，是一门心灵的学问。放下压力，活得轻松；放下烦恼，活得幸福；放下自卑，活得自信；放下懒惰，活得充实；放下消极，活得成功；放下抱怨，活得舒坦；放下犹豫，活得潇洒；放下狭隘，活得自在……

有一个青年背着一个大包裹，千里迢迢跑来找无际大师。他痛苦地说："大师，我是那样的孤独、痛苦、寂寞，长途的跋涉让我疲倦到极点。我的鞋子破了，荆棘刺破我的脚；手也受伤了，流血不止……为什么我还是不能找到心中的太阳？找到快乐？"

大师问青年："你的包裹中装的是什么？"

青年答道："它对我可重要了。里面是我每次跌倒时的痛苦，每一次受伤后的哭泣，每一次孤寂时的烦恼……靠着它，我才能走到您这儿来。"

无际大师听后，把青年带到一条河边，并与他一同坐船过了河。上岸后，大师对青年说："你扛了船赶路吧。"青年很惊讶："船那么沉，我怎么扛得动呢？"

大师微笑着对青年说："是的，你扛不动；你要明白，过河时，船是有用的。但过了河，我们就要放下船赶路。否则，它会变成我们的包袱。"

听罢此话，青年豁然。

人生在世，我们有太多的东西放不下。功名、金钱、爱情、事业……这些对于我们都是很重要的，但如果我们把这些看得过重，那它们就成为我们前进的负累和包袱，会压得我们喘不过气、直不起腰，以致多了许多的烦忧、苦恼和不快，甚至觉得生命是如此沉重。其实痛苦、孤独、寂寞、灾难、眼泪，这些于我们的生命都是有用的，它能够使我

们的生命得到升华。经历过这些，我们的人生才更丰富。如果须臾不忘，这些就成了人生的包袱。它会让我们前进的脚步沉重，感觉脚下的路是那样难行，甚至会让我们无视路边的风景，只见阴云不见阳光。人活着就要赶路。背着包袱是走，放下包袱也是走。所以还是放下包袱，让沉重的步伐变得轻松，让阴郁的心情变得明朗，让生命不再那么沉重。

放下就是快乐，把不如意的事记在心里，只会让自己更加的不开心。

放下才获得

放下才会有所得，是一种辩证的看待问题的方式，也是一种处世哲学和人生智慧。放下与得到，如同马车的两只车轮，小舟的两只船桨，都有着相辅相成的关系。比如放下对金钱的追逐，会收获精神的满足；放下虚伪的面具，就会赢得真诚的友谊；放下显赫的功名，会回归生命本质的平淡；放下自卑，会活得自信；放下抱怨，会活得舒坦；放下犹豫，会活得潇洒；放下狭隘，会活得自在。只有该放下时放下，你才能够腾出手来，抓住真正属于你的快乐和幸福。

28岁的小童通过相亲认识了一个很不错的男孩，由于两人互有好感，很快确立了情侣的关系。不过，最近小童却很烦恼。她总是跟男友为鸡毛蒜皮的事吵架，吵过后两人就开始冷战，后来还是小童主动找男朋友，表示和解。小童很喜欢现在的男朋友，因此对他看管得很严。这天她上男朋友的QQ，想看男朋友的聊天记录，男朋友死活不让她看，还埋怨小童猜忌心重，一点都不信任他。小童承认是有点神经质了，因为他们刚在一起的时候，男朋友和前女友刚刚分手不久，所以她总觉得他们还藕断丝连。一想到这些，小童就更加不安，拼命搜索男朋友“作案”的蛛丝马迹。男朋友实在受不了她的24小时“监控”，两个人的关系越来越紧张。

小童回家向妈妈抱怨。妈妈劝小童：“爱情就像手里的沙子，你攥得越紧就流得越快，当你把对方看得越紧，他就会离你越远。就像放风筝，手中的风筝线你拽得越紧它就越容易断，只有一松一紧才能把它放得更高更远。爱情就是这样，只有给它空间和自由，才能持续得更长久。”

通过和妈妈这次贴心的交流，小童终于明白是自己抓得太紧了，反而招致男朋友的反感。最后，她主动向男朋友承认了错误，挽救了自己的爱情。最近，小童正在为自己的婚礼幸福地忙碌着。

可见，小童如果不及时懂得要适当放手的道理，很可能会把一段美好的爱情葬送在自己手里。正因为妈妈的及时劝导，小童放下了心里的猜忌，放下了自己内心的不安全感，从而收获了一份美好的爱情。

放下是机会

人们常说“人活一张脸，树活一张皮”，“人争一口气，佛争一炷香”。说到底，就是面子比什么都重要，殊不知面子正是束缚你事业成功的枷锁。其实，面子只是一种自我感受，它是人们的虚荣心作祟的结果。面子会使人们贪慕虚荣，盲目攀比，疲惫不堪。而当你放下面子、踏实生活的时候，你就会轻装上阵，更快走向成功之路。

小徐来自湖南农村，2005 年考上重庆的一所技术学院。大二时，母亲去世，本来就不富裕的家庭更是雪上加霜。“从家里要钱要得我心疼。”为了减轻家里的负担，自小孝顺的小徐更加节约，每天早上花一块钱买三个馒头当做一日三餐。可是没有经济收入，再节约也还是得从家里拿钱，家里已经一贫如洗了，再这样，自己也只能退学了。小徐开始寻找商机，琢磨着自己赚钱。

小徐注意到，学校的垃圾箱旁经常有一些拾荒者来捡饮料瓶。她打听到，一个塑料瓶可以卖一毛二分钱。面对商机，她的心里打起了小鼓：我一个大学生去捡破烂，同学会不会瞧不起我？但想到贫困的家境，她豁出去了。就这样，小徐成了一个“学生拾荒匠”。刚开始，她只敢趁下晚自习偷偷捡几个饮料瓶，但这点收入只是杯水车薪。她决定每天晚上跑一栋寝室楼，一个一个地敲门收饮料瓶。“第一次敲门，我脸都红透了，紧张得连自己的声音都听不到，收到的瓶子也很少。”这样不是办法，她一咬牙：养活自己比面子重要，要做就光明磊落地做！于是，她放下面子开始大方地敲门收饮料瓶。面对有些同学的嘲笑，她并没有在

意。一周下来，她横扫了整个学校的饮料瓶，收了近 8000 个，净赚 800 多元。小徐总是随身带一个大书包，在学校里看到塑料瓶就捡起来装进书包里，存满一定数量后再卖掉，她还笑呵呵地对同学们自称“流动废品站”。但是，她并不满足于当“流动废品站”，为了发展废品回收业务，她又办起了一个特别的寝室小卖部。在这个小卖部里，同学们不仅可以现金消费，还能“以物易物”，用塑料瓶和旧书换等价的商品。这种新的经营模式在学校广受欢迎，每天上门“易物”的同学络绎不绝。直到大学毕业，她再也没有向家里要过钱。

一个女大学生为了完成自己的读书梦想，为了出人头地，她放下了面子，收起了破烂。因为面子不能让她吃饱饭，不能让她有书读，更不能让她很好地生存。

所谓的“面子”，不过是指一种表面上的虚荣，而不是骨子里的自尊和自信。

其实，面子没有你想象的那么重要。如果你把面子看得比什么都重要，很多机会就会因为你在面子上放不下而与你擦肩而过。面子不是一切，放下你所谓的面子吧。留住机会，把握机会，才能更好地赢得成功！

箴言四

修好这颗心， 才能有容乃大

——星云大师谈包容

包容是一门学问，学会包容的人，就学会了生活；懂得包容的人，就懂得快乐！包容是一门艺术，是一种精神的凝聚，是一种善良的结晶，是人性至善至美的沉淀！包容是一种美德，它可以使你的人格得到升华，让你的心灵得到净化！它是人修身养性的一本“真经”。包容是一种境界，人要达到这种境界，就必须拥有博大的胸襟，还要有一份坦荡、一种气概！包容是一种幸福，能够包容别人是一种幸福，让别人心存感激更是一种幸福！

1. 宽厚待人

与人交往，不要看别人待自己如何，而要看自己待别人如何！只有待人以宽，才肯对人信任、体贴、谅解、包容，也才能表现出我们待人的道德、智慧和艺术。

敦厚宽容

“如何待人”是一门很高的学问，有的人一辈子都很难掌握“待人之道”。这主要是因为人有多种，每个人都有不同的性格、不同的要求，所以做人做事很难做到“尽如人意”。正所谓“顺了姑意，逆了嫂意”，做人难就难在不能让人人都满意。

虽然待人有种种不同的方法，但是“待人以宽”则是一条不变的定律。宽容待人，自己也会心平气和、轻松愉快。反之，如果一个人心胸狭隘，常常为了一点小事而斤斤计较、耿耿于怀，甚至严厉地指责别人的不是，那就难免让人望而生畏、不敢亲近，而自己也会因为不得人缘而愁闷苦恼，真是伤人又伤己。

“宽厚待人”不但是人际相处之道，也是自我做人的根本！《佛光菜根谭》说：“得理而能饶人，是谓厚道，厚道则路宽；无理而又损人，是谓霸道，霸道则路窄。”

明朝年间，山东济阳人董笃行在京城做官。一天，他接到家信，说家里盖房为地基而与邻居发生争吵，希望他出面解决此事。董笃行看后马上修书一封，道：“千里捎书只为墙，不禁使我笑断肠；你仁我义结近邻，让出两尺又何妨。”家人读后，觉得董笃行有道理，便主动在建房时让出几尺。而邻居见董家如此，也有所感悟，同样效法。结果两家共让出八尺宽的地方，房子盖成后，就有了一条胡同，世称“仁义胡同”。

做人多一分包容谦让，就少一分倾轧障碍。历史上不少贵极一时的文臣武将，因为专横跋扈、待人严苛，最终树敌太多而招来杀身之祸。宽容是美德，包容是促进人类和平的良方！凡事只要本着尊重与包容的心，一定能得人所望。

宽宏大量

海阔凭鱼跃，天高任鸟飞。要做一个品德高尚的人，首先要养成宽宏大量的气度。一个人要有海阔天空的胸襟，有宰相肚里能撑船的气量，不但要能容纳好人善人，对自己的仇人敌人、看不惯的人也要能宽容，因为唯有宽容才能去除嫉恨，唯有宽容才能成就一切。

唐宋八大家之一的苏东坡，与宰相章惇从年轻时即相识相交，但章惇当政时，却把苏东坡发配岭南，之后又贬到海南。后来苏东坡遇赦，章惇却反被放逐到岭南的雷州半岛。苏东坡听到消息，在给朋友的信中对他表达无限的同情与难过，并且对章惇的儿子说：过去的无须再提，多想想以后吧！

人非圣贤，孰能无过？每个人都有犯错误的时候。做人要宽宏大量，要给人改过的机会。

相传古代有位老禅师，一日晚在禅院里散步，突见墙角边有一张椅子，他一看便知有位出家人违犯寺规越墙出去溜达了。老禅师也不声张，走到墙边，移开椅子，就地而蹲。少顷，果真有一小和尚翻墙，黑暗中踩着老禅师的背脊跳进了院子。

当他双脚着地时，才发觉刚才踏的不是椅子，而是自己的师傅。小和尚顿时惊慌失措，张口结舌。但出乎小和尚意料的是，师傅并没有厉声责备他，只是以平静的语调说："夜深天凉，快去多穿一件衣服。"

老和尚明知小和尚犯错，但并没有严厉斥责，反而是以宽厚恕过错，用春风润万物，可谓仁厚之至矣。

宽大容人

包容的前提是宽广的胸怀。心胸宽大不仅能产生和谐，还能产生强大的凝聚力。在我们日常生活中，人与人之间难免出现矛盾，别人也许在无意间就伤害了我们，如果不是原则问题，我们要试着以包容的心去原谅对方。心胸宽大，才能容人，真正的聪明人会用宽大的胸怀去包容别人，还会用柔中带刚的方法妥善解决矛盾，这是人生难得的大智慧。

有个姑娘要开音乐会，在海报上说自己是李斯特的学生。演出前一天，李斯特出现在姑娘面前。姑娘惊恐万状，抽泣着说，冒称是出于生计，并请求宽恕。李斯特要她把演奏的曲子弹给他听，并加以指点，最后爽快地说："大胆地上台演奏，你现在已是我的学生。你可以向剧场经理宣布，晚会最后一个节目，由老师为学生演奏。"李斯特在音乐会上弹了最后一曲。

人与人之间发生矛盾，可能是由于认识水平不同或者是由于一时的误解造成的，如果我们有足够包容的度量，以谅解的态度去对待别人，就可以赢得尊重，也会让彼此的矛盾得到缓和。反之，如果心胸狭窄，直接的后果就是伤害感情，影响了友谊。

当人们受到不公平的待遇和很深的心灵创伤之后，自然会对伤害者产生怨恨情绪。但是我们要明白，怨恨是一种被动的具有侵袭性的东西，它不仅会让我们失去欢笑，还有损我们的健康。怨恨更多地危害着怨恨者本人，而不是被仇恨的人。因此，为了我们自己，也要切除心胸狭窄这个肿瘤。

一位老妈妈在她金婚纪念日那天，向来宾道出了她保持婚姻幸福的秘诀。她说："从我结婚那天起，我就准备列出丈夫的10条缺点，为了我们婚姻的幸福，我向自己承诺，每当他犯了这10条错误中的任何一项的时候，我都愿意原谅他。"

有人问，那10条缺点到底是什么呢？她回答说："老实告诉你们吧，50年来，我始终没有把这10条缺点具体地列出来。每当我丈夫做错了事，让我气得直跳脚的时候，我马上提醒自己，算他运气好吧，他犯的是我可以原谅的那10条错误当中的一个。"

在婚姻的漫漫旅程中，不会总是艳阳高照，鲜花盛开，也同样有夏暑冬寒，风霜雪雨。面对生活中的一些小矛盾，如果能像那位老妈妈一样，学会包容和忍让，我们就会发现，幸福其实就在我们的身边。

古人说："唯宽可以容人，唯厚可能载物。"从社会生活实践来看，包容确实是实际生活中不可缺少的素质。做人要胸襟宽广，要有包容平和之心，这不仅是一种魅力，更是社会成功的一种要素。

2. 融入群体

包容是一种智慧的境界，包容是一种非凡的气度，是对人对事的接纳，是一种精神的成熟、心灵的丰盈；是对别人的释怀，也是对自己的善待。学会包容吧，充满包容的世界一定和谐美丽。

赞美博爱

台湾有句谚语："吃果子，要拜树头。"这句话提醒我们在享受丰盛的成果时，要饮水思源，感念一切因缘的成就。

身为社会的一分子，我们应当关怀社区，贡献力量，服务大众。社区得到了发展，每个人就都能获益。对社会也一样，如果能主动帮助他人、友待他人，在得到他人回馈的同时，自己不也能受惠吗？

在从北京去往南京的飞机上，一个老年旅客因为携带了太多的行李堵住了走廊，他一件一件艰难地往行李架上摆放着行李，后面的人就那样等着。一个小伙子的座位在机尾附近，他等了半天，见队伍还没有移动的迹象，心中烦躁不已。

等到小伙子走到那个老人身边的时候，他还在那里摆放行李，小伙子很冷漠地向那个老年人说了一句："你知道吗，有这么多人在为你排队呢！"老人愣了一下，没有说话。可能小伙子见是一位老人有些不好意思，转身走了。

事后，小伙子说："我是如此的冷漠，我头一次感觉到自己居然没有一颗爱心，文字真的不能反映出我现在的悔意。虽然那个人也有做得不对的地方，但是我那样冷漠地对待一个陌生人，而且还是一位老人，难道不也是一种罪过吗？'老吾老，以及人之老；幼吾幼，以及人之幼'。多么好的一句话，可是，我却没有做到，我没有一颗包容心，不能容人，也难以容己。"

能够醒悟，对于小伙子来说就是一种爱的精神，他已经有了包容的境界。可是还有更多的人，他们无法体会包容，更无法做到博爱。所谓博爱，就是博大，是广博的爱，是平等的爱，是没有等差的、没有级别的爱。

世界的和谐需要博爱，人类的文明需要包容，个人的进步和成功更离不开对别人的理解和关爱。理解是爱的基础，包容使爱更加温暖。

爱屋及乌

人生中，为官的有为官之道，经商的有经商之道，居家就有居家之道。那么居家之道是什么呢？居家之道要“敦亲睦邻”，居家之道要“量入为出”，居家之道要“省吃俭用”，居家之道要“敬老爱幼”，居家之道要“上慈下孝”，居家之道要“和睦亲族”，居家之道要“忠孝双全”。

家，有大家庭、小家庭，现在的家庭多数是小家庭，过去三代同堂、五代同屋的家庭已经少有了。但我们的社会本身也是个大家庭，爱家就要“爱屋及乌”，对与家有关的环境、邻居、社区建设，都要关心。居家环境不一定要风水好，但一定要与邻居友好，守望相助，这才是最重要的。

有个少年请教一位智者：“我如何才能成为一个自己愉快，也能够给别人愉快的人？”

智者说：“我送给你四句话。第一句话，把自己当成别人。”

少年说：“这是说，在我感到痛苦时就把自己当成是别人，痛苦就减轻了，当我喜悦时把自己当成别人，喜悦将变得平和中正。”

智者点头，接着说：“第二句话，把别人当成自己。”

少年说：“如此就可以真正同情、理解别人的需求，在别人需要时给予恰当的帮助。”

智者两眼发光，继续说：“第三句话，把别人当成别人。”少年说：“如此是要尊重每个人的独立性，在任何情形下都不可侵犯他人。”

智者说：“第四句话，把自己当成自己。”少年说：“这句话的含义我一时体会不出。这四句话之间有许多相矛盾之处，我用什么才能把它们统一起来呢？”

智者说：“用一生的时间和经历。”

人到世间来莫不是为了追求快乐？那么，如何拥有快乐呢？

其一，快乐来自家居和谐。一个家庭里，每一分子都应该为家庭的和谐贡献自己的力量，不能自私、固执、计较。如果有人每天只想外出散心、郊游，把家庭视如牢狱、冰窖，甚至本来是亲人骨肉却当成仇人，这样的家庭生活如何会快乐呢？

其二，快乐来自天然环境。环境对于人的快乐与否至关重要。居家在山边，可以在山居小路散步；居家在水边，可以在河川堤岸休闲。居家附近有公园、市场，散步、购物当然都能称心如意。假如居家在人烟稠密的大楼，出门举步艰难，或是住在偏僻陋巷，进出都感不便，当然就会心浮气躁。古代孟母所以要三迁，现代的富贵人士所以要找风水宝地，就是因为环境会影响人的心情。

其三，快乐来自人际关系。一个人身处社会，总会有许多朋友。平时参与各种社交活动，和各种人士互动往来，假如自己会做人，经常帮助、赞美别人，则“敬人者，人恒敬之”，别人也会对我们赞美、帮助，人际互动融洽，当然就会感到快乐。反之，有的人处事不够圆融，经常嫌这个不好或怪那个不是，自己没有培养好因好缘，自然不会获得友谊。难堪、烦恼一大堆，人生怎么会快乐呢？（《宽心：星云大师的人生幸福课》）

理解别人

理解别人需要有博大的包容心。当今的社会，在激烈竞争的社会大潮之中，我们每个人都会遭逢坎坷和逆境，但是能够做到包容别人理解他人的人，也一定能得到别人的尊重。

如果我们到处树敌，就会把自己的路堵死。这就好比千军万马过独木桥一样，给对方让开一条路，自己也就多一分前进的希望。如果谁也不让步，都挤在独木桥上，那就只有统统掉进河里去。学会包容别人，理解别人，就是为别人开启一扇窗，别人就有可能为我们打开一扇门。

杰克和约翰是多年的好朋友。有一次，他们一同去曼哈顿出差。早上，他们在旅店点完饭菜之后，约翰说：“我出去买份报纸，一会儿就回来。”过了5分钟，约翰空手回来了，嘴里嘟嘟囔囔地发泄着怨气。“怎么啦？”杰克问。约翰答道：“我到马路对面的那个报亭，拿了一份报纸，递给那家伙一张10美元票子，让他给我找钱。他不但不找钱，反而从我腋下抽走了报纸，还没好气地教训我，说他的生意正忙，绝不能在这个高峰时间给人换零钱。看来，他是把我当成借买报纸之机换零钱的人了。”两个人一边吃饭，一边议论这一插曲。约翰认为，报亭的小贩傲慢无礼，不近人情，素质太差，是“品质恶劣的家伙”。

此时，杰克请约翰在旅店门口等一会儿，自己向马路对面的那个报亭走去。杰克面带微笑十分温和地对报亭主人说：“先生，对不起，您能不能帮个忙，我是外地人，很想买一份《纽约时报》看看。可是我手头没有零钱，只好用这张10美元的票子，在您正忙的时候，真是给您添麻烦了。”卖报人一边忙，一边毫不犹豫地把一份报纸递给杰克，说：“嘿，拿去吧，方便的时候再给我零钱！”

当约翰看到杰克高兴地拿着“胜利品”凯旋的时候，疑惑不解地问：“杰克，你说你没有零钱，那个家伙怎么把报纸卖给你了？”杰克真诚地说：“我的体会是，如果先理解别人，那么自己就容易被别人理解。如果用理解来表达需要，那么自己的需要就容易得到满足。”

从这个小故事可以看到我们周围一些人的影子，在日常生活中，凡事他们总让别人先包容自己，而自己却从来就不想着要理解别人。久而久之，凡遇到别人不理解自己时，心里就会立马不平衡、不自在、不痛快，失去起码的风度。

3. 宽广胸怀

有些人只能看到别人的缺点，往往忽视了别人的优点，岂不知芸芸众生有缺点就会有优点，优点和缺点向来是同体共生的。要想享受别人的优点，就必须包容别人的缺点，这是很明显的道理。

▶享受优点

与人相处，必须你帮我，我帮你；你原谅我，我原谅你；你教导我，我教导你；你包容我，我包容你……能够如此，才方便沟通。有错误，别人敢指责你，敢说你的缺失，你才会进步。没有人敢指责你的话，你将永远在错误中轮回。只有虚心接受人家的批评，才会成长。

有一对夫妻时时发生口角，每天总是吵个没完没了。

这一天，他们一起外出，在车上又因为某些事情吵了起来。他们越吵越凶，彼此已到了僵持不下的地步了！由于天气闷热，开着车的先生已经恼到难以控制的地步，太太还在喋喋不休叫嚷着。先生伸手过去想给太太一记耳光。就在这时他没有觉察眼前有一个分界堤，车子撞上去，四轮朝天，夫妻俩眼前一黑，接着不省人事了！

在迷迷糊糊中，他们来到天堂。只见华丽的天堂门口立着一位天神。

天神对他们说："你们一起来到这里，你们还没有资格进去。在你们进去前，我要给你们一个测验，谁通过就可以进去！"

然后，天神递送给他俩各一张纸和一支笔，说道："我这里叫'优点天堂'，你们只要把对方的优点写在纸上。一分钟里，谁把对方的优点写得多，谁就有资格进去！"

他们接过纸张和笔。太太想："哈哈！这还不容易，只要把对方的缺点反过来写，那不就是他的优点吗？我很快就可以写出十项了。"于是她兴奋地开始写了！

先生这时也想："哈哈！这还不容易，只要把对方的缺点反过来写，那不就是她的优点吗？"

但写完几项后，他忽然想起太太的一些缺点，这时他才发现那是她的优点，就是每次给他泡茶时，总是一次比一次淡，那其实是为了他的健康着想，还有她每次都把自己做的蛋糕，烘焦的部分自己先把它吃掉！

他忽然停笔了，想到："唉！太太虽然缺点多，她确实也为我付出了不少，而且她记忆力差，她不可能记录得那么快吧！我肯定赢她，我还是把机会让给她吧！"

时间到了。他们把考卷交到天神手中。

天神唤他俩过来看，只见太太那一张一片空白，先生那一张只记录了一行："泡茶时，总是一次比一次淡，她每次都把烘焦的蛋糕部分自己先吃掉！"

天神说："因为先生最诚实地记录下最真心的一句，也是他最真实的发现！它才会显示在纸上！所以他才有资格进去！"

先生跪下求饶道：“不，把资格让给她，她的优点太多了！这是我才刚刚发现的一件！”

这时，太太也下跪了，感动得哭了：“那不是我的优点，那是我应该做的！”

这时候，忽然间天堂的门不见了，天神笑说：“既然如此，我这天堂不录取你们了，你们回去继续彼此记录优点吧！”

他们忽然醒过来，原来躺在医院的床上，大家在昏迷中上了宝贵的一堂课！

人与人之间要彼此交流、沟通，要识大体、共患难，不要制造一些无谓的问题来自我困扰，要体验和睦相处的可贵。懂得互爱互帮，互相尊重。

宽容退让

然而人和人的相处却不容易，时时会有争执、吵嘴、误会、纠纷。星云大师对此提倡“你对我错”、“你大我小”、“你有我无”、“你乐我苦”，凡事退让一步，多尊重他人。表面看似自己吃亏，实际上却是占便宜的，因为我错、我小、我无、我苦的世界，没有争执怨怼，心里坦荡宽容，很多问题都能迎刃而解，省去了许多麻烦。

有两户人家紧邻而居，张家的人相处融洽，过着美满的生活；李家的人，三天一大吵，五天一大闹，搞得鸡犬不宁，无法安静生活。

有一天，李先生好奇地跑来问张先生：“为什么你们一家人从不吵架，能够和睦相处呢?”

张先生笑了笑说：“我们家都自认是坏人，所以能互相忍耐，相安无事；而你们家都自以为是好人，因此争论不休，常常打架。”

“这是什么道理呢?”李先生很不解。

张先生解释说：“譬如茶几上摆着一个茶杯，有人不小心把它打破了，不仅不肯认错，还理直气壮地大骂‘是谁把茶杯摆在这里的?’放杯子的人也不甘示弱地反驳‘我放的又怎样，是你不小心打破的’两人彼此不退让，自以为是好人，僵持不下，当然吵架了。反过来，打破杯子的人如果能够道歉‘对不起，是我疏忽了。’对方听了也马上回答：‘这不怪你，是我不应该把茶杯放在那里。’彼此肯承认自己的过失，互相礼让，又怎么会吵架呢？”

确实，与人相处要低姿态，要学着常说“对不起”、“我错了”、“抱歉”、“我不好”、“你的能量真大”、“你好”、“你真了不起”。要学习水的就下，谦卑自恭，好处让别人享受，坏处自己承担。常常赞美别人、尊重别人，从让步吃亏中冶炼心性，扩大心盘……做到这些，相信人与人之间的相处，一定会和乐融融。（《星云日记》）

虚怀若谷

包容乃虚怀若谷之根本。没有包容的心胸，就无法虚怀；无法虚怀，就难以填入；没有填入，就没有进步；没有进步，就没有卓越。

在赵本山编制的电视剧《乡村爱情》里，村民刘能因为觊觎村主任的位置，一向吝啬的他不惜血本，把女儿家培植的精美花卉赠与每一个村民，为自己拉选票。于是原来的村主任告诫他说：要低调。

的确，无论是做人还是做事，都必须懂得低调。可是自私、狭隘、喜欢耍点小聪明的刘能是无法体会低调的含义的，因此，他才问出了那句话：“低几个调？”荧屏里的人物为了完成某种形象或者为了推动故事情节才有此一问，可是细分析起来，以刘能的性格，是完全没法把握低几个调的。

为什么？因为刘能无法体会低调。他不能包容，心胸过于狭窄，斤斤计较于自己的小利益。他是有点小聪明的，也能够为了他口中的“大局”选择隐忍，然而，他的欲望过于炽烈，使得他的目的欲盖弥彰，那些隐忍行为也因此变得更张扬、更让人难以接受。

也就是说，不能包容的人难以做到真正的谦虚低调。包容是一种无私，一种境界，一种力量，一种智慧。这种力量和智慧使人们拥有一份

平和、坦荡、自信之心，因为能够容纳他人，所以可以接受自己的缺点，可以放低自己的姿态，而不愿意张扬。

智叟和愚公生活在同一个地方，从小他们就在一起玩耍。智叟看起来非常聪明，很多东西一点就通，过目不忘，智叟为自己的聪明颇为骄傲。而愚公就显得很笨拙，尽管他很用功，但十分的汗水却换不回一分的收获，所以，他常流露出一种自卑。

最后怎么样呢？聪明的智叟自诩是个聪明的人，非常张扬，到处炫耀自己的才智，但他一生业绩平平，没能成就一件大事。而自觉很笨的愚公谦虚低调，从各个方面充实自己，一点点地超越自己，在还很年轻的时候便成就了非凡业绩，成了那个时代的伟大人物之一。

对此，智叟愤愤不平，以至郁郁而终。他的灵魂飞到了天堂后，质问玉皇大帝："我的聪明才智远远超过愚公，我应该比他更伟大，可为什么你却让他成了人间的卓越者，而我却终生毫无建树呢？"

玉皇大帝早就在等智叟了，听完他的话，充满同情地说："可怜的智叟啊，你至死都没能弄明白，每个人到世上，都会在他生命的布袋里放同样的东西，只不过我把你的聪明放到了布袋的前面，而愚公的却放在了布袋的后面。你呢？看到或触摸到了自己的聪明而沾沾自喜，到处张扬，骄傲得不得了；而愚公看不到自己的聪明，所以，他显得很谦虚、很低调、很努力，最终取得了骄人成就啊！毁掉你的不是我，是你的骄傲自满啊！"

这个故事给我们一个最大的启示就是：骄傲自满能毁掉生命的卓越，而谦虚低调能挖掘人的潜质。真正聪明的人，他们不但有着实现梦想的能力，更加重要的是，他们绝不停留于自己所表现出的卓越上，而总是用包容之心，去容纳更多的知识。

4. 容忍之智

"容忍"与我们现在经常使用的"融会"、"包容"、"宽容"等词汇意义不同，它没有任何居高临下的意思，也没有大度、接纳、施舍的色彩，而是一种在不太舒服的状态下的共存。

容忍彰魅力

每个人都喜欢干净卫生的生活，但洁净身体不如洁净心灵。那么，如何清净我们的心灵呢？唯有将贪欲化作施舍，瞋恨化作慈悲，愚痴偏执化作智慧自在，嫉妒烦恼化作清净欢喜，方能拥有一颗洁净纯真的心。

一天，老师父带着小徒弟外出传教弘法，半路上，看到一个小孩跌进臭水沟里。老师父赶快跑到水沟边，将孩子拉起来，找到一条溪水，替小孩清理身上的秽物，一遍又一遍细心地清洗着。一旁的小徒弟捂住鼻子，皱着眉头说："师父，您不要多管闲事，把他交给他的父母处理就好了，这孩子身上这么脏、这么臭，您的干净衣服都给糟蹋了。"老师父听完小徒弟的话，慢条斯理地回答："这小孩子并不肮脏，你的心比他还肮脏。"

谁比较脏？老师父为跌进水沟里的小孩清洗身体，根本闻不到浊臭恶味，因为他拥有干净的心灵。

相反，徒弟想的是干净衣服，只挂念衣服的价值，看不到小孩求助的困境。老师父之所以说小徒弟的心比臭水沟还脏，是因为一颗自私自利、不肯为人救苦救难的心，散发的是令人掩鼻的恶浊味道。臭水沟的垃圾再多总是有限的，人心的贪欲、瞋恨、愚痴的毒素，却如恒河细沙，难以计算。

有人说：凡事忍耐的观念太过消极，缺乏积极进取的打拼精神。

其实，容忍看起来是保守，实际上是人生的进取之道。"能忍自安"，忍耐看起来是吃亏退让，其实"忍"之一字，是大力量，是大智慧，忍的力量勇锐无比。

纪渻子是有名的斗鸡师，周宣王要他训练一只斗鸡。纪渻子接受任务后，一过十日没有消息，宣王等得不耐烦，催他，纪渻子回答："还不

行，此鸡生性自狂自傲，只会虚张声势，其实遇到强者，不堪一击！”

宣王又等了十日，再催问。纪渻子答：“此鸡沉着不够，一听到其他鸡叫就会冲动，还不是大将之风！”九十九日过去了，还没有看到训练好的斗鸡。宣王失望，不再催问。一日，纪渻子报告：“大王！斗鸡训练好了。因为此鸡现在听到其他鸡啼叫，恍如不闻；见到其他鸡跳跃，恍如不见，简直就像一只木头鸡，气定神闲，从容安详，已是全能全德。只要其他斗鸡一见到它，就会落荒而逃，不战而胜，这才算是真正的斗鸡了。”

纪渻子训练斗鸡的故事，说明人不能逞匹夫之勇，没有大智、大仁、大勇，不足“言忍”也。一个人不能忍，哪里能安？所以能忍自安，是至理名言！

一个人要能自我节制，自我驾驭，对世间的诱惑和挑战要有力量克制。人心像一匹野马，容忍宛若一条缰绳，必须靠容忍的缰绳来驾驭心志，才不会成为心志的奴隶；瞋恚像一把利刃，忍耐像武士的盔甲，内在的精神有了忍耐的盔甲武装，即使人生如战场，也不会遭遇致命的危险。容忍之道，众妙之门。古圣先贤立身处世，无不得力于忍。

有容成大器

虚心就是不自满，就是敞开胸怀，能学他人之长，反省自己之短。“虚心方能容人，虚心方能容物”。只有自觉不满才能使心灵容纳更多的事物。虚心使自己的心灵处于一个时时能容物、容人的状态。当一个人的心虚如谷川，就能容纳更多，便能成大器。相反，一自满，便再也容不下什么了。

著名艺术家梅兰芳是中国戏曲艺术的伟大代表，他的艺术水平极高，有独特的气质韵味，人们用“大气、大度、大方”来形容梅派艺术。

梅兰芳是一位谦虚有德的艺术家，他就是靠着虚心好学，一点一滴地积累文化底蕴，才成为中国戏曲界的大器。

梅兰芳广拜名师，向秦稚芬、胡二庚学花旦戏，向陈德霖学习曲旦角，向乔蕙兰、李寿山、陈嘉梁、孟崇如、屠星之、谢昆泉学习昆曲，向茹莱卿学习武功，向路三宝学习马旦，向钱金檽学生戏，也曾受教于王瑶卿。在与这些技艺非凡的名演员合作之中，广泛汲取中国戏曲艺术的精华，在很多传统剧目的演出中，他都虚心听取意见，以新鲜的理解去填补艺术空白，使旧戏焕发出新的艺术青春。

梅兰芳除了能虚心向同行学习，听取同行的意见，还认真采纳广大观众的意见。

有一次，梅兰芳在一家大戏院演出京剧《杀惜》，演到精彩处，场内喝彩声不绝。这时，从戏院里传来一位老人平静的喊声："不好！不好!"梅兰芳寻声望去，见是一位衣着朴素的老人。于是，戏一落幕，梅兰芳就用专车把这位老先生接到自己的住处，待如上宾。

梅兰芳恭恭敬敬地说："说我孬者，吾师也。先生言我不好，必有高见，定请赐教，学生决心亡羊补牢。"

老者见梅兰芳如此谦恭有理，便认真指出："惜姣上楼与下楼之步，按'梨园'规定，应是上七下八，博士为何八上八下?"梅兰芳一听，恍然大悟，深感自己疏漏，低头便拜，称谢不止。以后每每演出，必请老者观看指正。

梅兰芳的谦虚大度，不仅使自己的艺术造诣更进一步，也使自己的德行操守胜人一筹，受人敬重。虚心的人懂得人生无止境，事业无止境，知识无止境，因而才能做到知之为知之，不知为不知。海不辞水成其大，山不辞石成其高；虚心才有容，有容方成大器。

能容家和睦

包容是人间的润滑剂，有了包容，人间就少了许多纠纷，多了一份宁静；少了许多敌对，多了一些美好。有了包容，人间才会变成美好的天堂。

乡村有一对清贫的老夫妇，有一天他们想把家中唯一值点钱的一匹马拉到市场上去换点更有用的东西。老头子牵着马去赶集了，他先与人

换得一条母牛，又用母牛去换了一头羊，再用羊换来一只肥鹅，又用鹅换了母鸡，最后用母鸡换了别人的一大袋烂苹果。在每一次交换中，他倒真还是想给老伴一个惊喜。当他扛着大袋子来一家小酒店歇脚时，遇上两个英国人，闲聊中他谈了自己赶场的经过，两个英国人听得哈哈大笑，说他回去准得挨老婆子一顿揍。老头子坚称绝对不会，英国人就用一袋金币打赌，如果他回家未受老伴任何责罚，金币就算输给他了，三人于是一起回到老头子家中。

“哦，我们有鸡蛋吃了！”诸如此类。最后听到老头子背回一袋已开始腐烂的苹果时，她同样不愠不恼，大声说：“我们今晚就可吃到苹果馅饼了！”不由搂起老头子，深情地吻他的额头。

其结果不用说，这个英国人就此输掉了一袋金币。

家庭生活夫妻之间最重要的基础是宽容、尊重、信任和真诚，即使对方做错了什么，只要心是真诚的，就应该重过程重动机而轻结果，这样才能有家庭的和睦。

5. 包容为美

东方文化更讲究包容，感情和理性的成分并重，有时感情的成分更大，尤其是对人心的管理，可能比戒律、规矩更重要。这让人想起一句名言：“紫罗兰被一只脚踩扁，它却把香味留在脚跟上。”这就是宽恕。

宽恕得开阔

宽恕是一种内心的开阔、大度，是一种高尚的人生境界。懂得宽恕的人，不仅自身活得自在轻松，得到宽恕的人也会受到点拨和感动，改过自新，将宽恕的美德传递下去。

一个和尚住在山中的小庙里，一晚正在打坐的时候，小偷进来了。

小偷一看，哎，有个人在这里坐禅，一动也不动，好像睡着了。于是，小偷慢慢地摸到菩萨像前，从供桌下拿了钱。转身正要出去，和尚突然喊一声“站住”，小偷吓了一大跳。

参禅的和尚说：“你刚才拿了佛祖的钱，不说声谢谢，就要走了吗？”小偷赶紧向佛祖道谢。

不久，这个小偷又在别处犯案被逮，招供说还偷过寺庙的钱，警察把他带来庙里对质。禅师说：“他是来拿过一点钱，不过不是偷，因为他跟佛祖说谢谢了。”

这个小偷被禅师的宽容感动，于是跟他出家，成为一位很好的修行人。

看来，良好的管理不一定是要用严苛的制度和处罚，有时候宽恕大度、讲点人情效果反而可能更好。

一个非洲部落把宽恕作为一种仪式。当某人犯了过错，就会被带到村子中央，接受众人的赞美。全部落的男女老幼都停下手里的工作，将罪人团团围住，轮流列举他做过的好事。他的善行和美德被尽情歌颂，每一个细节都不错过。仪式最终发展成一个欢乐的庆典，大家欢迎他回到集体当中。

众多实践证明，宽恕无法改变过去，却能够改变未来。这是一件非常美妙的事，把惩罚化为温暖，把伤害变成祥和。犯错的人没有被遗弃，没有受打击，整个村子重新成为团结的整体。

宽恕增福惠

人与人的交往中难免会有摩擦和误会，如果心不存愤恨恶念，语不带尖酸刻薄，坚守善美的心念、清净的语言，那就可以在自己和他人的心田里栽种一株株慈悲的草、宽容的花，以至于绿意遍满、白云游天，这样的人生岂不潇洒自在？

世间的苦和乐有什么标准呢？真正懂得享受人生的人，即使外在环境令人不快，也能在心里创造快乐。

几十年前，在台湾创建弥勒内院的慈航法师，身相圆满，大腹便便像个弥勒佛。

有一次，慈航法师对身旁的人说："喂！你可知道我这大肚子是有一段因缘的？

"我本来生得瘦小，在鼓山任衣钵时，一次上厕所忘记带卫生纸，就向身旁上厕所的茶房头索取，他却把用过的递给我，弄得我一手大便。有一天我准备搬房间，茶房头正好来帮我，待我回来时，发现抽屉的一百元银洋少了六七十个，我明白是茶房头拿的，但这不能揭穿，钱会再来，名誉没了就很难回复。茶房头告辞前，我又拿十五块银圆给他。

"后来寺中很多人怀疑茶房头哪来这么多的钱？茶房头说是我送给他的。但我一句话也没说。从这次事情后，我的肚子也大起来，福德因缘也不一样了。

"这肚子，代表我有福！"

慈航法师"宁愿天下人负我，我绝不负天下人"的修养，是为对方留下一个回头转身的机会。别人亏欠我，我合掌，但求"不憎恶人"；别人仇恨我，我静心，但求"怨亲平等"……人生何处不擦碰？人生何处不相逢？心无隔宿之仇，笑面迎人岂不悠闲许多?!

宽恕生活美

《华严经》说："心如工画师，能画诸世间；五阴悉从生，一切唯心造。"我们的心就像画家，能彩绘世间种种万象；心更像工厂，无物不造，如果你给它欢喜的材料，就能制造出欢喜的产品；你给它慈悲的材料，就能制造出慈悲的产品。智者善于用心，愚人为境所控，世间苦乐便由此而生！

阿财在有钱的人家做苦工，每天挑水、担柴、整理庭园，任劳任怨。主人却一点都不爱惜他，一有空闲就要他做粗重的工作，甚至还要求他早起晚睡，不能偷懒。

旁人看不过去，跟阿财说："哎呀，你跟了这个主人真是冤枉，不体恤你便罢，还让你每天累得跟牛一样，真是划不来。”

阿财摇摇头说：“不会啊！我很快乐。白天虽然主人叫我做很多的工作，但是到了晚上，睡梦中，我都梦到自己是一位国王，好威风啊！可以使唤御使给我倒茶、端饭，实在享受，实在快乐。所以一点都不觉得人生很苦！”

虽然主人苛刻，可是阿财却用开阔的心给以宽恕；虽然生活艰苦，可是阿财却懂得让自己寻求内心的欢乐。懂得了宽恕的道理，我们就会明白：与其花心思、费时间怨叹世间的好坏顺逆，不如多多为心灵工厂加诸一些善美、道德、明理、人情味、惭愧心的材料，这样还怕生产不出令人愉快的优良产品吗？

6. 包容有度

人的一生十分短暂，几十年一晃即过，说长却很短，说慢却很快，特别是从走上工作岗位开始到退出岗位，这一段时间更是非常短暂。犹如一个演员出场，从舞台一侧登台亮相，到中间绕一周旋即下场，人生舞台戏快得不能再快。唱好人生这台戏，力求给观众——人类特定的这一历史阶段留下点正面的东西，就要把握好规则底线，在自己管好自己方面，一定要有个高标准，让自己不白活一回。

容无可容

包容一直在散发着亲和力、凝聚力、向心力的芳香和诱人的魅力。包容是一种可取的人生态度，是一种高贵的精神。因为包容，有了家庭的和睦；因为包容，有了社会的和谐；因为包容，有了文化的多样；因为包容，有了国家的稳定和民族的团结。然而，什么事情都不能走极端，包容也应该有个限度。只有适度包容，才能达到包容的目的；只有适度的包容，才是包容真正的应有之义。

有一对夫妻，他们很相爱，可他们不能生育，他们多么渴望有一个

孩子啊！一天，妻子上山摘果子的时候，突然听见婴儿的哭声，她寻声而去，发现一个稍具人形的树根，这个树根像孩子一样，有生命还会发出声音。

妻子兴奋地抱着这个树根回家了，因为她太渴望有一个孩子，夫妇俩决定抚养这个树根婴孩。然而却发现这个孩子的胃像个无底洞，永远都喂不饱，家中的粮食都给这个孩子吃掉了，他们每天都努力地找很多食物满足这个孩子，可不断地还是传来邻居家的鸡鸭丢失的消息。

情况一天比一天糟糕，然而每次当丈夫举着斧头要把树精劈成两半时，妻子就跳出来阻止，并且说："那是我们的孩子，我们应该包容他。"就这样，这个树精越长越大，先后吃掉猫、邮递员和社会工作者。到最后树精开始吃大楼里的人时，丈夫才痛下决心要把树精劈死，但在最后关头心软，反被自己的"儿子"吃了，而那个妻子大叫着跑去看丈夫时也被血盆大口吞噬掉了。

最初，看见树精食量较大，也许作为"父母"是应该给以包容的，然而一旦这种欲望对别人造成伤害时，再继续包容下去只能是愚蠢和荒诞了。故事中的夫妻俩原本是善良的，然而却由于没有能够把握包容的限度而导致了灾难的发生。

包容是有一定限度的，是有所期许的，是寄望于被包容者放下屠刀、立地成佛的。如果忽视了"度"，包容就变质成为"纵容"，不仅违背了包容本来的美好意旨，而且会使被包容者变本加厉、无限地放纵自己的言行，这时的"包容"就成了把他人推向深渊的"屠手"，而这种放纵总有一天会不仅仅给被包容者，而且也会给包容者带来巨大的祸患。

忍让界限

忍让是一种最难能可贵的美德，退一步海阔天空。对于一般的事情，我们是可以忽略不去计较的。但是，忍让也得有个度，过度的忍让就会变成懦弱。遇事绕着走，见人就摇尾巴，这不叫忍让，这叫软弱无能！忍让不是懦弱，忍让体现了一个人的胸襟和韧性；而懦弱是怕事和唯唯诺诺的一种表现。

和谐有原则，愚善不可取。提倡包容，并不是说什么事情都包容，什么时候都包容。

“宰相肚里能撑船”，并不是说宰相脸上能撑船。忍的前提是包容能争取理解，对事业发展不造成致命影响；包容的结果是牺牲小利益，获取大利益。

包容要有度，超过度是迁就，就变成了懦弱，那完全是不足取的。做人是要讲骨气的，主张忍耐是在坚持大原则的前提下，对无关紧要的事情包容，以争取时机，趋利避害。所以，对一件事情包容与否，是很有学问的。

一位乡下小姑娘，来到某大城市为一户人家做保姆。她本性纯良，为人勤快，由于干活利索，给女主人的印象颇佳。但是，生性狐疑的女主人还是担心这位乡下姑娘手脚不干净，于是在试用期的最后几天想出个办法来试一试她。

这天早晨，小保姆起床要去做饭，刚出门口，就捡到一元钱，她想肯定是女主人掉下的，就随手放在了客厅的茶几上。谁知第二天早晨，小保姆又在房门口捡到了一张五元的钞票，于是她心里泛起了嘀咕，都说城里人心胸窄，“莫非她是在试探我吗?”但小保姆很快打消了这个念头，因为女主人是位刚从科长位子上退休的体面人，怎么会做出这样侮辱人的事情呢？这样想着，她就把钱又放到了茶几底下。

小保姆心里面还是留了个心眼。晚上，她假装睡下，但从卧室的窗户窥看客厅中的动静。正当她困意袭来，准备放弃这一念头时，女主人竟真的悄悄到茶几前取钱来了。小保姆彻底惊呆了，怒火冲上了她的心头：怎么可以这样小看人！她咬了咬嘴唇，决定不再忍让。

可是她并没有冲出去揭发女主人，而是巧妙地开始试探起女主人来。次日早晨，小保姆又在房门口发现了一张钞票，这次是十元钱。她轻蔑地笑了笑，把钱装进了自己的口袋。到了傍晚，她在女主人下楼去练气功之前把这十元钱悄悄地放在了楼梯上。女主人在下楼时看见了那十元钱，当时就眼睛一亮，然后趁着左右没人把钱塞在了口袋里。这一幕，全都被暗中偷窥的小保姆看到了，她惊诧不已，女主人之所以怀疑别人手脚不干净，正是因为她自己是一个自私而贪心的人啊。

小保姆还是不动声色，女主人回来后，发现客厅的茶几上没有钱，就像科长找科员谈话一样找到了小保姆，严肃而又婉转地批评她为人还不够诚实，如果能痛改前非，还是可以留用的。小保姆对女主人充满了鄙夷，她直接问道："你是不是说我捡了十元钱？"

"是呀！难道你不觉得自己有错吗？"女主人似乎理直气壮。

小保姆摇了摇头："不，我不认为我做错了什么，因为我已经将那十元钱还给您了。"

女主人一脸诧异："咦，你啥时啥地还我钱了？"

小保姆大声回答："今天傍晚，公共楼梯……"女主人一听到"楼梯"两个字，顿时像触了电一样浑身一颤，狼狈得一句话也说不出来了。

女主人对于淳朴善良的小保姆此种试探本身就是一种侮辱，可是小保姆开始还是选择了包容，因为她不相信一个退休干部会如此心胸狭窄，不考虑别人的人格和尊严。但是当她认清了女主人丑恶的嘴脸后，她就不再忍耐，决定以其人之道，还治其人之身。

有些事情如果一忍再忍，那么无疑纵容了一些不道德的行为，直到忍无可忍。这里的"忍无可忍"说的是，有时尽管在同一事件中，人们起初还比较客气，谦逊地作出一些必要的忍让，但由于对方在这种忍耐中变得越发无礼，而且行为方式和欲望令人发指，实在是难以接受。在这种情况下，便可以算得上是一种"忍无可忍"了。这个度就已经到了极限，此时此刻，便不应再行"忍"下去，而可以有所表示，否则，就是极端的懦弱了。

遵循规则

包容是做人的美德，但也是要讲原则讲条件的，否则，宽容就是最大的作恶。

小王在德国的明斯特市读书时，有一年，正值除夕夜，他去参加留学生的春节晚会。晚会结束后，小王与几个好友结伴回公寓，团圆夜，他们却在异国他乡，所以大家都有些伤感，默默地走着。刚走到路口，绿灯就变成红灯了。此时已经是深夜了，马路上没有一辆车。小王和几个好友没有犹豫，走向马路。

“站住!”身后传来一个苍老的声音，打破了沉寂的黑暗，小王和好友都吃了一惊，他们回头看时，发现是一对德国老夫妻。老先生说：“现在是红灯，不能走，要等绿灯亮了才能走。”

小王不好意思地说：“对不起，我看现在没车……”

老先生说：“我们看的不是车，而是交通规则，任何情况下，都必须遵守规则。”

德国人的严谨态度是出了名的。有这样一个笑话，说德国人极守交通规则，哪怕交通信号灯坏了红灯一直亮着，德国人也会站在那里“傻”等。这当然有些夸张，但德国人的确很注意遵纪守法。也许正是因为这些原则，才让他们非常有责任感和社会公德。

有一位外国记者的车跟一个德国人的车相撞。责任在德国人，但记者当时还是担心对方找借口逃避责任。不料对方很快就主动打电话叫警察来处理事故，并把他本人和保险公司的联系方式告诉记者。警察到来后，他主动承认过失。由于他迅速向保险公司报告，车辆修理第二天就得到了安排。

在我们的生活中，处处充满了规则，可是人们总是不习惯遵循规则。贪图方便的人，总以为蔑视了规则，自己就获得了优先他人的便利。很多人对生活中的规则总是漫不经心，他们的态度是“不必太认真”，凡事过得去就行，无论对人还是对己。结果呢？他既给别人制造了麻烦，也给自己带来了麻烦。其实，生活中的不便，相当大的一部分是人们互相制造的。

一个走私犯，被警方追捕太紧，他不得已带着所有的走私货物，躲进了一家破旧的教堂。他请求牧师答应他将走私货物藏在教堂的阁楼里。

那位虔诚的牧师当然立即拒绝了走私犯的要求，并要此人马上离开，否则他就要报警。

“我给你一笔钱，以报答你的善行，你看20万怎么样?”走私犯苦苦哀求。

牧师坚定地说：“不!”

“那么50万呢?”走私犯忍痛加码。牧师依旧拒绝。

“100万好吗?”走私犯仍不死心地问。

牧师突然大发雷霆，用力把那人推到门外去：“你快给我滚出去，你开的价钱，已经快接近我心里的数目了。”

不要把这个故事当成笑话看，其实每个人都会遇到超出规则底线的时候。那么，当你遇到了这种情况时，你能像牧师那样，坦然地说出自己的私欲，果断地掐断自己的贪念吗？当你面对足以让你意动神摇的诱惑时，学学这位牧师，果断地对诱惑说“不”。

知足常乐，随缘是福

——星云大师谈知足

知足常乐揭示了人生快乐的真谛。如果沉浸于与别人的攀比之中，哪里去体味悠然自得的喜悦？如果你心比天高，将自己人生的目标定得高不可攀，哪里能品尝快乐的滋味？如果你总是去想着追求完美，那么伴随你的将会是一生的痛苦。时时苛求自己的人，永远不能够自由自在，成天将烦恼压在心上，又如何能够轻松快乐？其实，人生十分简单，懂得知足就能拥有快乐。

1. 处世根基

世界上每个人想要的东西很多，重要的是要学会取舍，因为属于自己的或许只能是沧海一粟。金无足赤，人无完人。我们不能要求得太多太美，否则就有可能后悔莫及。这个世界有太多的诱惑，因此有太多的欲望，有太多欲望满足不了的痛苦。一个人要以清醒的心智和从容的步履走过岁月，他处世立身的根基就是知足。

贪心一无所有

贪心不足蛇能吞象，得陇望蜀欲壑难填。人贪心的欲望，似乎永远难以满足。只是世间事哪能尽如人意，古往今来，那些贪婪不知足者又有几人得偿所愿，获得成功？《伊索寓言》说："有些人因为贪婪，想得到更多的东西，却把现在所拥有的也失去了。"的确如此。当你拥有太多的时候，往往就是要开始失去的时候了。

一天，一个老头在森林里砍柴。就在他抡起斧子，准备砍倒一棵树的时候，突然从树上飞下来一只金嘴巴的小鸟。

小鸟问老头说："你为什么要砍倒这棵树呀？"

"家里没柴烧。"

"你不要砍倒它。回家去吧，明天你家里会有许多柴的。"说完，小鸟就飞走了。

老头空手回到家，他对老伴说："上床睡觉吧，明天家里会有许多柴的。"

第二天，老伴果然在院子里发现了一大堆柴，就叫老头："快来看，快来看，谁在我们家院子里堆了这么一大堆柴?!"

老头把遇到金嘴巴鸟的事告诉了老伴，老伴说："柴是有了。可是我们却没有吃的。你再去找金嘴巴鸟，让它给我们一点吃的吧。"

于是老头又回到森林里的那棵树下。这时，金嘴巴鸟飞来了，问他："你想要什么呀？"

老头回答说："我的老伴想要一点吃的，我们家没有吃的了。"

"回去吧，明天你家里就会有许多吃的。"说完，金嘴巴鸟又飞走了。

老头回到家，对老伴说："上床睡觉吧，明天家里会有许多吃的。"

第二天一早，他们发现，家里果然多了许多肉、鱼、甜食、水果、葡萄酒和其他想要的食物。他们饱餐了一顿后，老伴对老头说："你去找金嘴巴鸟，让它送我们一个商店，商店里的东西最好应有尽有，这样，我们的日子就会非常快乐了。"

老头又来到了森林里的那棵树下。金嘴巴鸟飞过来问他："你还想要什么？"

"我的老伴让我来找你，她希望你可以给我们一个商店，商店里的东西要应有尽有，这样我们的日子就会非常快乐。"

"回去吧，明天你家里会有一个商店的。"金嘴巴鸟说。

第二天他们醒来后，简直都不敢相信自己的眼睛了。家里到处都是好东西：布匹、纽扣、锅、戒指、镜子……真是应有尽有。老伴开心地看着这些东西，可是她却依然不肯满足地对老头说："你再去找金嘴巴鸟，让它把我变成王后，把你变成国王。”

老头只好又回到森林里，找到了金嘴巴鸟，告诉它说：“我的老伴让我来找你，希望你可以把她变成王后，把我变成国王。”

金嘴巴鸟冷漠地望了一下老头说：“回去吧，明天早上你会变成国王，你的老伴会变成王后的。”

第二天早上醒来，他们发现自己穿的是绫罗绸缎，吃的是山珍海味，周围还有着一大帮的侍臣奴仆。

可是，老伴的欲望却并没有因此结束，她还在不停地要求着：“去，找金嘴巴鸟，让它把它的魔力给我，这样我就可以要什么有什么了。此外，你还要让它来我们的宫殿，每天早上为我唱歌跳舞。”

老头只好又去森林找金嘴巴鸟，他花了很多时间和力气，才终于找到了它。老头说：“金嘴巴鸟，我的老伴想让你把自己的魔力给她，她还让你每天早上去为她跳舞唱歌。”金嘴巴鸟愤怒地盯着老头说：“回去等着吧!”

第二天起床后，他们发现自己变回了从前的自己——两个又丑又小的小矮人。

渴望拥有更多，也许是人类的天性，并不算是过错，毕竟没有人真的希望自己一无所有。可是，这世界上的好东西真的太多太多，无论你拥有多少，都不会感觉到真正的满足，以为前面总有更好的东西在等待着你，而你永远都在不知疲倦地奔跑着。

欲望的永不满足不停地诱惑着人们追求物欲，然而过度地追逐利益往往会使人迷失生活的方向。因此，要知道欲望是无止境的，我们要珍惜眼前的快乐，这样才能把握好自己的人生方向。

欲望往往会蒙蔽人的心智，让我们失去理智，做出不可理喻的事情，也让我们心灵无法平静，无法享受到生活的美好。

有位名人说：“欲望越小，人生就越幸福。”这句话蕴含着深邃的人生哲理。它是针对“欲望越大，人越贪婪，人生越易致祸”而言的。古往今来，欲壑难填所葬送的贪婪者，数不胜数。

民间流传着一首《十不足诗》：

终日奔忙为了饥，才得饱食又思衣；冬穿绫罗夏穿纱，堂前缺少美貌妻；

娶下三妻并四妾，又怕无官受人欺；四品三品嫌官小，又想面南做皇帝；

一朝登了金銮殿，却慕神仙下象棋；洞宾与他把棋下，又问哪有上天梯；

若非此人大限到，上到九天还嫌低。

这首诗对那些贪心不足者的恶性发展写得淋漓尽致。物欲太盛造成的灵魂变态就是永不知足，没有家产想家产，有了家产想当官，当了小官想大官，当了大官想成仙……精神上永无宁静，永无快乐。

▶贪婪招致奇祸

贪婪是一切罪恶之源，贪婪能令人忘却一切，甚至忘记自己的人格：贪婪能令人丧失理智，使人做出愚昧不堪的行为。

56岁的马某，堪称哈尔滨市一位赫赫有名的人物。他坚持购买彩票，先后两次中得500万元巨奖，并多次中得28万元、30万元大奖，被人们称为“龙江彩神”。中奖后，他曾为社会献过爱心，资助过一些困难群体，并且向“希望工程”捐款10余万元。另外，他还给儿子在北京花130万元买了一处房产。除此之外，马某将所有资金均用于新一轮彩票投资。

多次中奖更加刺激了自己的中奖欲望，在获得大额巨奖后，他不断加大投注金额，每次少则四五千元，多则十几万元，1000多万元被他挥霍一空。后来，他苦于没钱购买彩票，便对外谎称自己承包了松花江清理淤泥工程项目，资金周转困难，以集资入股为名收集资金，并承诺翻番还款。朋友、邻居们等都知道马某多次中过大奖，纷纷投资入股。有的人见马某写下欠条，还当场将欠条撕毁，表示对“彩票王”的充分信任和完全放心。

但是，从2006年初开始，马某再也没有中过什么大奖，还款的事儿也不再提起。马某手中的钱花光了，便玩起了“捉迷藏”的游戏。一些债主很少知道马某的行踪，这才发觉上当受骗。

发现被骗，债主骆某等人就一直向马某追要借款，但马某四处躲藏。骆某等人就将马某带到租居地反锁起来轮流看守，拘禁达 40 多天。逃跑后，马某又被骆某等人抓回来，被殴打了 4 个小时扭送到公安机关。据马某交代，被拘禁期间，骆某等人为了探询他中大奖的诀窍，逼迫他说出哪些号码能够中大奖，这令他哭笑不得，“哪里有什么诀窍？全是瞎蒙的”。

马某，其实并不理解彩票的精髓。毕竟，两次中得 500 万元大奖，这个几率是很低的，可以说是老天眷顾。可是，他贪得无厌，以为不靠运气靠技术就能再得大奖，结果却是竹篮打水一场空。如果在中得两次大奖后，能够学做慈善，无论如何，结果会好得多。

我们来到这世上时，本来就是赤条条的，一无所有，是上苍赋予了我们生活、亲友以及思想和财物等，上苍待我们何其厚，使我们拥有了这么多、占据了这么多，可是我们却从来也没有满足过，依然在祈求上苍为我们降下更多的“甘霖”，这不是自己在给自己做对？因此，我们应当远离贪婪。

不贪人生之宝

世间之人多以名声利益为宝，或以稀有之物、珍爱之物为宝。其实，所谓“宝”，本身就是一个贪爱、一个贪执；因为有贪，才需要宝。身外的宝再多，还不如心中的一念知足、感恩之心值钱；贪欲重的人即使再富有、宝再多，仍是富贵的穷人，唯有“知足常乐”，才是真富有。不贪为富，不贪为贵，不贪才是宝。

春秋时期，宋国有人得到一块精美的玉石，想献给司城子罕。子罕拒不接受。献玉的人以为子罕怀疑玉石是假的，便说：“这块美玉我请玉匠给鉴定过，他说是块宝玉，所以才敢拿来献给你。”子罕回答说：“你以玉为宝，我以不贪为宝。如果我收了玉石，你失掉了宝，我也失去了宝。所以，我们还是各存其宝为好。”

经常听到有人抱怨：被人骗了！歹徒骗人的伎俩，不外乎这些：金光党用假钞骗真钞，不法商人用假货骗取金钱，不肖之徒用可怜相博取同情行诈骗，宵小之辈以花言巧语获得欢心行骗。

世间骗人的花样很多，一般人之所以上当受骗，除了少部分人因为基于恻隐之心，未经求证就听信于人，让歹徒有可乘之机外，受骗的原因，大都是因为贪心；贪心，才是受骗的最大原因。

世间形形色色的人，到处不乏骗子充斥人群。被人骗了，如果尚能承担，还算小事，人生最大的愚事，是自己骗自己。不能认识自己的居心动念，不能认识自己的因缘关系，“不知为知，不明为明”的自我伪装，虚张自己的条件，护短、恕己，都是自欺欺人、骗人骗己。

如何从蒙骗中解脱出来呢？唯有放弃虚妄、贪图，回归自我的真实面目，才能不骗人，也不为人所骗。（《星云大师谈智慧》）

2. 身贫心富

人生如月，月满则亏，凡事岂能尽如人意，但求于心无愧。其实，活着就是一种心态，当你心态平和，有所求而有所不求，有所为而有所不为，不用刻意掩饰自己，不用势利逢迎他人，不用做伪君子，做一个真真正正的自我，如此这般，人生就算失意，也会无所谓得与失，坦坦荡荡。即便身无分文，也能平平静静、快快乐乐生活，岂不也是一个丰富的人生？

▶ 贫穷同样快乐

日本喜剧泰斗、著名作家昭广的成长故事一直是日本的父母教育孩子的样本。在日本战后那段物质极度匮乏的日子里，这位老人的外婆用信念和智慧精心料理自己的生活，虽然身处困境，却依然用满腔的热情去搜索快乐和幸福，用真心去展露笑容。她不仅仅用自己勤劳的双手把生活打理得温暖而光亮，而且教会了外孙如何在困境中发现幸福和快乐，如何在挫折中保持坚强。

二战结束以后，因为生活的变故，年仅八岁的昭广被寄养在乡下的外婆家里。外婆家十分贫穷，昭广喜欢运动，外婆没有能力购买体育用品，就建议昭广练习跑步。因为跑步是不用花钱的。昭广后来竟然成了运动会的赛跑明星。

为了维持生活，外婆就在家门外的小河里横着放了一根木头，用以拦截上游漂浮过来的各种物品，穿破的衣物、不够新鲜的蔬菜、畸形的水果、树枝等等，外婆说这是她家的超市。每当上游漂下来很多东西的时候，看着这些“战利品”，昭广和外婆都会为这意外的收获而欢呼雀跃。树枝晾干就可以生火，长得不规则的萝卜切成小块儿以后味道与好萝卜一样，畸形的黄瓜切成丝以后味道与好黄瓜也没有两样。有时候什么也没有拦到，外婆会自言自语地说：“今天超市休息吗?”有一件事情昭广一直很奇怪。外婆每天从外面回来的时候，腰里都系着一根长长的绳子，绳子后面拴着一块什么东西，每走一步就发出嘎啦嘎啦的声响。他奇怪地问外婆，为什么故意拴一个东西影响自己走路呢？外婆笑着告诉他，那是一块磁铁：“光是走路什么事情也不做，多可惜，带着这块磁铁，你看，可以带回很多东西的，可以卖不少钱的。不捡起这些废弃的东西，老天是要惩罚的。”他看到外婆拿起磁铁，上面沾满了螺丝、钉子、铁条等，放进一个铁桶里——里面已经有不少类似的东西了。

昭广小学时的成绩一直不好，每门功课总是考 1 分、2 分、3 分。每当昭广把成绩单拿回家的时候，外婆看着成绩单就会说：“不错，加在一起不就是 5 分多了吗？人生就是总合力。”

昭广与外婆一起生活了八年之久，这些生活经历对于他日后的创作和成就影响巨大。

在开朗、乐观的外婆那里，昭广从她朴素而真挚的生活经历中学会了受用终身的东西：一个人如何面对艰苦和挫折，如何微笑着走出困境。

▶ 贫富由心主宰

世人有贫穷富贵之分，但是贫富并不仅仅决定于拥有多少钱财。有

很多富贵的穷人，他们家财万贯，可他们整天忙着挣钱，根本就没有时间来享受生活中简单的美好；也有很多贫穷的富人，从物质上来说，他们的确拥有的不多，可是他们的富足是由快乐自由的心境决定的，他们可以无羁无绊地尽情享受灿烂的阳光。其实，富贵与贫穷就在一念之间。

一个富人和一个穷人在海滩上相遇了，富人问穷人："你在这儿干什么?"

穷人高兴地答道："晒太阳!"

"这么穷，还晒太阳，怪不得富不起来。天气这么好，你应该出去干活！等挣足了钱回来以后，再好好地享受海边的阳光吧!"富人一边挖苦一边劝说道。

"可是先生，我现在晒着温暖的阳光，不是挺好的吗？为什么非要等到有钱以后再享受呢?"穷人反问。

有钱人百思不得其解，禁不住问道："难道你们穷人也会过得很快乐吗?"

"那当然，而且我想多快乐就有多快乐。"穷人答道。

其实，很多时候，我们之所以不快乐，是因为我们脑子里装着太多物质欲望和私心杂念。抛弃这些欲望和杂念，你就会变成一个简单、快乐的人。

有的人虽居天堂，犹处地狱；有的人虽处地狱，犹在天堂。贫富只在于心理上的满足与否，只要心满意足，穷人也可以像富人一样尽情地享受海滩和阳光。

一位母亲带着孩子到大城市一家医院看眼疾，由于手术费太高，无力承担，只好沿街乞讨。

某报记者获知此情况后，就他们的处境写了一篇报道刊发在报纸上，呼吁社会各界给他们母子俩以帮助。

没想到的是，这篇报道刊出的第二天，就有许多人来报社捐款。更没想到的是，竟有一个下岗工人，领着自己残疾的儿子来捐款。报社记者趁机采访这位下岗工人，问他为何在自己如此窘迫的情况下还要去救助别人。

那位下岗工人岁数并不大，但看起来比实际年龄苍老许多。他只说了一句话，却让那位记者回味了许久："穷人再拿出一点来，还是穷人，这是不会改变的。不同的是，当我看到被救助的人眉头舒展开的那一刻，我感觉到了自己内心的富有。"

多么朴实的话，却又涵盖了多少至理。一个人有没有钱不算什么，所拥有的道德和智慧才是真正的无价之宝。物质上的贫穷并不可怕，我们有手有脚，只要我们努力上进，一定可以衣食无忧。有人说，道不穷，才是真正的不穷。只有内心知足、满足的人，才懂得感受生活中的美好和感动，也才会创造美好和感动，他们才是真正富有的人！

心贪永远贫穷

托尔斯泰说："欲望越小，人生就越幸福。"这句话蕴含着深邃的人生哲理。贪得无厌的人永不知足，其最后的结局就是自我毁灭。古往今来，被难填的欲望葬送的贪婪者多得不可计数。

在一次场面不大的金穗卡宣传活动上，只因为要发放小小的、并不昂贵的纪念品——一些印着广告的彩色气球，整个现场竟然在刹那间失控，工作人员目瞪口呆地看着无数人蜂拥而来，推挤着、踩踏着，争抢着那些批发价只值三毛钱的气球。叫骂声，争执声，加上气球此起彼落的爆炸声，使整个宣传点乱成一锅粥。

一位现场目击者，在事后向笔者描述时，斩钉截铁地说："这些人，都是穷人。"

笔者提出异议："不见得吧，未必谁穷得需要一个气球？"

目击者神色认真地说："他们的穷，不是物质上的，而是他们有一颗穷人的心。"

"穷人的心"是什么样子的呢？应该就是那种总是贪心不足的"穷人的心态"吧！有"穷人心"的人，即使他家财万贯，也只能是个不折不

扣的穷人。

贪欲，实在是可怕得很！世间丧身害命的，往往都是由于贪欲的缘故。你看那飞蛾投火、鱼儿上钩，不就是贪欲所使的吗？你看那些因盗窃罪、奸淫罪而被囚禁在监狱的犯人，不都是贪欲所害的吗？

从前，张、王二人相约出游，他们在路上捡到一块金元宝，二人大喜，商量结果，公平均分。路上，姓张的对姓王的说道："这一块金元宝，让我们二人遇到，是当地城隍老爷有眼，给我们发财的机会，我们应该买些酒菜到城隍老爷的面前拜拜，感激他的恩惠。"

"这样很好，你去买菜，我在城隍庙前等你。"姓王的也很愿意这么做。

但此刻二人心中已各怀了鬼胎。

姓张的心中想："这块金元宝，两个人分，一人只有一半，这一半能用多久？"

姓王的心中也想："这块金元宝，两个人分，一人只有一半，这一半能用多久？"

贪欲心里起，恶向胆边生。姓张的想在酒菜里放些毒药，害死姓王的，他好一个人独得那块金元宝！姓王的见城隍庙中无人，准备了一把斧头，想害死姓张的，他好一个人独得那块金元宝！

张、王二人自以为想得妙计，对方绝不会知道。

当姓张的酒菜买来，正在向城隍爷求拜的时候，想不到姓王的一斧头从脑后砍来！

姓张的死后，姓王的欢喜非凡，正想拿着金元宝逃之夭夭的时候，忽然觉得饥肠辘辘，他想何不将供在城隍爷前的酒肉拿下来充饥？他一人自斟自酌，忽觉天旋地转，药性发作，片刻就一命呜呼了！

张、王二人因为贪欲过大，皆想独得金元宝，因此萌发害人之意，没想到到头来却害了自己！这是因果现报，也说明了一切罪恶都是从贪欲生起的。

古人说："人到无求品自高。"无求的境界就是无欲的境界，人能无欲，品格自然高尚，苦恼自然减少。

3. 控制欲望

人须有正当的欲望，但不能成为欲望的机器。金钱本身无所谓善恶，是人们对金钱不加节制的欲望，才使金钱成为所谓的万恶之源。就金钱物质本身来说，如果取用与使用得当，不仅是家中得力的帮手，而且可以给自己和他人带来幸福和满足。老子说："甚爱必大费，多藏必厚亡；故知足则不辱，知止则不殆。"意思是说，过度执著于权势地位，一定会磨损生命；财富储积过多，一定会失去很多。知足的人不会受辱，知止的人就没有危险。"知足之戒"可作为人处世的座右铭。

限制欲望范围

自古以来，许多人以这种人生哲学为生活的指南针，以保身于乱世中。

后汉时的疏广，以渊博的学识被朝廷征召为太子太傅，教导皇太子。五年后，当太子的学识有了长足的进步，他便引身求退，他说："吾闻知足而不辱，知止而不殆，功成身退，天道也。今官仕至二千石，宦成名立，如不去，惧后悔矣！"于是便辞官返乡。

疏广的一些好友见他这样做颇为担心，说"如此子孙无一文"，规劝他购置田产以遗后世。疏广不以为然，他说："留给子孙过多的财产，无疑是告诉他们可以怠惰。贤而财多，则损其志；愚而财多，则益其过。而且富者易招人怨，我不希望我的子孙犯错或得罪他人。"

疏广终得天寿而去世。后人提及他做人处世之道，均佩服地说："行知足之计，免殆辱之果。"此等人才称得上有大智慧。

"从欲惟危"，欲望本是促进社会进步的原动力，但如果欲望过度，就会带来许多不幸的祸害，甚至祸及社会、国家。所以，古人对于贪欲特别严以告诫。

霍光是骠骑大将军霍去病的弟弟。汉武帝时，他做了大司马大将军，权重一时。武帝去世时，他接受遗诏辅佐太子，以托孤大臣的身份，主持朝政，皇帝对他都有几分敬畏，举国上下都把他看成国家最高领导人。

14年后，年轻的昭帝病逝，没有留下亲骨肉，霍光和群臣拥立刘贺做了皇帝。刘贺是个淫棍加笨蛋，霍光建议废除了他，又迎立刘询做了皇帝。在这走马灯似的换皇帝的过程中，霍光起了十分重要的作用，他在朝廷的地位也越来越高，简直炙手可热，他的亲戚朋友们借助他的威势，飞扬跋扈起来，渐渐引起了许多人的不满。

刘询本来已有妻室，他感念结发妻子早先不嫌弃贫贱，立她做了皇后。霍光的老婆利令智昏，她嫌霍家的势力还不够大，一心要把女儿嫁给刘询，并想让自己的女儿做皇后，这样霍家的权威就如虎添翼，如日中天。霍光死后，刘询收到许多报告，揭露霍家罪行。刘询也考虑到霍家对自己的威胁，于是他开始削弱霍家的权力。而眼看着要走下坡路，握惯了大权的霍家不禁惶惶不可终日，他们一不做二不休，竟然商量废除皇帝刘询，然而他们发动政变的机密被泄露了出去。刘询下令逮捕了霍家老小，霍光的老婆和她的儿子、女儿、女婿们全部被处死，受株连的有1000多家。

这就是人心的欲望无止境所造成的悲剧，这种祸患不仅毁了自身，株连亲友，还累及子孙后代。

疏广与霍光两人迥然不同的结局，来源于个人对欲望的控制与否，疏广为人豁达，无欲无求，故而能急流勇退，才能享得天年。霍光则因为个人私欲膨胀，野心太大，最终落了个身败名裂，累及一家老小，乃至株连九族，真是可悲可叹，实为后人引以为戒。

私欲重必惹祸

人若是无所顾忌，就什么事情都能干得出来。虽然说“人不为己，天诛地灭”，但自私有个“度”的问题。极端自私者，就是失之于“度”，心术不正，胡作非为，其结果必然得不偿失。

李林甫一当上宰相，第一件事就是要把唐玄宗和百官隔绝，不许大家在唐玄宗面前提意见。有一次，他把谏官召集起来，公开宣布说："现在皇上圣明，做臣下的只要按皇上意旨办事，用不到大家七嘴八舌。你们没看到立仗马（一种在皇宫前作仪仗用的马）吗？它们吃的饲料相当于三品官的待遇，但是哪一匹马要是叫了一声，就被拉出去不用，后悔也来不及了。"

有一个谏官不听李林甫的话，上奏本给唐玄宗提建议。第二天，就接到命令，被降职到外地去做县令。大家知道这是李林甫的意思，以后谁也不敢向玄宗提意见了。

李林甫知道自己在朝廷中的名声不好。凡是大臣中能力比他强的，他就千方百计地把他们排挤掉。他要排挤一个人，表面上不动声色，笑脸相待，却在背地里暗箭伤人。

有一次，唐玄宗在勤政楼上隔着帘子眺望，兵部侍郎卢绚骑马经过楼下。唐玄宗看到卢绚风度很好，随口赞赏几句。第二天，李林甫得知这件事，就把卢绚降职为华州刺史。卢绚到任不久，又被诬说他身体不好，不称职，再一次降了职。

有一个官员严挺之，被李林甫排挤在外地当刺史。后来，唐玄宗想起他，跟李林甫说："严挺之还在吗？这个人很有才能，还可以用呢。"

李林甫说："陛下既然想念他，我去打听一下。"退了朝，李林甫连忙把严挺之的弟弟找来，说："你哥哥不是很想回京城见皇上吗？我倒有一个办法。"

严挺之的弟弟见李林甫这样关心他哥哥，当然很感激，连忙请教该怎么办。

李林甫说："只要叫你哥哥上一道奏章，就说他得了病，请求回京城来看病。"

严挺之接到他弟弟的信，真的上了一道奏章，请求回京城看病。李林甫就拿着奏章去见唐玄宗，说："真是太可惜，严挺之现在得了重病，不能干大事了。"

唐玄宗惋惜地叹了口气，也就算了。像严挺之这样上当受骗的还真不少。尽管李林甫装扮得很巧妙，但是，他的阴谋诡计最终会被人识破。因此，人们说李林甫是个“嘴上像蜜甜，肚里藏着剑”的人，心术不正。

李林甫当了十九年宰相，在他为相期间，一个个有才能的正直的大臣全都遭到排斥，一批批钻营拍马的小人都受到重用提拔。也就从这个时期起，唐朝的政治从兴旺转向衰败，“开元之治”的繁荣景象消失，紧接着出现的就是“天宝之乱”。李林甫自己也没落到好下场，他被人赶下了台，在忧郁中死去。李隆基下旨“削林甫官爵，子孙有官者除名”，“剖林甫棺，抉取含珠，褫金紫，更以小棺如庶人礼葬之”。

人过于自私，就会变得非常狭隘，处处只为自己着想，必然会丧失做人与做事的原则。在自私的人眼里，没有人不是他的对手和敌人，所以他总是采取“对付”的心眼待人，心机重，且心术很难端正。

从前，有一位妇人，年轻貌美，但心术不正。因为婆婆经常待在家中，她难得有寻欢作乐的机会，于是便在心里合计着怎么杀死婆婆。

终于有一天，妇人找到了机会。

“明天，山那边有个庙会，我陪婆婆一起出去走走，烧烧香。”她对丈夫说道。

第二天，妇人陪婆婆赶庙会。回来时，天色已晚。她们走在一条陡峭的坡路上，心存杀机的妇人假装一个踉跄，把年迈的婆婆狠狠地撞下了陡坡。看着婆婆骨碌碌地往下滚，妇人装模作样地哭了起来，悲悲切切地回到了家。

滚下山坡的婆婆被树挡住了。虽然后来找到了一条小路，但面对满天的星星，她悲痛欲绝。这时，她看到前面有两个人影，正背着东西朝她走来。婆婆想开口跟他们说话，不料嘶哑的嗓子却发出魔鬼般的怪声。那两个人大叫一声“鬼”，扔下东西飞快地跑了。原来，那两个人是盗贼。天亮后，婆婆背起盗贼扔下的东西，回到了家中。

妇人看到婆婆进门，吓得浑身战抖。这时，老人开口道：“我在山谷中，得到了许多财宝。”她打开了包裹，里面都是金银珠宝。儿子和妇人的眼睛都直了。“财宝太多，我年老体弱背不动，只能带来这么一点儿。”老人接着又说。

妇人听婆婆这么一说，又看看摆满一地的财宝，信以为真，贪念顿生。她说：“我也要去背回更多的财宝。”说完，她就急忙往那条山路赶去。在陡坡上，她顺势往下滑，可她却没有婆婆那么幸运。这一去，她就再也回不来了。

俗话说，害人之心不可有。心术不正，老天怎么会站在你这一边呢？只有心存中正，不贪不阿，才是做人与做事的原则，才能达到恰到好处的境界。

欲望胀易上当

欲望膨胀之人，往往容易失去理智，也更容易成为那些骗子狩猎的对象，在一个又一个充满诱饵的引诱下，他那无可遏制的欲望一步又一步膨胀起来，进而十分轻易、笨拙而又可笑的掉入别人设置的陷阱。

11 岁的布鲁克林和父亲在芝加哥一条热闹的大街上漫步。经过一家服装店时，门口站着一个笑容可掬的圆脸男子。他一见布鲁克林他们，立刻向布鲁克林的父亲伸出手来，一副兴高采烈的样子，并嚷嚷道：“先生您请进，欢迎您光临本店！我们有一种漂亮的服装，配您的身材再好不过了！今天大减价，您可别错过良机啊！”

布鲁克林的父亲说：“不，谢谢！”他们继续散步。布鲁克林回头扫了一眼，那位能说会道的推销员又缠上了另一个人。他抓着那人的胳膊，边向他介绍一种蓝色带条纹的套装，边拉着他进了店铺。

“这对康纳利兄弟呀，”父亲轻轻笑道，“他们靠装耳朵聋赚的钱已经供三个孩子上了大学。”

奇怪，装聋也能发财？接着，父亲为布鲁克林解开了疑团。

原来，那家服装店的两兄弟中的一个把顾客哄骗进店里，劝说顾客试试新装，这样前前后后摆弄一阵，顾客最后总要问道：“这衣服价钱多少？”于是这位康纳利先生（将顾客拉进商店的康纳利先生）就把手放在

耳朵上大声说：“你说什么？”

“这服装多少钱？”顾客高声又问了一遍。

“噢，价格嘛，我问问老板。对不起，我的耳朵不好。”

他转过身去，向坐在一张有活动顶板的写字台后面的兄弟大声叫道：“康……纳利……先生，这套全毛服装定价多少？”

于是“老板”站了起来，看了顾客一眼，答道：“那套吗？七十二美元！”

“多少？”

“七……十……二美元。”“老板”喊道。

于是他回过身来，微笑着对顾客说：“先生，四十二美元。”这时，顾客往往都自认为占了便宜，于是赶紧掏钱买下，溜之大吉。

这场骗局的妙处就在于康纳利兄弟的狡猾欺诈与顾客急不可耐的上钩配合默契。生活中这类事情也屡见不鲜。

4. 欣赏残缺

生命往往就是这样，你刻意追求的东西往往终生得不到，而不是你的期待反而会在你的淡泊平和中不期而至。

不要奢求完美

世上没有绝对完美的艺术品，更没有绝对完美的人。过于追求完美，常常会束缚自己，就像常把梦幻带到现实中的人，经常会感到失望和沮丧。不要说完美是尽善尽美，其实完美并非真的完美，即使上帝也做不到完美。如果这一切真的完美。世上怎会有那么多不公平？

一个男人来到一家婚姻介绍所，进了大门后，迎面又见两扇小门，一扇写着：美丽的，另一扇写着：不太美丽的。男人推开“美丽”的门，迎面又是两扇门。一扇写着“年轻”的，另一扇写着“不太年轻”的。男人推开“年轻”的门……这样一路走下去，男人先后推开九道门，当他来到最后一道门时，门上写着一行字：您追求得过于完美了，到天上去找吧。

这虽然只是一个笑话，但也说明一个道理：真正十全十美的人是找不到的，真正十全十美的事是没有的，我们不要过分追求完美。

生而为人，我们总是希望自己不犯错误，把任何一件事情都做得完美无瑕。我们害怕犯错，一旦犯了错，就常常责怪自己，在精神上肉体上都经受着极大的折磨。其实，何必这样呢，如果我们换一种平和心态，或许就是另一片天地。

想来天地都不齐全，何况小小的人乎！我们都是普通人，何必勉强，给自己一个放松的理由。要知道：不完美才是人生。追求完美是错误。生活中，多少失落、痛苦和不幸正是由自己追求完美才导致的。

每个人都在寻找完美，但过分的完美只会增加自己人生的负担。

快乐与痛苦就是四季中的夏季与冬季。如果你选择了夏天的鸟语花香，认为夏天会给你带来快乐，那么，你就无法再将冬天的白雪皑皑放在眼里。在你看来，那不过是一片失去一切生机的落寞。

其实，不管是夏季还是冬季，对你来说都不会产生太大的影响。风景处处都有，生活也一样照过。左右你情绪的只是你自己的内心感受。唯有放宽心胸，看到一切时你才能体验到不同季节所带来的美好感受。

18 岁的卢安是一名高中生。她满脑子都是想要成功的概念。她是个标准的全优生，踏进校门以来就一直如此。她每天花大量的时间拼命读书、做作业，因而没有时间过自己的生活。她简直就是一台储存书本知识的计算机。可是，卢安非常羞于和男孩子接触，长到这么大还从未同男孩子拉过手，更别说约会了。她养成了一种神经性抽搐的习惯，每当我们谈及她性格的这一方面，她的面部就会抽搐。卢安一心想做一个成功的学生，并因此而忽略了全面发展。

一位心理学医生问她："在你的生活中，什么更重要一些？是你的知识，还是你的感觉？"

卢安想了好久才说："我自己也搞不清楚。"尽管她是个出类拔萃的优等生，但她却缺乏内心的安宁，而且实际上非常不幸福。在询诊之后，她开始重视自己的情感，她用学习课程的顽强精神来学习新的思维方法。

一年之后，卢安的妈妈打电话给心理学医生，说她女儿在大学一年级英语考试中有生以来头一次得了个 3 分，她非常担心。医生告诉她，这是件大好事，正说明她女儿在其他方面开始有所用心，说明她在全面发展；当妈妈的应该带她到饭馆里好好庆贺一番。

事事追求完美，这会使你自己陷入瘫痪。不要让尽善尽美主义妨碍你参加愉快的活动，而仅仅成为一个旁观者。你可以试着将“尽力做好”改成“去做”。

追求最美心境

要想轻松地生活，就不要苛求生活。完美是一种理想境界，我们可以接近完美，但不可能达到完美。平和心态，不要无端地背上“完美”的包袱，这样才能生活得更轻松。

其实，世间许多事情并无所谓彻底的好坏对错，全在于你用怎么样的心情去体会它，怀着多大的心胸去承载它。当乐观多于悲观时，人生自然会一片光明。

一位家境贫穷的母亲带着她的小女儿行走在人头攒动的大街上。今天是小女孩的生日，母亲想要给她买一双鞋子。看着街上行人光鲜亮丽的着装和女儿身上破旧的衣服，母亲深深低下了头，紧紧攥住小女孩的手。

“妈妈，你看，你看!”忽然，小女孩兴奋地叫了起来，她拉着母亲的手，来到了一架摄像机前。

“妈妈，我们照张相吧。”小女孩说道。

“可我们没有太多钱，一会儿还要给你买鞋子。”母亲很为难。

“妈妈，我不要鞋子，我们两个照一张照片吧!”小女孩说。

“可我们的衣服太旧了，照出的照片会很不好看。”母亲低声说道。

“可我们的笑容每天都是崭新的啊!”小女孩开心地说。

一旁的摄像师听到小女孩的话，决定免费为她拍摄一组照片。照片冲洗出来之后，他将其挂在了自己的橱窗里，并为照片命名为“最美的心境”。

想想生活中的我们，是否能够像那个小女孩一样，拥有如此美好的心境。即使衣衫褴褛，却也能坦然而从容地将笑容时刻挂在自己的脸上。很多时候，我们都比那个小女孩幸运得多，也拥有得多，但是，我们却很少能够拥有那样单纯的快乐。现实中的我们，总是像一个时刻遭受着苦难而被快乐遗弃的孩子一样，苦守着生活所带来的一大堆琐事，愁眉不展，甚至肆无忌惮地发泄不快，让自己和别人的心情都变得更加糟糕。

契诃夫在他的《生活是美好的》一文中的文字让人们得到追求成功路上的安慰：

要是火柴在你的衣袋里着火了，那你应该高兴，而且感谢上苍：多亏你的衣袋不是火药库。

要是有穷亲戚上别墅来找你，那你不要脸色发白，而是要喜洋洋地叫道：挺好，幸亏来的不是警察！

要是你的手指头扎了一根刺，那你应当高兴：挺好，多亏这根刺不是扎在眼睛里！

要是你有一颗牙痛起来，那你该高兴：幸亏不是满口的牙痛。

契诃夫在文章最后写道：“依此类推……朋友，照我的劝告去做吧，你的生活就会欢乐无穷了。”

契诃夫这篇文章的标题是“向企图自杀者进一言”，大概是作者的幽默用语，所有的人都可以在这篇文章中得到启发：快乐和幸福不是由你的地位、你的财富所决定的，而是由你的心境、你的感受所创造的，因此只有追求最美心境，才能拥有最大的快乐。

残缺丰富人生

过于追求完美，或者凡事都想万无一失，反而会和预期的结果越来

越远。世界上不可能完美，更加不可能看不到缺失。在无法改变的时候，就应该去理解甚至是欣赏残缺。

在现实生活中，人们总在追求完美，欲望无止境的人们，追求完美的心态似乎无止境，然而人生却总是有缺憾。事物的本来面目就是这样：世事大多并不完美！

如果你太苛求完美，到最后连你应该得到的都可能失去。世界万物皆不完美。人生总有缺憾，当你凡事苛求时，结果可能只因沉重的心理负担而不快乐，当你对自己生活中所追求的东西作出放弃的时候，你一定要记住法国伟大的思想家、人生大师蒙田所说的话：这个世界上，没有完美的东西。否则，你就会无法实现人生的梦想。

有一个人非常幸运地获得了一颗硕大而美丽的珍珠，然而他并不感到满足，因那颗珍珠上面有一个小小的斑点。他想，若是能够将这个小小的斑点剔除，那么它肯定会成为世上最珍贵的宝物。于是，他就下狠心削去了珍珠的表层，可是斑点还在；他又削去第二层，原以为这下可把斑点去掉了，殊不知它仍旧存在。他不断地削去了一层又一层，直到最后，那个斑点没有了，而珍珠也不复存在了。

那个人心痛不已，并由此一病不起。在临终前，他仍无比懊悔地对家人说："若当时我不去计较那一个斑点，现在我的手里还会攥着一颗美丽的珍珠啊！"

真正的幸福，其实不是让我们冒着背负终身之憾的危险，刻意剔除对方身上那一点点微不足道的瑕疵，而是要我们把握好自己手里的那一颗实实在在的珍珠，容忍缺憾珍惜所得，从彼此心灵的和弦里感受到真正的幸福。

的确，世间万物不可能总是十全十美的，这不仅是一种现状，也似乎是一种规律，就像我们的心情不可能总是晴天、人们的相貌也不总是俊男靓女一样，"残缺"总是不可避免地要出现在各自的生活里。

"找一片最完美的树叶"，人们的初衷总是美好的，但是，如果不切实际地一味找下去，最终往往只会吃尽苦头。直到有一天你才会明白：

为了寻求一片最完美的树叶，而失去许多机会是多么得不偿失。

5. 平和心态

拥有一份平和心态，踏踏实实做事，品百味人生，尝酸甜苦辣。带着微笑，带着快乐，带着好心情，走向你的人生旅程。

享受阳光心态

阳光心态是知足、感恩、乐观开朗这样一种心态，是一种健康的心态。常用良好心态、宽容的眼光看生活，一切都会变得简单、从容，快乐从此就会如影随形。

我们享受生活，要建立积极的心态。阳光心态是知足、感恩、乐观开朗这样一种心态，是一种健康的心态。具备阳光心态可以使人深刻而不浮躁，谦和而不张扬，自信而又亲和。

一位智者每天都会看到一个枯瘦如柴的老婆婆坐在石头上哭。他非常不解，走过去问："老人家，你为什么每天都在哭啊？有什么伤心事可以告诉我吗？也许我可以帮你。"

这位老婆婆满腹忧伤地回答道："唉，你不知道，我整天都在为我的女儿发愁啊！我的大女儿是卖布鞋的，小女儿是卖雨伞的。天晴的时候，大女儿的布鞋很好卖，可小女儿的雨伞卖不出去，我就为小女儿发愁；下雨的时候，小女儿的雨伞很好卖了，但大女儿的布鞋却无人问津，我又得为大女儿发愁。我的命真苦呀，无论是天晴还是下雨，我都有发愁的事，你说我能不愁吗？"

智者听完后，对老婆婆说："老人家您能听我的，我就有办法让您从此高兴起来。"

老婆婆瞪大眼睛困惑地说："你说说看，怎样能让我高兴起来。"

智者说道："老人家你只要这么想，就能立马高兴起来。天晴时你就想这天气真好，大女儿布鞋正好卖了；下雨时你也可以乐滋滋地想道，这天气真好呀，小女儿的雨伞有市场了。如果你这么一想，忧愁就会离

你远去了。”

老婆婆听智者说完，低头沉思了一会儿，乐滋滋地笑了起来。

从此，那个坐在石头上哭哭啼啼枯瘦如柴的老婆婆再也不见了，代之而起的是一位脸色丰满红润、整天笑嘻嘻的快乐老婆婆了。

“心是晴的，天阴也是晴。心是阴的，天晴也是阴”。人的一生就像一架天平，乐观在左盘，悲伤在右盘。如果你的天平总是像泥泞的一方倾斜，那么，请换一个角度，尽情地去享受阳光心态带给你的享受。

让自己“心不动”

佛曰：人生在世如身处荆棘之中，心不动，人不妄动，不动则不伤；如心动则人妄动，伤其身痛其骨，于是体会到世间诸般痛苦！

唐朝时，在广州法性寺举行的一次讲经会上，两位僧人对着风中一面翻飞的布幡，争论布幡飘动的原因。一个说：如果没有风，幡怎么会动呢？所以说是风在动。另一个反驳：没有幡动，又怎么知道风在动呢？所以说是幡在动。二人各执一词。六祖慧能听后对他们说：既非风动，也非幡动，是二位的心在动啊！

明代官员曹鼐一次捕获一名女盗，二人独处一室，女盗屡以色相诱之，曹不为所动，书一横幅“曹鼐不可”贴于墙上。是啊，曹鼐的“心不动”，是因为他们把自己的名节看得比什么都重要。

心动很简单，每个人，每一天，每一秒，都必须心动，心不动，也就完蛋了。当然，更深层意义上的心动，是一种情感神经末梢的触动，重感情的人往往波动比较大，受伤的机会也比较多，受伤后基本上很难复原，犹如心死了人也就死了，这种症状没有药物可以治疗。为什么有些人可以耐得住寂寞，而有的人就耐不住呢？其实都与各人的自控能力有关。

心不动，就要遵守办事的规则。一个瑞士人到海外旅行，回来时将一颗宝石藏在鞋里企图不通过纳税入境，结果被当地海关查出遭到扣留。

与瑞士人同行的犹太人看到这种情况时，奇怪地问道："为何不依法纳税，堂堂正正地入境?"按国际惯例，像宝石之类装饰品的输出费，一般最多不超过8%，如果照章纳税，堂堂正正地进入国境，若想在国内把宝石售出时，只要设法提价8%就行了。因此说，犹太人的依法纳税实在是一个明智之举。按规矩办事，心就不会乱动，自然也不会给自己制造麻烦。

心不动，就要顺应客观规律办事。顺应事物运行的客观规律，就能占尽天时、地利、人和，违逆了客观规律，天时、地利、人和将尽失，所以就会见财起意，结果伸出了手，而伸手必会被捉。心不动，就要公正办事。

范仲淹当宰相时曾经办理过这样一件事：他挑选了一批精干的官员，到各地去检查看看那里的官员是否称职，不称职的就在名册上画一个圈，结果有不少官员的名字被圈起来了。他的手下知道范仲淹要把画了圈的都免去官职，就劝他说："你勾掉一个人的名字是件容易的事，可你知道，这一笔下去，他的一家人都要哭了。"范仲淹说："一家哭，总比千家万户哭要好。"

一个人办事公正，他的心自然没有私欲；一个人办事能正，他的心自然不存偏见；一个人办事能明，他的心自然没有隐情；一个人办事能大，他的心自然深涵广博。

学会改变自己

人生之路，旅途漫漫，虽然每一个人都有追求理想的职位、良好工作环境的美好心愿，但生活总是不按照我们美好的愿望来安排，道路总是九曲十弯。

在威斯敏斯特教堂地下室里，英国圣公会主教的墓碑上写着这样的一段话：当我年轻自由的时候，我的想象力没有任何局限，我梦想改变这个世界。当我渐渐成熟明智的时候，我发现这个世界是不可能改变的，于是我将眼光放得短浅了一些，那就只改变我的国家吧！但我的国家似

乎也是我无法改变的。当我到了迟暮之年，抱着最后一丝努力的希望，我决定只改变我的家庭、我亲近的人——但是，唉！他们根本不接受改变。现在在我临终之际，我才突然意识到：如果起初我只改变自己，接着我就可以依次改变我的家人；然后，在他们的激发和鼓励下，我也许就能改变我的国家。再接下来，谁又知道呢，也许我连整个世界都可以改变。

一个人在山路上捡到一只幼小的狮子，便抱回家喂养。他对狮子无微不至，给它喂以精美的食物，给它梳毛，给它洗澡。狮子对他也亲密无间，扒他的肩膀，舔他的手脚，陪他散步，和他戏耍。狮子在他的怀中渐渐长大，长成一只威猛的雄狮，也温顺得如一条家狗。

有一天他忽发奇想：骑着狮子旅游。于是他骑上了狮子，踏上了旅程。一路上狮子很听话，平稳地驮着他。所到之处人们对他夹道喝彩，他更神气了。路上有人问他："狮子不会吃你吗？"

他说："那怎么可能呢！"

路上有条狗问狮子："你怎么不吃他？"

狮子说："那怎么可能呢！"

一天他们要穿过一片沙漠，路上遇到了风沙，水和食物都被卷了去。他在痛心之时也还去安慰狮子："朋友，忍着点，等过了沙漠，我让你饱吃一顿。"并跳下来步行。一日过去了，狮子饿得围着他打转；两日过去了，狮子饿得舔他的手脚；三日过去了，狮子对他进行轻轻的撕咬；四日过去了，狮子向他龇起了牙齿；第五日，饥饿的狮子向他瞪起了血红的眼睛，在他正要上前抚摸它时，狮子奋力一纵将他扑倒，瞬间把他撕成碎片。至死他都不明白，狮子怎么会吃了他呢？

故事里主人公的可悲之处在于，他没有看到狮子的本性。即使经过多年的相处，狮子收敛了凶猛的本性，但想让它彻底改变却是不现实的，主人公的下场也就可想而知了。其实，将道理放到人与人之间也行得通。

人们总是用自己的尺度要求别人，希望周遭环境顺应自己的要求，其实这是大错特错。周围的人是不会为你作任何改变的，如果不认识到这一点。人便总会处于茫然失落的状态。其实，人之于环境唯一能做的就是改变自己去适应它。看清这一点才会少些不切实际的幻想。

严冬里绽放的梅花，不会要求冬天变暖，而是在严寒中使自己变得更坚强；海浪中飞翔的海燕，不会要求海面平静，而是在巨浪中使自己变得更勇敢。青松经由改变自己，才有了扎根岩石坚忍不拔、百折不挠的精神；草经由改变自己，才有了耐得住寂寞，用生命装点大地的气概；小溪经由改变自己，才有了向目标奔去、义无反顾的精神。既然无法改变环境，又不甘于落后，那就从改变自己开始。改变自己，生命因此而斑斓……

6. 知足常乐

知足常乐，知足得福，乃千古箴言。这里说的知足，并非学业和事业上的不思进取，而是针对无休止的奢求和欲望而言。追求幸福、满足欲望，是人与生俱来的本能。但若无休止地追求，对人却是一种伤害。老子曾经说过："乐莫大于无忧，富莫大于知足。"

知足快乐无限

知足、乐观是一种健康的心态。它能让人心境良好，人际关系正常，适应环境，并力所能及地改变环境。知足感恩的心态可以使人深刻而不浮躁，谦和而不张扬，自信而又亲和。

摩偷罗国有一位富翁，他拥有百万财宝，因管理不善，逐渐贫穷，最后只剩下五万元了。他心想："如果这样下去，我很快会饿死的。与其如此，不如出家当和尚，出家以后，可用这五万元来买药物和衣服。"

他果然到优波笈多圣者的地方出家。但是，他对那五万元耿耿于怀，所以，每天吩咐一个小沙弥去查看。

有一次，优波笈多对他说："出家之道，在于寡欲知足，不能贪婪无厌。所谓寡欲知足，就是要能满足于稍许的欲望。你那五万元预备做什么呢？因为出家人不用钱，干脆用来供养全体僧众好了。"

虽然，圣者再三劝告，无奈他视财如命，不肯听从，只结结巴巴地表示："这笔钱是用来买衣服、买药的。"

遇到这种情况，圣者只好善巧方便，带他进入庙里，大显神通，拿出十万现款让他看，同时说："十万元给你买衣服和药，你先把那五万元拿出来施予僧众。"

修行者欢喜之下，立刻拿出五万元施予僧众了。

后来，经圣者耐心教导，他终于看淡了金钱和利益得失，最终修得正果。

钱财乃身外之物。这句话可能大家都听过，但是真的达到视钱财如粪土境界的人却不多。面对金钱，很多人都禁不起诱惑，到手的钱财更不愿布施于人。但是，要知道，金钱在自己手里，或许是一种累赘，或许会促成犯罪。但是，如果拿出钱财去做有益的事、去帮助需要的人，那金钱就成了一种高尚，这么做的人也能得到真正的快乐。

可惜当今社会有种怪现象：我们的财富在增加，但满意感却在下降；我们拥有的财富越来越多，但是快乐越来越少；我们沟通的工具越来越多，但是深入的交流越来越少；我们认识的人越来越多，但是真诚的朋友越来越少；房子越来越精美，破碎的家庭也越来越多；道路越来越宽，但我们的视野越来越窄；楼房越来越高，但我们的心胸越来越窄；我们的收入在增加，但是我们的道德水平在下降；我们的自由在增加，但是我们的快乐在减少。对此，我们不禁要问：究竟哪里出了问题？是我们的心态出了问题，就因为我们越来越不知足、越来越贪心，所以越来越不快乐。

▶ 享受淡泊自我

生活就是一出戏，每个人都扮演一个角色，社会的惯性观念要求扮演者的行为举止应和角色相符，否则就会遭到排斥或者讥笑。于是，作为扮演者的我们便只好努力地去迎合剧情、取悦别人，希望得到多数人的认可，却唯独忘记了自己的内心。

淡泊人生并非消极人生，而是自知、自重，既有理想又不好高骛远，既有追求又不过分奢望。淡泊似高山流水，若出水芙蓉。

淡泊是人生的一种坦然，坦然面对生命中的得失；淡泊是人生的一种豁达，豁达对待人生中的进退；淡泊是对生命的一种珍惜，珍惜眼前而不好高骛远。淡泊可以使你真正地享受人生，让你在努力中体验欢乐，在淡泊中充实自己。拥有淡泊的人是幸福的，淡泊使人心更加宁静，更加自由，没有羁绊。淡泊是不慕名利，远离喧嚣和纠缠，走向超越。淡泊是在遭受挫折时仍有与花相悦的从容，淡泊是别人都忙于趋名逐利时你仍然保持恬静。淡泊是一种修养，一种气质，一种境界。

淡泊的人生是一种享受，守住一份简朴，不再显山露水；认识生命的无常，时刻保持一种既不留恋过去，又不期待未来的心态。宠辱不惊，去留无意。走一程蓦然回首，你会发现，其实幸福离你只有一个转身的距离。淡泊人生，并非消极逃避，也非看破红尘，甘于沉沦。淡泊是一种境界，要做到真正的淡泊，没有极大的勇气、决心和毅力是不可能做到的。在生活中放下思想包袱，不必为丢失了找不回来的东西所累。换句话说，千万不要把不愉快的心情堆积在心里，让我们给心灵做个大扫除，把沉重的东西统统丢掉，轻装上阵，用轻松的心情去迎接每一天。

清晨，常再盛睁开眼睛，阳光已照到床头。一个小时之后，他就扛着鞋箱，走上街头给人擦鞋去了。这是常再盛 2007 年第三次“隐瞒”了自己的身份，在四望亭附近擦皮鞋。

夹在几位衣着破旧的擦鞋匠中，他有说有笑，手法娴熟、专业。

常再盛觉得，在一双双布满灰尘的皮鞋面前，他找到了一种纯净的愉悦，找到了生命的本真，找到了自己作为一个活生生的“人”的“尊严”。

在普通人眼里，常再盛不可谓不成功：扬州大学艺术学院设计系主任、扬州大学佛学研究所副研究员、清华大学美术学院高级访问学者。作为一个著名的雕塑家，他有房有车，生活宽裕。

不过，常再盛一点也不像有钱人，十双袜子，五双有补丁。

在此之前，常再盛一直在苦苦寻找“尊严”在哪里。他说：“作为一名大学老师，在校长面前，我要毕恭毕敬；在学生面前，我要有‘师道

尊严’。可是，这两个‘常再盛’，是真正作为‘人’的常再盛吗？还是一部社会机器？”他常常感到自己不能解答“我是谁”、“尊严在哪里”。

他虽然也是坐在那里擦着鞋，但仍有一种和普通擦鞋者不同的气质。

他享受的，是一种状态。

2002 年的大年三十，他花 100 元租用了一辆三轮车，上街做了一天的人力车夫，寻找“自我”。中午，在甘泉路，一个学生从他面前骑车而过，不久又折返：“是常老师？”学生不相信自己的眼睛。

常再盛认为，“真正的自我”就是放下一切物化的执著，像一个擦皮鞋者那样去诚实而投入地生活。擦皮鞋让常再盛明白，要做到“自我”，就得给自己的生活做一个“加法”，学会宽心；多做点“减法”，去掉一点贪婪、一点奢侈，甚至一点执著。

扬州大学教授三度街头擦鞋，教授是活出了自己的味道，一个人长期从事一项工作，每天三点一线的生活，每天对着枯燥的书本、论文，久而久之便会麻木了，尝试一下，做点别的工作，感受另一种生活的滋味，感受另一种艰辛和生活体验，不仅活出自己的个性，也会从中悟出一些做人的道理，同时使自己的生命之树常青，就如一个人长期在室内工作，忽然有个机会可以去拥抱大自然或是让大自然拥抱，那种感觉是很不错的！一个人，最难的是不随波逐流，活出自己的本性，活出自己的味道。

现实中人囿于各种条条框框活得总是十分压抑。从小到大，大人们苦口婆心，做人要安分守己；老师们循循善诱，做人要循规蹈矩；让我们如同生产线上的零件，铸成了一模一样的。为了自己，为了心情，为了感觉自己是为自己而活，学会淡看名利，活出本真的自我。

简单才能快乐

古人云：“养心莫善于寡欲。”我们如果能够把握住自己的心，驾驭好自己的欲望，不贪得、不觊觎，做到寡欲无求，役物而不为物役，生活上自然能够知足常乐了。

几年前，马思尼自己创业当老板，年收入超过 50 万美元。不料，就在公司的业绩如日中天的时候，他突然决定把公司交给太太经营，自己则转到一家大企业上班，月薪骤减为 6000 美元。周围的人都无法理解他：“你到底在想什么？”

马思尼透露，当时他的想法很简单：对方应允他可以拥有一间单独的办公室，旁边摆着一台音响，每天愉快地听着音乐工作，而这正是他一直最想过的日子。

马思尼并不想做大人物，所以，他也从不认为男人就一定要当老板，有些事其实可以让给女人做。不过，他观察到大多数的男人好像都非得做个什么头儿，觉得有个头衔才有面子。

以前，他也有过同样的想法，到后来则发现这其实是“自己给自己的枷锁”。于是，他渐渐学会“欣赏”别人的成就，而不是处处跟别人比。“我跟别人比快乐!”他说，也许别人比他有钱，做的官比他大，但是，却比他活得辛苦，甚至还要赔上自己的健康和家庭。

马思尼说，他这辈子最想做的是当一名“义工”，虽然没有名片，也没有头衔，但却是一个非常快乐的人，“我希望能在 50 岁之前，完成这个心愿”。

平淡的日子不会永远平淡，只要怀有淡泊的心境和一生一世永不放弃的追求，给自己一个宁静的心态，也一定能获得生活馈赠给你的那份欢乐与收获。

人生活在这个社会中，不可能事事顺心。或许一生的努力都是徒劳，或许高官厚禄、巨额钱财在顷刻之间就会离你而去，荣耀风光成为黄粱一梦。一些人老谋深算，为了争名夺利，不择手段地算计他人，可在突然之间却已被他人算计。人何必活得这么辛苦？因此，知足常乐是人生幸福的重要前提。如果你渴望轻松，渴望真正地获得生命的意义，那么请记住——知足才能常乐。

知足常乐，方能成大器，方能攀上高峰！在物欲、名利横流的当代，有志者更应守住这份知足，才能保持这份快乐的心情。

心灵健康才是最大幸福

——星云大师谈幸福

生活中的幸福常如一缕温暖的阳光，如一席徐徐的春风，如一首优美的旋律，无时无刻不滋润着人们的心灵，让人们在成长与成功的途中一路开花！

1. 来源于心态

积极的心态是心智的健康营养，它能让一个人充满自信、受人喜欢、知足常乐、倍感幸福，更重要的是它还能让人改变自我、改变世界。

▶ 地狱与天堂

我们可以想出天堂，也可以想出地狱，天堂地狱其实就在我们的一念之间。有的人贫无隔宿之粮，但是安分守己，感谢国家社会的护佑，深觉祖国的可贵；有的人，洋房汽车，丰衣足食，但他怨恨国家苛捐杂税，一直想移民他乡。所以，究竟是生活在天堂，还是身处地狱，就要看自己的心怎么想、怎么抉择。

有个人养了一条狗和一只猫当宠物，每当他喂小狗的时候，小狗心里就想："主人这样爱护我，从来没有要我回报，这么一个大慈大悲的人，难道他是一个神明吗？"

可是当他喂小猫的时候，小猫心里却在想："这个人每天都给我美味的食物，对我百般殷勤，难道我是神明吗？"

同一个人、同样的对待，猫和狗的想法却有这么大的悬殊，可见世上的事是非、善恶、好坏很难确定，也没有绝对的标准，这些评定往往取决于个人的不同想法。

有一个人，在他穷困潦倒的时候，曾受朋友一餐之赐，后来有所作为，他以良田百亩回赠朋友，正所谓“滴水之恩，涌泉以报”。

另有一人，在穷途末路的时候，有一个朋友收留他，供给食宿；后来朋友家中人口增多，实在不够居住，便在隔壁租了一间房子，请他迁居。但此人却怀恨在心，誓言要把朋友弄得家破人亡。

所谓一斗米养了一个恩人，一石米养了一个仇人。施恩的人的心都是一样的，只是接受的人的不同想法才产生了截然不同的结果。

世间事都在自己的一念之间，当我们以圣人之心看世人，一切人都是圣人；以盗贼之心看人，则所有人都是盗贼。因为想法不同，就有天堂地狱之别。（《星云大师谈幸福》）

很多时候，自己的想法可以左右自己的感受，快乐的、痛苦的，欣喜的、悲痛的……所以，我们遇事不妨从多个角度去看、去想。即使原本看来很痛苦悲哀的事，换个不同的角度，或许它看来就没那么糟糕，反而会带来其他好处，这样一来，就变成了好事，我们的内心自然也就得到了快乐。

朋友送给小王一盆牡丹花，奇怪的是每朵花的边缘都参差不齐。

有人就说了：“牡丹花象征富贵，现在你这盆花的边缘不圆，表示富贵不圆满。”

小王一听，赶紧把牡丹花送还。

朋友听了他的理由，笑说：“你也可以解释成富贵无边呀！”

一个人的思维模式，不能只是直线的，也不能只是单向的，凡事要从前后、左右、上下、正反等多方面去思考；也就是说，当事情陷入胶

着状态时，不妨换个角度来看，往往就会出现转圜的余地，就是另一片开阔的天。

恋爱失败了，你想：以后可能会有更好的对象。失业了，你告诉自己：也许明天会有更好的就业机会。大雨天，不能外出，不能运动，不好受，转念一想：下雨天正好可以在家读书。

换一个姿态

人生有许多不满和抱怨，总觉得生活中的一切都充满了叛逆和自我，其实只是因为站在一个角度太久了。如果能够换一个角度，换一种姿态，生活的另一面就会展现在你的眼前。一种生活方式，一样的人生总会觉得乏味和不堪，那么试一试其他的角度和姿态，人生就不同。

有一天，A 拿给 B 一份报纸，要他做一个实验。

第一个问题：假如你知道有一个女人怀孕了，可是她已经生了八个孩子，其中有三个孩子是聋人，两个孩子的眼睛是瞎的，还有一个是先天的智力不足，而这个女人本身还患有梅毒。请问，你会建议她去堕胎吗?

B 刚刚要回答，被 A 制止了，然后问了第二个问题。

第二个问题：现在要选举一名领袖，而你手上的这一票非常关键，下面是三个关于候选人的情况介绍。

候选人 A：与一些不太诚实的政客有所来往，会一些占卜学知识，曾经有过婚外情，是一个老烟鬼，而且每天喝 8～10 杯的马丁尼。

候选人 B：他曾经有两次被解雇的记录，每天睡觉睡到中午才起来，大学时期就开始吸鸦片，每天傍晚会喝一杯威士忌。

候选人 C：他是一位受勋的战斗英雄，绝对的素食主义者，发生过婚外情，不抽烟，只是偶尔喝一点啤酒。

请问你会在这些候选人中选择谁作为领袖?

B 把答案写到纸上，然后 A 开始公布答案：

候选人 A 是富兰克林·罗斯福，候选人 B 是温斯顿·丘吉尔，候选人 C 是阿道夫·希特勒。

B听到这样的答案非常意外，A说："你选择了希特勒，那么，你会建议那个女人去堕胎吗？"

B说："这个问题就不必考虑了，我们受优生优育教育很多年了，就别给社会增加负担了。我还是建议她去堕胎。"

A说："你杀死了贝多芬，她是贝多芬的母亲。"

B又一次惊讶万分，A说："你觉得你选择的都是最正确的答案，结果却扼杀了天才贝多芬，创造了希特勒。"

最后的总结是：不要用既定的价值观来思考一切事物。

当你觉得自己的选择最正确的时候，不妨用乐观的心态去看待一下那些你觉得错误或不喜欢的人和物，换一种角度，换一个方式，也许事情就会和你想象的完全不同，而且可能会更加完美。

苦变甜魔力

把苦变成甜，是一种生存技能，体现的是人的生存能力。每个人都可以拥有这种技能，每个人都可以提高这种生存能力，无论你是在偏远的地区，还是在繁华的城市，都应该学会这种生存技能。那样，才可以为自己淡化生活中的悲苦，给自己的生活增加欢乐的色彩。

在一个偏远的地区有一个小村庄，那里生活条件艰苦，生活环境恶劣，没有现代高科技的交通技术与设施，更没有现代高科技的通信技术与设施，唯一可以与外界联系的，就是距小村庄十五公里外的邮局。

有一位邮递员，他每天都要走一条十五公里的道路，往返于邮局与村庄。他从年轻时便开始做这份工作，二十年转眼过去了，他仍然同过去一样，日复一日，将传达感情的信件送到分散在各处的收信人家里。

这些年的时过境迁，虽说不上沧海桑田，但一年四季的风景换了又换，周围的景物变了又变，唯有从邮局到小村庄的这条道路，从20年前到现在，始终没有树荫，始终没有花木。这是一条孤独的道路，是一条寂静的道路，是一条了无生气的道路。邮递员多少年来都只能听着自己踩着脚踏车的声音，目之所及，唯有道路上的尘土飞扬与天空中的闲云。

回到家里，还要洗去那满身的尘埃，厚厚的灰尘。

有一天，邮递员突然感慨，不知道这条路还要荒凉到什么时候，他自己还要走多久。每当他想到他必须每天都在这条无花无草无树，却充满尘土的道路上度过自己大半人生时，他的心中总是会生出些许遗憾。

那一天，他送完了信，满怀心事，准备回去。当经过一家花房时，他停下了脚步。花草植物扎根后可以使尘土固定在大地上，那样，尘土也会减少了。想到这，邮递员走进花房，细细了解了花房里的花草植物种子，买了一大把花子、草子和一些扦插就可以成活的植物。

第二天清晨出门时，邮递员带上了这些种子，他把种子撒在了往返的道路旁边。这样，好几个月过去了，他没有间断播撒种子的工程，不时还会像小孩子般从自行车上跳下来，蹲在路边扦插枝条。

也许是没有被风卷走，也许是撒对了地方，没有多久，在那条已经荒凉了20年的道路两旁，竟然冒出了很多可爱的绿色小精灵。没过多久，有的就开出了花朵，不同颜色的花朵，热闹地挤在一起，使人看见了颇为舒适。

时间久了，邮递员发现一年四季都有花看，春天开黄花，夏天开粉花，秋天有白花和黄花，四季轮着开，不愿停歇似的。对村庄里的人来说，邮递员带来的种子和花香，比以往邮递员送来的任何一封邮件，更令他们开心。

邮递员每天在花香四溢，而不是尘土飞扬的道路上行驶，他不由得开心起来，吹起了只是在孩提时代才吹过的口哨，有力地踩着脚踏车，他不再是孤独愁苦的邮递员了。

邮递员在自己改造环境的过程中收获了很多快乐，为他每日工作带来了前所未有的好心情。邮递员把工作由苦变成甜，自己收获了快乐，也给别人带来了欢欣。

2. 要轻松自在

星云大师说，婆娑世界充满了痛苦、无奈、委屈、不平，如何才能活得自在？唯一的办法，是以自己的般若智慧找到心中的净土。

一个懂得生活、追求幸福的人，要让自己活得轻松、自在，一定要像行云流水一样，自由自在，不要因为名缰利锁而自我束缚、自我设限、自我封闭。

放下身段

星云大师：处境愈顺遂的人，一旦不如意的时候，他就愈放不下。在感情、事业上受了挫折，在金钱、名誉上受了损失，乃至学生考试失利了、竞赛落败了，他们就觉得前途艰难，严重者甚至会产生自杀的念头。

对于起起落落的人生，有一句名言：放下身段！因为世间终究是“花无百日红，人无千日好”，能够放下身段，才能“放得下，提得起”。贵如清朝的宣统皇帝，原为九五之尊，但是到了最后却在北京的中山公园做一名清洁工。如果他不能放下身段，又怎么能生存于世间呢？

有一个婆罗门外道，一次带了两个花瓶去见佛陀。佛陀一见面就叫他“放下”，婆罗门依言放下手中的一只花瓶。

佛陀又叫他“放下”，他又放下了另一只花瓶。

佛陀又说：“放下！”

婆罗门不解：“我已经都放下了，你还要我放下什么呢？”

佛陀说：“我叫你放下，不是叫你放下花瓶，我是要你将傲慢、骄瞋、嫉妒、怨恨等不善的念头与不好的情绪，都要放下。”

功名富贵人人追求，能够得到也并不是不好；但如果因缘不具而失去，也要能放得下。“文化大革命”的时候，那些睡牛棚的人，原本也都有身份地位，如果不能“放得下”，日后又如何能“提得起”呢？人生要能大能小、能屈能伸、能有能无、能高能低，如果一句话就放不下、一件事也放不下，或者为一个人而放不下，又如何承载更大的责任呢？

人生在世，如果有钱、有家、有名、有利而活得不自在，人生也没有什么乐趣可言。偏偏人在世间，“有”就是有挂碍，就是有烦恼，因此

有许多人有金钱“有”得不自在；有家庭“有”得不自在；有爱情“有”得不自在；有名位“有”得不自在……因为“有”，所以不自在。

有权力的政治人物，遇到棘手的问题时，抓耳挠腮，一副不自在的样子；有钱财的企业家，金钱周转不灵时，万般苦思，一副不自在的样子。一个人如果能够拥有世间的财富名位，而又能够自在，当然最好；如果不能，与其“拥有”而不自在，又何必拥有那么多呢？人生在世，所图的不就是一个幸福解脱、快乐自在吗？

你看，儿童从小受父母管束，他就觉得不自在；妇女嫁人，受公婆要求，她也觉得非常不自在；服务社会，各种职业，感到不胜任、不能称心，他就不能自在了。所以，人生的意义，能在“自在”中生活，最为成功。

牢记“五放”

想要拥有快乐就要懂得放弃，放弃一些不必要的，就会得到人生的幸福。人生的幸福有时候很简单，只是一个放下的过程，放下悲伤就会收获希望，放下痛苦就会收获美好，放下欲望就会收获快乐。

寺院里新来的小和尚对什么都好奇。秋天，寺院里漫天的红叶飞舞，小和尚跑去问禅师：“师父，您看这红叶这么美，为什么会掉呢？”

师父笑了笑说：“因为冬天来了，树撑不住那么多叶子，只好放下枫叶啊。你要明白这不是‘放弃’，而是‘放下’！”

冬天来了，寺院里的和尚把院子里的水缸扣过来，小和尚不明白师兄们为什么那样做，于是又跑去问师父：“师父，为什么好好的水要倒掉呢？”

师父笑了笑说：“因为冬天冷，如果缸里有水会结冰膨胀，那样的话会把缸撑破，所以要把水倒干净。这不是‘真空’，是‘放空’！”

冬天的雪下得很厚，一层又一层，几棵盆栽的龙柏上也堆满了厚厚的雪。师父吩咐弟子把盆搬倒，让树躺下来。小和尚对此不明白，着急地问禅师：“龙柏好好的，为什么要把它弄倒呢？”

师父正色说道：“谁说好好的？难道你没有看见雪把柏枝都压塌了

吗？如果再压下去就断了。我们这样做不是‘放倒’，是‘放平’。为了保护它，将它放平，等雪不下了再扶起来。”

天越来越冷了，寺院里上香的人少了，香火收入少了，小和尚就很紧张，然后跑去问师父该怎么办。师父说：“天气这么冷你少吃了、少穿了吗？你现在去数数柜子里还挂了多少衣服？柴房里还堆了多少柴？仓库里还积了多少土豆？不用太担心，应该想想生活现在拥有的。我们的苦日子会过去的，冬天过后便是春天，放心，我们会过得很好的。‘放心’不是‘不用心’，是把心安顿。”

春天很快就来了，雪水融化了，春花烂漫胜于往年，前殿的香火也渐渐恢复往日的盛况。师父要出远门了，小和尚追到山门问：“师父您走了，我们怎么办？”

师父笑着挥挥手说：“你们能放下、放空、放平、放心，我还有什么不能放手的呢？”

现在的很多人都会过多地去追求事业与名利，成功在大多数人心中占有很大的比例，甚至有人直接将追求快乐的人称为没有生活目标的废人。这些人误解了生活快乐的含义，真正的快乐绝不是来源于外界那些看似琳琅满目、五光十色的诱惑，而是深藏在人类心灵中的一种纯真与质朴。

随缘是福

人生在世，凡事不可能一帆风顺，总会有烦恼和忧愁。禅家有语说：“万事皆有缘，人生当随缘。”随缘是一种进取，是智者的行为；随缘是一种达观，是雅士的淡定；随缘是一种洒脱，是拿得起放得下的坦然；随缘是一种人生的成熟，是人情的练达。

一个年轻人到一座禅院去请教佛法，在上山的路上看到了一件有趣的事。他想以此考考禅院里的老禅师，看看禅师是否真的是得道高僧。

年轻人来到禅院，便与老禅者一边品茗，一边闲谈，突然冷不防地问了一句：“禅师，请问您知道什么是团团转吗？”

老禅者随口答道："皆因绳未断。"

年轻人听到老禅者这样回答，顿时目瞪口呆，惊讶地看着禅师。

老禅师见状，问道："什么使你如此惊讶，我看你很震惊的样子？"

"不是别的让我感到惊讶，而是师父您让我感到惊讶，我惊讶的是您怎么知道的呢？"年轻人继续说，"在上山的路上，我看到一头被绳子穿了鼻子拴在树上的牛，这头牛挣扎着要到草地上去吃草，但是他无法挣开绳子的束缚。我以为师父肯定答不出来，哪知师父出口就答对了。"

老禅师微笑着说："你问的是事情，而我回答的是道理；你问的是牛被绳缚而不得解脱的原因，而我回答的是心被俗务纠缠而不得超脱的道理。道理都是一样的。"

一只风筝，因为被绳牵住，即使再怎么飞，也飞不上万里高空；一匹壮硕的马，因为被绳牵住，即使再怎么烈，也会任由鞭抽。人生亦是如此，常常会被功名利禄所累。一次得失，会让人痛心疾首；一段情缘，会让人愁肠百结。快乐哪去了？幸福哪去了？人生皆因功名利禄而奔波、劳碌。

3. 需勤奋上进

人们的心总是向外追逐，希冀获得满足与快乐，然而不断追求的结果，只有愈发感到空虚与烦恼。《维摩经》说："吾有法乐，不乐世俗之乐。"当我们信仰正当的宗教，听闻正法，感受到正法之味如饮甘露，便会心生爱乐，勤奋求法，而不会感到疲厌，因为在法乐之中，能获得更多的欢喜。（《星云法语·修心学佛》）

能忙能闲

人们总是活在矛盾中。胖子总羡慕瘦人的好身材；瘦子又总羡慕胖子的健康。每天有事要做的人总是羡慕不需工作的人的悠闲自得；整天无所事事的人又总是羡慕忙忙碌碌的人的充实满足。

有人说"能吃"是福，星云大师说"能拉"也是福。有人说"能睡"

是福，大师说“能醒”也是福。有人说“能坐”是福，大师说“能忙”也是福。

人生在世，总离不开工作，能忙碌也是一种福气！

星云大师认为：想要树立良好的形象，就要工作；想要获得事业的成功，就要工作；想要改善自我的生活，就要工作；想要知识学问的充实，就要工作……想要取得福国利民的成就，也要工作；想要他人接受自己所付出的代价，更要工作；想要大家心里的赞美，还是要工作……

“忙里山看我，闲中我看山；相似不相似，忙总不及闲。”懂得忙里偷闲的巧妙，那也是一种情趣。

因为总是忙碌，大师每每在高速公路上利用行车时间稍做休息，睡睡醒醒、醒醒睡睡间，脑海里似乎有很多事情待办，可是一睁开眼，又觉得没有什么事，人家说“情到深处无怨尤”，这或许就是“事到多时自超然”吧！

超然的境界不是丢下不管，而是经过很多不平凡的经验累积，而这些经验是在失意时泰然，得意时淡然，有事时决然，无事时澄然，处人时蔼然……能如此则凡事超然了。（《星云大师谈幸福》）

任劳任怨

南怀瑾说，人生想要成就一个好名声是很重要的，但人生往往会为了成就一番事业而去接受世人的不解或冤枉，更有甚者会去承担一些罪名。南怀瑾说这种做法比洁身自好更难，因为要面对世人的指责或唾弃，但都要毫无怨言。

孔子与学生经常在野外煮饭。一天又到了做饭的时候，一位学生在煮粥时，发现有肮脏的东西掉进了锅里。他连忙用汤匙把脏东西捞起来准备倒掉，正当他想动手的时候，忽然想到一粥一饭都来之不易的古训，于是便把舀起来的准备倒掉的粥吃了。而此时，刚巧孔子走过来，看到弟子在吃粥便以为他在偷食，于是教训了那位负责煮食的学生。学生只是低头不语，没有与老师争辩。后来经过其他弟子的解释，孔子才恍然大悟。

孔子因此很感慨地说："我亲眼看见的事情也不确实，何况那些道听途说的事情呢？"

被冤枉有时是难免的，如果逞一时之快而与他人争执，那么吃亏的反而是自己。如果在被冤枉或误解的时候能够任劳任怨，那么事情的结果也会截然不同。

遭诬陷和被误解是人生不可避免的事情，没有一蹴而就的成功，成功也没有捷径，要想成功就要做好被冤枉和误解的准备。人只有在岁月里经得起生活的大风浪才能够卓尔不群。

有的人稍微受了点委屈就会抱怨，而有的人却默默无闻，在自己的岗位上任劳任怨。人就应该懂得在某些时候要像潜水艇一样默默无闻，这样才能够积攒力量，蓄势待发。

实现理想

《佛光菜根谭》说：一等根器的人，凭着崇高理想而行事；二等根器的人，凭着常识经验而工作；三等根器的人，凭着自己需要而生活；劣等根器的人，凭着损人利己而苟存。

缺少理想、缺乏抱负的人，因为无愿、无心、无志，在工作上便会有无力感，终日拖磨，最终一事无成。

理想就是正当的希望，每一个人在一生中都有很多的希望，而崇高的理想，则是我们正当的希望。

多少伟大的事业，都是靠着理想和愿望所产生的力量而有所成就。登山者之所以能征服高山，因为这是他的理想；航海者之所以能征服海洋，因为这是他的希望；人类能够登上月球，因为我们有探索太空的愿望；禅修行者能够闭目冥思，只为了探索神秘的内心世界。

人，因为有梦想而伟大，梦想能够实现者，就是理想；不能实现，就是妄想。有梦想是好事，梦想激励创造，能扩大有限的生命和世界。但光是梦想没有用，前途要靠自己"一步一个脚印"地慢慢走出来、做出来。只说不做，或是做得不周全、不踏实，再伟大的梦想，也只是一场春秋大梦，梦醒了，一切都是空的。

理想是有目标、有计划、有步骤、有实现的可能。妄想是虚妄的、杂乱的、浮面的、不可能实现的。妄想不能有成，反而会带来焦躁、烦恼。《法华经》说："不怕妄念起，只怕觉照迟。"觉照就是要落实你的思想，实践你的理想。

怀抱理想，可以使生命发光发热；实现理想，人类才能不断进步，才能得到想要的幸福。

4. 以助人为乐

助人为快乐之本，帮助别人，就是在传播快乐，不但别人快乐，自己也会获得快乐。因为你乐于助人，本身就是一种快乐，而受你帮助的人，困难获得解决，自然也会欢喜快乐。

不做旁观者

社会上有一些让人不愉快的现象，有人跳楼，下面全部是围观者，抱着一副看热闹的心态，生怕上面的人不跳；有人做慈善，周围的人群起而攻之，叫嚣着别人是在假慈悲、真作秀，最终导致很多人不再敢毫不犹豫地伸出援助之手……

如此事例，不胜枚举。真的让人很气愤，社会发展到今天，人们的物质生活提升到极高的高度，可是精神却越来越匮乏。

欧美至今是先进国家，最可贵的是一般小市民，对于社会公益或表现爱心的事，都是争相参与，不愿做旁观者。

一场球赛，多则数万人观赏；教堂的集会，动辄数百人参加；一个儿童走失了，多少村庄、县市，共同动员协寻。

曾经，因为一只飞鸟被一名小孩用箭射中了，但仍然飞行逃生，全美、加的报纸、电台，一致加入报道、呼吁，发动全国人民要保护这只小鸟。

在电影《威鲸闯天关》中演出的杀人鲸威利，一度感染肺炎，美国千万人捐款，合力拯救，复原后，又以专机把它从俄勒冈州送回故乡

冰岛。

加州有一个儿童喝完汽水后，任意把空罐子随手丢弃，后面的老婆婆看了就命令儿童捡起来，儿童问："关你什么事？"老婆婆说："怎么不关我事？你乱丢东西，制造垃圾，污染环境，我们社区的房地产会跌价，这就跟我有关系！"

在联邦德国，年轻房客住在公寓里，白天夜晚都开着灯，别的房客看不过去，叫他关掉。年轻人说："关你何事？"房客说："你浪费能源，使国家陷于贫穷，怎么不关我事？"

两德统一了，民主德国很穷，要一兆美金才能助其复兴，虽然如此，联邦德国的人也很欢喜，说道："只要统一，穷，没有关系，谁叫他们是我们的兄弟呢！"多么美好的一句话啊！

社会是人的集合，人人尽心营造幸福的社会，个人才能得到安定和幸福。

要有喜鹊智

一个人，随时随地都可以修行，抱着一种欣赏欢喜的心态，日子会过得自然愉快。凡是于人有利的、对人好的，你不欢喜，你也得欢喜，因为这个社会是共有的，由不得你个人"欢喜不欢喜"。人生在世，要让社会大众欢喜地接受你，你就得以别人的欢喜为欢喜、以别人的不欢喜为不欢喜，众意必然能规范我们个人的行为，因果也能裁定我们的行为。所以，"欢喜与不欢喜"，有所为、有所不为也，不能不慎之。

一只乌鸦在飞往他处的路上，遇到了喜鹊。乌鸦对喜鹊诉苦说："这个地方坏透了，人也坏透了，他们看到我飞行，听到我的声音，就批评我，咒骂我，所以现在我要离开这里，飞到别的地方去重新过生活！"喜鹊听后说道："乌鸦呀！其实这个世界到处都是一样的，你应该要改一改你的叫声，如果你的声音不改，不管你飞到哪里，结果都是一样的呀！"

有的人总觉得自己怀才不遇，好像世界上的人都辜负自己、都对不起自己，所以随时要搬家，要另找职业，要换新朋友。其实，“此山望见彼山高，到了彼山没柴烧”，一个人想要在社会上安身立命，重要的是先健全自己，并能与人为善。人们常把不会说话、经常说错话的人喻为“乌鸦嘴”，如果老是把好事说成坏事、好人说成坏人、好话说成坏话，又怎能怨怪别人视你为不受欢迎的“乌鸦”呢？

每个人都应该自问：我是家里的“乌鸦嘴”吗？我是朋友之间的“乌鸦嘴”吗？我是机关团体里的“乌鸦嘴”吗？只要我们能把“乌鸦”的声音改一改，又何惧不能成为受欢迎的“喜鹊”呢？（星云大师《爱语的力量》）

须懂缘去福

龙山的安国寺有两个和尚：悟空和悟了。一开始他们每天都出去化缘，后来就只有悟空天天出去化缘了。原来，悟了发现龙山下的缘十分好化，随便到山下走走，就能化到很多，悟了就把化来的钱买很多米、面等生活必需品存放着，其余的时候就在寺庙里睡懒觉。悟空就劝悟了，让他不要虚度时光，要出去化缘。

悟了听了很烦，说：“出家人岂可太贪？有吃的就行。你看我有这么多的粮食，足可以让我吃上半月，何必出去奔波劳累？”

悟空念了声阿弥陀佛，说：“师弟，你化了这么多年缘，还没有参悟到化缘的妙处和真谛啊？”

悟了听了，就讽刺悟空，说：“师兄，你倒是日出而出，日落而归，可你空手而去，空手而回，你化的缘呢？”

悟空说：“我化的缘在心里。缘自心来，缘也要由心去。”

悟了听得一头雾水，说：“不明白不明白。”

后来，悟了化的钱物越来越少了。这让悟了很苦恼，原来化一次缘可以吃上半月，现在只可吃上几天。但悟空依旧天天日出而出，日落而归，空手而去，空手而回，但悟空天天都面带微笑。悟了想挖苦师兄，说：“师兄，你今天收获如何？”

悟空说：“收获多多。”

悟了说：“收获在哪里？”

悟空说："在人间里，在人心里。"

悟了感觉自己一时很难参悟师兄的话，决定第二天一起跟悟空去化缘。悟了说："师兄，我悟性太差，我想明天跟你去化一次缘。"

悟空点头同意。

次日，悟了要跟悟空去化缘了，悟了又拿了那个他出去化缘用的布袋。悟空说："师弟，放下布袋吧。"悟了说："为何？"悟空说："你这布袋里装满私欲贪婪，拿出去，是化不来最好的缘的。"

悟了说："那我们把化来的东西装哪儿？"

悟空说："人心里。人心无所不容。"

就这样，悟空和悟了就上路了。悟了跟悟空每到一处，就会有很多人认出悟空。悟空还没来得及说话，他们就主动拿出东西给悟空。有的还说，幸亏悟空大师上次施舍，才使我们渡过难关。悟空大师的大恩大德，我们没齿难忘啊！悟了在心里想："不让我拿布袋，看你一会把东西往哪里搁。"他们继续往前走，他们化的缘也越来越多。悟了看到今天收获不少，满怀欣喜。恰在这时候，从远处走来一个农夫，怀里还抱着一个孩子，边走边哭。原来农夫的孩子得了重病，他拿不出钱来给孩子看病。悟空就走过去，把化来的财物全部给了农夫。他们继续前行，除了温饱外，他们一路化了就舍，舍了再化。悟空问悟了："师弟，跟我出来你化到了什么？"

悟了苦笑。

悟空说："师弟，你只知道缘来之福，而不懂得缘去之福。看天地间，自然万物为何如此美丽，天地万物都在循环啊。师弟，风水、日夜、四季，哪一样不是在循环？光知道缘来之福的人，那只是片刻的欢愉，时间久了，就是一池死水。我们之间的区别就是，你把化来之物放在了充满私欲贪婪的布袋里，我则把化来之物放在人心里循环，让善良和爱在人间、在人们的心里循环。"

悟了听到这里，低下了头。悟空念了声，阿弥陀佛。

人生的意义不能以金钱的多少来衡量，关键是其中含有多少爱意与善念。一个人能感受到别人给予的爱，接受别人爱心的馈赠，这就是一种存在的价值。人活于世，在温暖别人的同时也需要别人的温暖，只有相互的心都有温度，整个人生才不会因绝望而失去意义，生活也会因为温暖而更加幸福。

5. 拥有感恩心

在我们成长的道路上，有多少人曾给过我们帮助，你是否对他们感恩过？他们不图回报，只渴望得到感恩。也许他们只是个陌生人，他们懂得去帮助别人，给他人一份爱，自己也就快乐多一份，在他们的人生当中得到过帮助，他们懂得了回报，懂得了还社会一份爱，懂得了感恩。

感谢身边人

想要幸福，就要懂得感恩，生活的幸福来源于感恩身边的人，感谢身边的人，尤其是那些曾经与自己共患难的人，只有懂得感恩才会生活得更幸福。

杜勒和克尼格司登是一对很好的朋友，一起吃住，平日里也总是形影不离。他们都是奋发上进的年轻艺术家，但他们都是家境贫穷的人，所以他们一面学艺术，一面靠工作来维持生活。

他们的薪酬并不高，而且一旦工作起来就会占用太多的时间，这样就会使学习艺术的时间越来越少，所以他们在艺术上的长进很慢。就这样过了一段时间，两个人都觉得一边工作一边学习很辛苦。经过商议两人达成了一个共识，用抽签的方法决定其中一个人继续工作来维持两人的生活，而另外一个则去专心地学习艺术。如果另外一个学成后就回来与工作的人交接，这样就能互补学习。

抽签的结果是杜勒获得学习的机会。从那以后，杜勒就到欧洲的许多大城市去学习绘画。渐渐地，杜勒出名了。别人在说到他的时候会说他才华横溢，很有绘画的天赋。杜勒学成后，就按照事先的约定让克尼格司登去学习绘画。过了一段时间，杜勒发现克尼格司登的手因为长时间做粗活已变得僵硬而扭曲了，他已经无法再拿起画笔了，也无法进行

工笔绘画了。杜勒这才知道朋友为他付出了何种代价。但克尼格司登并不觉得痛苦，他为能够为朋友付出而感到幸福，并且为朋友的成功感到高兴。

有一天，杜勒来看克尼格司登，走到屋里的时候他发现克尼格司登跪在那里，粗糙的双手合在一起，正在为杜勒的成功祷告。杜勒含着眼泪画下了朋友合拢双手的素描，后来这幅被命名为《祷告的手》的画一举成名，成为一幅伟大的杰作。

人生最大的幸福莫过于在患难的时候有人拉你一把，也莫过于在困难的时候有人雪中送炭。经历生活的痛苦时，只要找到方向，懂得感谢身边那些为自己付出的人，这样的人生就不会有遗憾，而这样的人生也是和幸福相伴的。不认为别人的付出理所当然，懂得感恩生活，感谢身边的每一个人，这样才能真正体会幸福的含义。

要习惯感恩

很多人都觉得别人为自己所做的事是应该的，如果有人稍做了一些对不起自己的事情，他就会立刻忘记别人曾经的付出。这是可悲的，因为他们丧失了一份最重要的情意：感恩。恩情很多时候并不单单是一份情感，它也包含了一个人的情商、性情和道德。

哈佛大学企业管理专业的博士后、著名跨国公司的职业经理人余世维先生，在《成功经理人》的讲座上谈论到这样一件事：在每年的大年初一，他和妻子都要去寺庙烧香，但是余博士有趣的地方在于他从来都不进寺庙里去。这时，妻子就很好奇地问他为什么不进去呢？他说，我是一个奸商，做了太多的坏事，没有脸进入圣堂去拜见菩萨。

在此之前，余博士曾经经历了一件事情。他去德国的时候在一座教堂前，看到一位女士跪在那里。余博士对此很好奇，于是便走过去问她："尊敬的女士，你为什么不进教堂里祷告呢？"

那位虔诚的女士说："亲爱的先生，我从事着龌龊的职业，没有脸走进耶和华的教堂里。我的孩子原先有很严重的病，但是现在好了，我只有在这里祷告，向上帝感恩。”原来这女人是一名妓女。

这件事对余博士的影响非常大，他说：“看看我们的国人，贪官污吏干尽了多少坏事，还可以神气自傲、大摇大摆地走进教堂和寺庙，还祈祷上帝和菩萨的保佑。”

余博士的妻子是一位明事理的女人，当她出来的时候余博士问：“你向菩萨乞求了什么？”

他的妻子就说：“我还哪敢来乞求，我是在那里赎罪——你不知道干了多少坏事，我在替你赎罪。”

事实上，他的妻子在向菩萨感恩。他们都是受过高等教育的人，在他们的眼中只有感恩和赎罪。

不错，世界上没有什么神灵是可以用来乞求的，也没有什么菩萨可以帮助你，有的只是让你去感恩罢了。所以，生活中，要习惯感恩，而非乞求。

常怀感恩心

中国有句古语说：滴水之恩，当以涌泉相报。感恩，是一个人应该具备的品德。因为没有人理所应当该给你什么，因此你要怀有一颗感恩的心：感谢阳光普照，感谢白云飘飘，感谢花开花落，感谢那些帮助过你的人。在踏入人生的旅途时，切记带着感恩的心上路。

自古以来华夏民族就是乐于助人、知恩图报的，其实，感恩也是一种处世哲学，是生活中的大智慧。很多时候，心怀感恩的人人生旅途会比较顺利，即使有坎坷，也可以顺利地渡过。因为一个感恩生活的人，常常会施恩于人，而通常施恩又会轮回。

相传，宣子打猎，住在翳桑。一日，看见一个极度饥饿的人，就上前去询问他的病情。那人说他已经三天没有吃东西，就要饿倒了。宣子给了他食物，他只吃了一部分。宣子详问下才知道，他离家多年，不知道老母亲是否还活着，家就在附近，他要把一半食物送给母亲。宣子让他把食物吃完，另外又准备了一份食物送给他。

多年后，晋灵公想杀宣子，晋灵公的武士在搏杀过程中反过来抵挡晋灵公的手下，使宣子得以脱险。宣子问他为何这样做，他回答说："我就是在翳桑的那个饿汉。"

正如故事中的情节峰回路转，人生的道路同样是曲折而坎坷的，谁都不知道有多少艰难险阻在前方。若你在他人危困的时刻，能够站出来帮助他人渡过难关，那么，对方必然会感恩于你，有时候，对方甚至能给你的命运带来转机。

在英国，有一个青年不幸失业了。身在异乡的他虽然四处寄求职信，但大都石沉大海。有一天，他收到了一封回信。回信人在信中斥责他没有弄清楚该公司的经营项目，他的行为属于胡乱投递求职信。并且在信中指出了青年在求职信中有多处语句不通顺，并借回信的机会把青年嘲笑了一番。青年觉得有些沮丧，但是他觉得这毕竟是别人回信给他，正视了他的存在，是对他尊重，并且对方在回信中明确指出了他的不足之处，因此，他还是心怀感恩地回了一封信给公司。在回信中，他对自己冒失的行为表示了歉意，并对对方的回信和指导表示了感谢。几周后，这位失业的青年重新获得一份合适的工作，录用他的就是当初回信拒绝他的公司。

怀着感恩的心去看待生活的种种，只要心怀感恩，人就能够活得充实，并获得幸福。

6. 健康与自律

修身修口修佛心，修自修他修人我，修时修地修密行，修福修慧修禅净。佛教的戒律是发自内心的自我要求，属于自律；因为是自发性的遵守戒规，乃至自发性的发誓忏悔，因此能从心灵净化进而升华道德人格。所以，一个国家如果人人都能守戒，则家庭就有规范，社会也有法制。（《人间佛教的戒定慧》）

健康之道

幸福之道，在于健康；健康之道，在于养生；养生之道，在于养心。学会把握心态，放松生活，那么健康自然如影随形了。

有这样两个人，他俩在同年同月被查出患膀胱癌。五年过去了，一个病情基本消失；另一个的坟上早已长满了青草。健在者，他认为战胜癌症主要是提高自己的抗病能力，增加免疫力，在手术化疗后，他静心地养气，在老年大学里学书法、绘画、练气功，且每日清晨必行走五公里。而今，以前的疾病早已荡然无存，体质也好了，行走轻快，反应灵敏，全不像已近八十高龄的老人。他除了接受医院治疗外，把战胜癌症的主要责任放在自己肩上，做自己的"主治大夫"，靠自己的力量与癌症抗争。

另一位则不然，他广有钱财，是个身价千万的董事长，把希望压在医院和医生身上。他寻医问药遍及全国，后又东渡日本求医。他找了最好的医生，用了最好的药，然而，遗憾的是这都没能留住他的生命。殊不知最好的医生是自己，最好的药物是你的宽心的心态和奋争精神。

上海民族乐团著名的二胡演奏家闵惠花，她演奏的《二泉映月》曾倾倒了千万听众。不幸，恶性黑色素瘤找上她。她先后接受了六次手术、十五次化疗。在医护人员的精心治疗和鼓励下，一次又一次击退黑色肿瘤细胞的侵袭，三次阻断肿瘤细胞的转移。在漫长的治疗过程中，她以坚忍的毅力忍受癌症带来的种种痛苦和精神的折磨。六年后，她重返舞台。这是生命的奇迹，闪耀着任何疾病都不能摧毁人类意志的光辉。

科学家认为豁达的人生态度、积极的情绪能使免疫细胞活跃起来，从而获得与疾病抗争的能力。北京抗癌乐园的创始人高文彬给同病相怜之人做了最好的例证。他房间有个自制条幅，上书："有幸得癌"。他解释说：因为得癌，才战胜癌症，才丰富了我的人生。

癌症不同情弱者，眼泪只能加快死亡。泪水不能洗刷癌魔给生命带来的伤害，明智者知道应该如何爱护自己：那就是振作起来，自己拯救自己，创造生命的奇迹，重新走进生命的绿洲。

如果你也患了癌症，请高昂起你的头，因为癌症不相信眼泪，需要的是宽心的心态。

心态就是一个人对于人生所引发的一系列的生活处世态度。心态从一定的实际意义上，也决定了人们的生理心理是否能够维持在一定水平线上的重要健康因子。

心态好的人，不会对一时的挫折和失败，或对自己或是身边所经历和承受的恶劣环境，抱着一种自暴自弃的态度，相反，哪里摔倒哪里爬起来，拍拍身上的尘灰，以坚定的双眼，目视前方，继续坚强地向前走。

拥有了好的心态，凡事都要给自己一个开心的理由，不迷失人生方向，不沉沦在眼前一时的恶劣环境空间里，唉声叹气。这样，才能从根本上真正地拥有一个健康的身体。

严求自律

一个人能看得见环境上的微尘、沙粒，乃至小小的羽毛、毫发等，却看不到自己的睫毛。这意思是说，人往往看得到别人的过失，却看不到自己的缺点。平时眼睛所见都是别人怎样不对，如何不好，却从来不曾好好地反观自己。所以，人能看得见别人却不能认识自己，这是人的肤浅。

一个人，力气大的能举四十公斤、五十公斤，大力士甚至能举一百公斤，但是即使是力大如牛的人，你叫他把自己举起来，却是不可能的事。这意思是说，人有能力抵抗外境却往往拿自己没有办法，不能做自己的主宰，这是人的悲哀。

一群乌鸦经常飞在养猪场的周围，对着黑猪取笑说："好黑的猪喔！好难看的猪喔！"猪因为跑不快，也不能飞，被乌鸦取笑，也只有忍耐。旁边的黄狗看不下去了，为猪打抱不平，就对猪献计说："下次等乌鸦再来取笑你，你就反问它说：为什么不看看你自己呢？"

乌鸦如此，人何尝不是。因为不能认识自己，当然就无法自我学习、自我健全、自我进步、自我升华。

人跟人相处，总会跟对方说："你不了解我。"其实最不了解"我"的是自己。

你知道什么事最令你生气？什么事最令你感动？什么事最令你难过？什么事最令你欢喜？什么事最令你尴尬？什么事值得你牺牲？什么事是你肯定的？……在人成长的过程中，对道业、学业、事业都要有目标、有理想、有计划、有进度地一步步去超越、去完成，才有可能成为一个能自处又能处众的幸福人。（星云大师《宽心的智慧》）

抛开虚荣

世间之人，多有虚荣之心。即使财力有限，也要吃好、穿好、用好，做足表面功夫，让别人都以为他很富有；一旦拥有一点成绩，就忙不迭地炫耀，生怕别人忘记夸赞他。哪怕别人只是敷衍的溢美之词，也能让他得意好久。这就是虚荣之人，因为太在意外人的看法、评价，所以他们活得很累。

两个人在吵架，吵得不可开交，旁边围着一群人，想替他俩劝解。

首先，一个装着金牙的人说："请你们不要吵了，让我来给你们赔个笑吧！"说着就咧开满嘴的金牙大笑起来。

这时，一个脸上擦粉的人很快地站出来，指着自己的脸说："请你们不要吵了，赏给我一个薄面吧！"

手上戴着金戒指的人，立刻握起拳来，在空中挥舞了一下，说："你们如果再吵下去，我就给你们一人一拳。"

脚下穿着新皮鞋的人说："你们如果还要再吵，我可要给你们一人一脚。"说着，撩起裤管，作势将脚抬了起来。

一个身上穿着新衣服的人，奋勇向前大声说："请不要再吵，一切都包在我的身上吧！"说着，拍拍自己的胸膛。

这一群看似排解纷争的人，实则想借机满足自己的虚荣。虚荣心毫无意义、毫无价值，但世间人常以此自欺。有的人用身外之物讲究名牌展现虚荣，有的人凡事爱出风头、喜欢受人赞美、经常吹捧自己等等，

诸多浮华不实之事，都是虚荣心的表现。

只学会虚荣，不肯务实去做人做事，就如一棵没有根的树，是很容易枯萎的，又如一栋地基不稳的大楼，随时都有倒塌的可能。所以我们应知，虚荣只是一时的，务实才是永久的。玄奘大师的“言无名利，行绝虚浮”，正是我们最好的学习典范。（《星云大师谈幸福·虚荣毫无价值》）

箴言七

养深积厚，广结善缘

——星云大师谈厚道

厚道有如参天的大树，给你遮挡暑热炎凉；厚道有如坚实的舞台，容你演绎生旦末丑；厚道有如母亲的怀抱，替你抚慰喜怒哀乐；厚道有如宽广的大海，载你征服滔天巨浪。地基愈厚，愈能载高；础石愈厚，愈能负重；湖床愈厚，愈能纳深；人性愈厚，愈能受众。

1. 做人要厚道

厚道有如绚丽的舞台，容我们演绎人生的酸甜苦辣。厚道，就是心胸宽广，化恩怨干戈为真情玉帛；厚道，就是心地纯正，化复杂人生为简单处世；厚道，就是心地善良，人负我，我不负人；厚道，就是心向美好，少栽刺，多栽花。

人之共性

厚道应是人之共性，是一种没有差别的品质。每个人，无论男女老少，无论国籍，无论民族，都应当做一个厚道的人。只有这样，社会才会有高尚的风气。

曾有一位外籍教师给中国学生讲新闻课，他说着说着，就说到了让国内同行一言难尽的“红包”。老外的“红包”概念和我们稍有不同，除了现钞之类，也包括礼品，甚至包括由对方提供交通和食宿经费的采访。他说，他所在的报社对“红包”（包括第三种）的接受度“约等于零”，

他补充说，如果对方组织的采访活动，报社认为有采访价值，记者即使加入采访团，也会要求自己单独付费。

这位在著名报纸有重要职位的洋老头继续说，他在的报社最近几年财务状况不太好，已经连续亏损。所以除了确有重大价值的采访，他们自费参与外，事实上已谢绝了很多“有公司埋单的”跨国采访活动——可真是实话实说！

还没完，他还在继续交代——“但是也有一些活动我们免费参加了，是在关于旅游新线路的报道中”，“不过，在这些报道中，我们都醒目地标明，这次采访的赞助商是谁，提示读者注意这种采访方式对报道可能产生的影响。”

听到这里，学生们都从心里感到，洋人真“厚道”啊。

厚道应是人类所共有的品质，不应有性别、年龄、肤色之分。中国人讲究厚道，外国人也讲究厚道；小孩厚道，老人也厚道；你厚道，我也厚道。只有这样，我们的生活才会充满人性的光辉。

人格高尚

厚道，是人们内心对自己和别人为人处世最基本的要求。做人要厚道，才能得到内心的安宁；做事要厚道，才能在众人心中留下好的印象。当然，不厚道的人、不厚道的事，我们经常听说、见到，他们自私自利的行为一直为人们所不齿。

前段时间报道过的大学生为救落水儿童而牺牲的事件，原本应该是一件让人悲痛、惋惜和感动的事情，但是人们对于这件事还有相当程度的愤怒。

事情经过是这样的：武汉大学一个班的学生们去长江边上野游。当时河里也有不少其他人在游玩。同学们玩得正开心的时候，突然听到有人喊救命。原来有个小孩不慎掉入水中，正在水里挣扎。

当时有几个同学立马奋不顾身地跳入水中，奋力向那个落水小孩游去。其余的同学则在水边搭起人梯，准备等小孩救上来的时候把他拉到岸上。

最后，小孩是救起来了，可是有三名大学生却再也没能上岸。这段水域水流很急，早已经看不到三位英雄的身影。

经过了很长时间的打捞，三位英雄的遗体终于打捞了上来。但是，打捞英雄的船夫居然向英雄家属要价几万元作为“打捞费”！英雄的同学们哭着乞求船夫把要价降低一些，而在场围观的群众则纷纷咒骂船夫“不厚道”、“没人性”。

这件事最后不得不交给公安系统解决。

社会上，像这件事中的船夫一样不厚道的，也大有人在。这些人只顾自己的利益，而不关心别人的生死，做出令人发指的不厚道的事，当然应该遭到人们的鄙视和唾弃。

对于做人要厚道，星云大师认为：

即使别人的心变化多端，而我则常处恒态，是谓厚道；别人的心也许深不可测，而我清澈见底，是谓厚道；人家看人，以对己为是非，我看人，以对他论对错，是谓厚道；人家待人，以利己为恩怨，我待人以利人为取舍，是谓厚道；人以地位沉浮为亲疏，我以感情真假为远近，是谓厚道；人以得失为得失，我以善恶为善恶，是谓厚道。

人给我快乐，我还他幸福；人给我抚慰，我还他热情；人给我宽容，我还他真诚；人给我自尊，我还他高尚；人给我希望，我还他感激；人给我亲切，我还他尊敬。这些都谓厚道。

人给我一枝暗箭，我给他一束鲜花；人给我一道横眉，我给他一张笑脸；人给我一句坏话，我给他一首赞歌；人给我一个陷阱，我给他一双肩膀；人给我一回屈辱，我给他一顶桂冠。这也称为厚道。

所以，所谓厚道，既是以心换心、以情换情，也是以德报怨、以善对恶。厚道，更是人性中的真善美。

做人之本

土地不厚，承受不了山川海岳；人心不厚，就得不到道义情谊。厚道就是要心地单纯，化复杂人生为简单处世；厚道就是要心胸宽广，化

恩怨干戈为真情玉帛。厚道就是要心存善良，宁可人负我，绝不我负人；厚道就是要心向美好，为人少栽刺，处世多栽花。

一个老锁匠，一生修锁无数，他技艺高超、收费合理，深受人们敬重。更主要的是老锁匠为人正直，每修一把锁他都告诉别人他的姓名和地址，说："如果你家发生了盗窃，只要是用钥匙打开的家门，你就来找我！"

老锁匠老了，为了不让他的技艺失传，人们帮他物色徒弟。最后老锁匠挑中了两个年轻人，准备将一身技艺传给他们。

一段时间以后，两个年轻人都学会了不少东西。但两个人中只有一个能得到真传，老锁匠决定对他们进行一次考试。

老锁匠准备了两个保险柜，分别放在两个房间，让两个徒弟去打开，谁花的时间短谁就是胜者。结果大徒弟只用了不到十分钟就打开了保险柜，而二徒弟却用了半个小时，众人都以为大徒弟必胜无疑。

老锁匠问大徒弟："保险柜里有什么？"

大徒弟眼中放出了光亮："师傅，里面有很多钱，全是百元大钞。"问二徒弟同样的问题，二徒弟支吾了半天说："师傅，我没看见里面有什么，您只让我打开锁，我就打开了锁。"

老锁匠十分高兴，郑重宣布二徒弟为他的正式接班人。大徒弟不服，众人也不解，老锁匠微微一笑说："不管干什么行业都要为人厚道，讲究一个'信'字，尤其是我们这一行，要有更高的职业道德。我收徒弟是要把他培养成一个高超的锁匠，他必须做到心中只有开锁而无其他，对钱财视而不见。否则，心有私念，稍有贪心，登门入室或打开保险柜取钱易如反掌，最终只能害人害己。我们修锁的人，每个人心上都要有一把不能打开的锁。"

看到这个故事，我佩服师傅的高明，更敬佩二徒弟的厚道，他用厚道赢得了尊敬，用诚信赢得了信任和器重。我们有理由相信师傅的判断是正确的，二徒弟最终成了一个受人信任的高超的锁匠。

看来，社会公众对于人的内在品德越来越看重。人们开始更多地关注对方是否厚道。因此，我们应当做厚道的人，只有这样，才能坦然面对生活，事事问心无愧。

2. 做事和为贵

中国汉语中的“和”字，是从“龢”简化为“咊”，再从“咊”转化而来的。它有多重含义：相安，谐调，平息事端。和美，和睦，和衷共济。祥和，和平，和气，和悦。除了有对立统一的“阴阳之和”的意思外，还有“合适”、“恰当”、“适中”、“无过无不及”的“恰当好处”之意。

“和”能成大事

“以和为贵”的思想随着中华文明流传了数千年。遇事以和为贵，做和善之人。大和则少了许多干戈，小和则少了很多烦恼。

战国时候，秦国最强，常常进攻别的国家。

有一回，赵王得了一件无价之宝，叫和氏璧。秦王知道了，就写一封信给赵王，说愿意拿十五座城换这块璧。

赵王接到了信非常着急，立即召集大臣来商议。大家说秦王不过想把和氏璧骗到手罢了，不能上他的当，可是不答应，又怕他派兵来进攻。

正在为难的时候，有人说有个蔺相如，他勇敢机智，也许能解决这个难题。

赵王把蔺相如找来，问他该如何处理。

蔺相如想了一会儿，说：“我愿意带着和氏璧到秦国去。如果秦王真的拿十五座城来换，我就把璧交给他；如果他不肯交出十五座城，我一定把璧送回来。那时候秦国理屈，就没有动兵的理由。”

赵王和大臣们没有别的办法，只好派蔺相如带着和氏璧到秦国去。

蔺相如到了秦国，进宫见了秦王，献上和氏璧。秦王双手捧住璧，一边看一边称赞，绝口不提十五座城的事。蔺相如看这情形，知道秦王没有拿城换璧的诚意，就上前一步，说：“这块璧有点儿小毛病，让我指

给您看。”秦王听他这么一说，就把和氏璧交给了蔺相如。

蔺相如捧着璧，往后退了几步，靠着柱子站定。他理直气壮地说：“我看您并不想交付十五座城。现在璧在我手里，您要是强逼我，我的脑袋和璧就一块儿撞碎在这柱子上！”说着，他举起和氏璧就要向柱子上撞。秦王怕他把璧真的撞碎了，连忙说一切都好商量，叫人拿出地图，把允诺划归赵国的十五座城指给他看。蔺相如说和氏璧是无价之宝，要举行个隆重的典礼，他才肯交出来。秦王只好跟他约定了举行典礼的日期。

蔺相如知道秦王丝毫没有拿城换璧的诚意。一回到宾馆，就叫手下人化了装，带着和氏璧抄小路先回赵国去了。到了举行典礼那一天，蔺相如进宫见了秦王，大大方方地说：“和氏璧已经送回赵国去了。您如果有诚意的话，先把十五座城交给我国，我国马上派人把璧送来，绝不失信。不然，您杀了我也没有用，天下的人都知道秦国是从来不讲信用的！”秦王没有办法，只得客客气气地把蔺相如送回赵国。

蔺相如立了功，赵王封他做上大夫。

过了几年，秦王约赵王在渑池会见。赵王和大臣们商议说：“去吧，怕有危险；不去吧，又显得太胆怯。”蔺相如认为对秦王不能示弱，还是去的好，赵王才决定动身，让蔺相如随行。大将军廉颇带着军队送他们到边界上，做好了抵御秦兵的准备。

赵王到了渑池，会见了秦王。秦王要赵王鼓瑟。赵王不好推辞，鼓了一段。秦王就叫人记录下来，说在渑池会上，赵王为秦王鼓瑟。

蔺相如看秦王这样侮辱赵王，生气极了。他走到秦王面前，说：“请您为赵王击缶。”秦王拒绝了。蔺相如再要求，秦王还是拒绝。蔺相如说：“您现在离我只有五步远。您不答应，我就跟您拼了！”秦王没法，只好敲了一下缶。蔺相如也叫人记录下来，说在渑池会上，秦王为赵王击缶。

秦王没占到便宜。他知道廉颇已经在边境上做好了准备，不敢拿赵王如何，只好让赵王回去。

蔺相如在渑池会上又立了功。赵王封蔺相如为上卿，职位比廉颇高。

廉颇很不服气，他对别人说：“我廉颇攻无不克，战无不胜，立下许多大功。他蔺相如有什么能耐？就靠一张嘴，反而爬到我头上去了。我碰见他，得给他个下不了台！”这话传到了蔺相如耳朵里，蔺相如就请病假不上朝，免得跟廉颇见面。

有一天，蔺相如坐车出去，远远看见廉颇骑着高头大马过来了，他赶紧叫车夫把车往回赶。蔺相如手下的人可看不顺眼了。他们说，蔺相如怕廉颇像老鼠见了猫似的，为什么要怕他呢！蔺相如对他们说：“诸位请想一想，廉将军和秦王比，谁厉害？”他们说：“当然秦王厉害！”蔺相如说：“秦王我都不怕，会怕廉将军吗？大家知道，秦王不敢进攻我们赵国，就因为武有廉颇，文有蔺相如。如果我们俩闹不和，就会削弱赵国的力量，秦国必然乘机来打我们。我所以避着廉将军，为的是我们赵国啊！”

蔺相如的话传到了廉颇的耳朵里。廉颇静下心来想了想，觉得自己为了争一口气，就不顾国家的利益，真不应该。于是，他脱下战袍，背上荆条，到蔺相如门上请罪。蔺相如见廉颇来负荆请罪，连忙热情地出来迎接。从此以后，他们俩成了好朋友，同心协力保卫赵国。

由此可见，儒家的仁爱思想，对于建立和谐的人际关系，增进员工之间、员工与企业之间的感情，建设和谐的企业文化，都具有重要的意义。

“和”乃万物性

长期以来，“和”一直是人们所追求的一种理想生存境界。王夫之在《周易外传·说卦》中说：“天地以和顺为命，万物以和顺为性。”自然界是如此，人类生活、社会生活也不例外。我们现实生活中所说的“和”，应该是讲团结、讲谅解、讲安定。生活中需要和睦的人际关系，需要和谐的社会环境。人们需要在和颜悦色中交往，在和睦可亲中相处。人与人之间相处的好与坏，对一个人的学习、工作、生活以及思想情感、行为方式都有很大的影响。

自古以来，中国人对于“和”都非常重视，尤其表现在军事、政治

方面，认为“和”是国家强盛、军事强大的重要因素之一。《孙子兵法·计篇》列举用兵得胜的五条：“得主专制，胜。知道，胜。得众，胜。左右和，胜。量敌计险，胜。”把取得下级兵将的支持和兵将和睦团结作为用兵取胜五个条件中的两个，可见对“和”的思想是极其重视的。《荀子·王霸》说：“上不失天时，下不失地利，中得人和，而百事不废。”大意与孟子的那番话差不多，强调了天时、地利、人和三者的重要性，尤其是人和。

日本的丰田佐吉在创建丰田纺织公司时，经营管理的座右铭是“天，地，人”三字，强调“和为贵”，其管理思想就来自孟子“天时不如地利，地利不如人和”。

其实，细想起来，在生活中有许多争吵都是很没有必要的。有这样一句很流行的顺口溜：“人生本是一台戏，因为有缘才相聚。为了小事发脾气，回头想想又何必?”仔细想想，确实是这么一回事。人与人之间没有什么大怨，只是些鸡毛蒜皮的小事，和和气气没有解决不了的问题，那为什么要争吵不休呢？遇事以和为贵，做人应该有一颗仁和之心、谦和之德、温和之气、慈和之容。人与人之间，少一些盛气凌人，多一些态度温和，凡事换位思考，就会少去许多不必要的争吵和不开心。退一步海阔天空，不仅能够拥有一份好心情，也能增进彼此情谊，改善人际关系，何乐而不为呢?

▶ 和谐生活美

很多人会问，和谐到底是什么呢？和谐就是人与人之间友好对待，和谐就是没有矛盾、没有误会。即便产生了误会，也能和平地解决。从古至今，人们一直提倡和谐，像“和气生财”、“天时地利人和”，都是说明和睦相处是有百利而无一害的。

几年前约翰一家在旧金山买了房子，然后在自家屋外修建了宽大的露台和游泳池，这些给他们带来了很多的快乐。

但是有一天，隔壁忽然立起了一堵巨大的胶合板高墙——它挡住了他们的窗口，挡住了窗外美好的景色和温暖的阳光。约翰仔细想了想，也没有什么地方得罪了邻居，但是他们之间真的可能有什么误会吧。于是约翰给邻居打电话说明了他们的诚意。可是对方的反应令约翰十分气愤，他居然什么也不说就把电话挂了！

约翰气急败坏——必须给他们点颜色看看。十八岁的漂亮女儿阻止约翰说："你这样鲁莽的行为对我们双方都是有害的！"

"你是对的，"约翰又恢复了理智，"让我们换个角度想想。"

就这样他们一直在这座大大的板墙后面过着他们的生活。

一天约翰突然对妻子说："我们可以把板墙改造成一座美丽的花园。如果能发挥创造力，也许它可以变得非常美丽。"

说干就干，马上就把想法付诸行动。约翰和女儿做了格子架，好让植物攀缘生长，最终把木板掩藏起来。朋友们知道了事情的原委，争相出手相助。很快他们有了一大群人，纷纷贡献点子、时间、花花草草。他们有很多艺术家朋友，他们带来自己的原创作品，包括亲手制作的鸟笼、蝴蝶巢和小鸟嬉戏的水盆。一位朋友甚至把鸟窝塑造成约翰的形象！他们一起挑选了藤蔓，用它覆盖格子架。待到夏天结束，那座墙，以及它所代表的怒气和所有消极感觉，已经变成了簇新的花园，成为爱、友谊与和平的象征。美丽的小花园带给约翰家许多欢乐和思考，而最重要的是自己可以选择自己的态度，拒绝愤怒，转而拥抱这世界的和平与善意。

人以和为贵！和气生财，这是对"和"的最基本、最功利也是最真实的诠释。怀揣一颗博大平实的心，宽容地对待这个世界上的一切，就会觉得这个世界充满了美好、善良和爱心。世界上的一切误会是由于气量的狭小造成的，如果每个人都能以诚相待，那么就会消除很多不必要的麻烦！

"和"能点燃无油灯，"和"能嫁接无根树，"和"能使人活得舒服，"和"能让世界更完美。国家为政之道讲究"政通人和"；家庭这个社会细胞讲究"家和万事兴"；商业和企业的经营讲究"和气生财"；网络中的交流讲究"和谐美好"！一个小小的"和"字，包含着与国、与家、与

人、与物切身相关的大道理。

“和”，是中国文化传统的基本精神，也是中华民族不懈追求的理想境界。古人有云：和气致祥。人与人之间有和的心态，即使互不相识，彼此也能体悟到温暖的阳光。国与国之间的和平，人与自然之间的和谐，人与人之间的和睦，这些正是我们所追求的“和”的境界。

3. 谦逊是美德

“满招损，谦受益”。古人的话语有着穿越时空的智慧，直到今天仍然值得我们引以为戒。谦逊是一种美好的品德，能够让我们认清自我、摆正心态，防止我们骄傲自大、目中无人。因此，请让我们牢记古人的教诲，做谦逊的人。

谦逊是真金

星云大师曾说：“一个人只懂得如何做事是不够的，最重要的还是要学会如何做人。”做事与做人，是硬币的两面。高调做事者，必须同时追求人际关系的和谐；低调做人者，也必须学会不避嫌怨，高调做事。

现代社会，繁多的企业如雨后春笋般拔地而起。每个企业都需要在业绩上出类拔萃的明星员工，但是它们绝不会喜欢以明星自居、摆明星谱的员工。在老板的眼中，最重要的首先是团队整体的平衡，他不可能为了少数人而伤害整个团队的团结与和谐。即使是业绩再好的员工，如果处理不好和团队的关系，在团队中是个“刺头”，老板也只好“挥泪斩马谡”，先对团队有个交代。

通用电气最年轻的经理人汤姆·席勒曾经给别人解释过这个道理：“我中学时参加过摔跤队，从中学到了很重要的一课。摔跤真的是团体运动，因为你在赛场上的表现取决于你的平时训练，而你平时训练的好坏，又取决于跟你一块训练的人的水平。看看一些好的摔跤队，你会注意到，多项国家冠军往往是同时取得的。一个拥有 145 磅级国家冠军的队，往往在 138 磅级、155 磅级上也有很好的表现，这是注定的。

“我们队一开始糟糕透了，2 比 14 惨败，连教练都不想待下去了。可是我们团结得像一个人，整个队一起跑阶梯，一起训练，第二年就变成 16 比 0 了。那时候我就懂得个人离开团队将一事无成。”

作为一个谦虚低调的人，汤姆知道应该把聚光灯打到自己的上司和所处的团队上，而不是使自己引人注目。他清楚地知道，没有别人的支持，他将什么也不是。

但实际生活中就有一部分人，认为只有高调做人、大开大合，才能担当重任；而畏首畏尾、不敢得罪人就会沦于平庸、有负公司的厚望，因此，保持高调、认真做事就可以了，其他的可以不用在乎。他们在工作和生活中总是显得趾高气扬，对别人满不在乎，总是与人争执不休，因而失去了同事和上司的信任与好感，并且人际冲突不断，最终并没有对大家起到积极作用，当然自己也没有什么大作为。

实际上，一个真正低调、懂得谦虚、不骄不躁的人，才是团队中真正受欢迎的人，只有这样的人才会得到大家的信任和支持，而大家的信任和支持是一个员工在团队中有所发展并对公司有所贡献的前提。

谦逊是金。懂得谦逊的人，在别人还在忙于争吵的时候，他已经开始默不作声地思考着如何能够最好地完成这件事情。谦逊是工作、生活成功的重要一环。只有谦逊才能够保持不骄不躁的心态，这样才能在遇到工作中的小摩擦和小成就时保持平和的心态，打下下一次成功的良好基础。

谦逊戒骄矜

一个懂得谦逊的人才是一个真正懂得积蓄力量的人，谦逊能够避免给别人造成太张扬的印象，这样的印象恰好能够使一个人在生活、工作中不断积累经验与能力，最后达到成功。

做谦逊的人，实际上就是做一个被人们认同和喜爱的人。做一个谦逊的人就要戒骄矜，因为具有骄矜之气的人，大多自以为能力很强、很了不起，总以为自己做事比别人强，看不起别人。由于骄傲，往往听不进去别人的意见；由于自大，做事专横，轻视有才能的人，看不到别人的长处。骄矜对人的危害是很大的，这一点古人认识得十分清楚。

一代明君唐太宗曾对侍臣说过："天下太平了，自然骄傲奢侈之风容易出现，骄傲奢侈则会招致危难灭亡。"

唐代的杜审言，是杜甫的祖父。唐中宗时做修文馆学士，为人恃才自傲，曾对人说："我的文章那么好，应该让屈原、宋玉来做我的衙役，我的字足以让王羲之北面朝拜。"

如果不能够保持谦逊的品格，不仅得不到世人的认同，还有可能被后人耻笑。

杜审言有些太自不量力了，所以被后世的人嘲笑。这样骄傲自夸只显出了他的见识短浅，并没有人认为他的才能真的有多么大。事实上，他到最后也没有能够被委以重任，这与他不懂得谦逊、过于张扬的个性是有很大关系的。

有两个女孩子，不管是才识、素质、容貌，各方面的条件都差不多，两个女孩子住得很近，周围的邻居也都认识她们。刚开始的时候，大家都很喜欢两个女孩子，因为她们年轻、有活力，心肠也好。不过，时日一长，人们对两个女孩子的态度就有所不同了，对其中的一个女孩子，人们还是一如既往地欢迎，但对另一个女孩子，人们就有些避让了。受冷落的那个女孩子感到很委屈，她觉得自己不明不白就被大家排斥了。她是不知道，人们之所以避让她，完全是因为她太自傲了，说出来的话好像总是带着刺，让听的人很不舒服，久而久之，就没有人愿意用笑脸迎接她了。而另外一个女孩子，一直得到人们的喜爱，是因为她懂得顾及别人的自尊心和面子，说话有分寸，而且很谦虚。

谦虚有利于身心的修养。我们经常会遇到一些喜欢背后议论、批评别人的人，他们就不具备谦虚、宽容的美德，谦和的人从不对别人的对错得失妄加评论，也不会在别人面前显露自己的成绩，他们总是善于以客观、谦虚的态度学习别人的长处，听取别人的意见，来弥补自己的欠缺，从而使自己得到不断的提高。

▶谦逊促成功

《劝忍百箴》中对于骄矜问题是这样论述的：金玉满堂，没有人能够把守住。富贵而骄奢，只会自食其果。国君对人傲慢就会失去政权，大夫对人傲慢就会失去领地。魏文侯接受了田子方的教诲，不敢以富贵自高自大。骄傲自夸，是出现恶果的先兆，而过于骄奢注定要灭亡。

北魏大臣贾思伯平易近人、礼贤下士，客人不理解其谦逊的原因。贾思伯回答了四个字：骄至便衰。他始终戒骄戒躁，谦逊待人。

确实是这样。现代人最大的问题，就是骄矜之气盛行。千罪百恶都产生于骄傲自大，骄横自大的人，不肯屈就于人，不能忍让于人。做领导的过于骄横，则不可能很好地指挥下属；做下属的过于骄傲，就会不服从领导；做儿子的过于骄矜，眼里就没有父母，自然不会孝顺。骄矜的对立面是谦恭、礼让，要忍耐骄矜之态，必须不居功自傲，能够自我约束。要常常考虑到自己的问题和错误，虚心地向他人请教学习。

自从电视连续剧《编辑部的故事》播出之后，剧中李冬宝的扮演者葛优便大红大紫，成为知名度很高的喜剧明星，各种片约接踵而至，影迷们称他为“葛大爷”，评论界更冠以“丑星”的称号。

面对成绩和荣誉，葛优并没有沾沾自喜，也不想当“葛大爷”和丑星。

一次，葛优出席影片《上一当》的首映式，一位记者采访他：“正是因为好多女性看中了你的幽默和潇洒，才觉得你是够档次的爷们儿。现在市面上女同胞都亲切地叫你‘葛大爷’。”葛优听罢忙说：“不敢，别这样称呼，让我折寿。虽然头上秃了点，还算个潇洒青年。再说，观众是上帝呀，咱不能把辈分颠倒了。若是‘上帝’经常来电影院欢度时光，那我情愿喊他们‘大爷’……我称不上‘丑星’，也不想当什么‘明星’。那玩意儿晚上还有点亮，到白天就看不见了。”

葛优的回答极其幽默，又极其谦虚。他虽然对自己的才能有充分的自信，但在公开的场合仍然非常谦虚，绝不哗众取宠，为自己赢得了良好的形象。

自夸是明智者所避免的，却是愚蠢者所追求的。真正的明智者之所以不会自吹自擂，是因为他知道宇宙广大、学海无涯、技艺无穷，终其一生，也不能洞悉其中的全部奥秘。而一切平庸之辈，满足于一知半解，满足于点滴成绩，他们用富丽堂皇的话装饰自己，以讨得廉价的喝彩。这样的人无疑是失败的。

谦逊能够克服骄矜之态，能够营造良好的人际关系，因为人们所尊敬的是那些谦逊的人，而绝不会是那些爱慕虚荣和自夸的人。

4. 谦让路宽敞

中国人从古至今都崇尚谦让的精神。这是一种牺牲自己的利益而成全他人利益的精神，古往今来都被人们推崇。星云大师曾开导年轻人说："谦让自会有路，何必争在一时。"年轻人不要因为年轻气盛而过多地争执，更应当懂得谦让。

▶谦让美德于己

谦让，是一种心明眼亮的谦虚与互利，是一种心比天高的谦逊与互惠，是一种心平气和的谦卑与互让，是一种心安理得的谦敬与互存。

小鱼们出海的时候不是你追我赶的，而是慢条斯理嬉戏汪洋的；小鸟们出笼的时候不是争先恐后的，而是井然有序飞出笼子的；小马吃草的时候不是蜂拥而上的，而是各奔东西寻找嫩草的；渔人捕鱼的时候不是集体撒网的，而是各自为营分头捕捞的；人们挖金的时候不是你抢我夺的，而是分道扬镳辛勤挖拣的。这些，就是谦让的有力见证！

坐公交车时谦让一下老弱病小，是自己与他人方便的善意；走在窄道上谦让一下人来人往，是自己与他人方便的表现；腰缠万贯时谦让一下穷人，是自己与他人共享的友好；晋升职位时谦让一下别人高升，是自己与他人双赢的美好；德高望重时谦让一下大众平凡，也是自己与他人亲近的伟大。

谦让净化生活

生活中，每个人都难免会遇到或多或少的麻烦，也总会有与别人起冲突摩擦的时候。这时候，如果懂得适时地谦让，就可以避免很多不必要的麻烦。

有幸生活在现代文明的太平盛世里，我们一定要学会谦让、时常谦让，才能凸现我们礼仪之邦的风范。其实谦让是可以学会的，关键是自己平时要严格要求自己，与人和睦相处，与人为善，自然就会从善如流了。

一位绅士要去处理一件急事，在去的路上要经过一座独木桥，上了独木桥之后，刚走几步便遇到一个孕妇。绅士很礼貌地转过身回到桥头，让孕妇过了桥。孕妇一过桥，绅士又走上了桥。这次都走到桥中央了，又遇到了一位挑柴的樵夫，绅士二话没说，再次回到桥头让樵夫过了桥。

第三次，绅士再也不贸然上桥，而是等独木桥上的人过尽后，才匆匆上了桥。眼看就到桥头了，迎面赶来一位推独轮车的农夫。绅士这次不甘心回头，摘下帽子，向农夫致敬："亲爱的农夫先生，你看我还有两步就要到桥头了，能不能让我先过去？"农夫不干，把眼一瞪，说："你没看我急着去赶集吗？"

话不投机，两人争执起来。这时河面上浮来一叶小舟，舟上坐着一个胖和尚。和尚刚到桥下，两人不约而同请和尚为他们评理。

和尚双手合十，看了看农夫，问他："你真的很急吗？"

农夫答道："我真的很急，晚了便赶不上集了。"和尚说："你既然急着去赶集，为什么不尽快给绅士让路呢？你只要退那么几步，绅士便过去了，绅士一过，你不就可以早点过桥了吗？"

农夫一言不发，和尚便笑着问绅士："你为什么要农夫给你让路呢？

就是因为你快到桥头了吗?”

绅士争辩道:“在此之前我已给许多人让了路,如果继续让农夫的话,便过不了桥了。”

“那你现在是不是就过去了呢?”和尚反问道,“你既已经给那么多人让了路,再让农夫一次,即使过不了桥,起码保持了你的风度,何乐而不为呢?”绅士满脸涨得通红。

学会谦让,我们的工作环境里就不会再有“明争暗斗、争功抢劳、论资排辈、偷工减料”的小人牟利了;我们的人际圈子里就不会再有“尔虞我诈、油嘴滑舌、花言巧语、出口伤人”的口角战争了,而会有“礼尚往来、情深义重、宽以待人、感恩戴德”的友善交往。学会谦让,是我们日常生活中的一门必修课,我们要时刻切记保持勤学善举。只要人人都能够坚持不懈地学会谦让、做到谦让,那么我们的社会就将永远是一个国泰民安、繁荣昌盛、和谐幸福的美丽家园。

谦让成功钥匙

谦逊是人性中的美德。只有心胸宽广、谦虚谨慎,才能不断地丰富自己的知识,增强自己的本领,进而创造更大的成功。

李明是清华大学毕业的高才生,刚刚毕业便被分配到了一家较大的IT公司。初进公司,他便参与了一个比较重要的项目。虽说李明在学校时成绩优秀,但是,要想做好这个项目,还真需要一些经验不可。李明没有被这个任务吓倒,而是先充实自己的知识。在上班时,他积极地向各项目负责人学习,学习他们的管理经验,并和他们建立起合作关系,下班也主动与他们沟通。这样过去了一个月,李明不但圆满地完成了这个项目,而且还与同事建立了良好的友谊。

李明逐渐积累了丰富的项目经验,公司对他更加器重,让他负责许多重要的项目。可是,李明没有因为这些成功而改变以往与人沟通、与人学习的习惯,反而更加谦逊,时时与各个项目负责人交流经验、互通有无,这种良好的工作态度和与大家精诚协作的工作精神受到了老总的赞赏，公司为项目组颁发了集体奖旗，还为他们加了工资，并建立起项目基金，李明被升职为集体项目负责人。

李明升职为集体项目负责人后，为大家定了一条规矩：大家如果有不懂的事，就写在公司网站规定的网页上，有人负责解答，彼此互通经验。这样，由于大家积极合作、互通有无，到年终，他们部门又获得了巨大的效益。这不能不说是李明培养大家谦逊好问精神的功劳。

谦虚使人进步，因为谦虚的气度让你看见了别人的优点，从而向先进者学习，提高自己的技艺。

5. 诚信为本真

诚信待人，是人在社会中生存的最重要的准则之一。一个讲诚信的人，必定有着良好的人际关系，因为每个人都愿意与讲诚守信的人交往。这样的人，会给人以安全感、信赖感，能够唤起人们内心深处的美好感情。

以诚待人

人生一世，会遇到形形色色的人，但无论对谁，都要以诚相待。真诚能够唤起内心深处真实的情感，也只有在真诚中，才可见美丽，才能寻得真正的朋友。

自古以来，中国都被称为诚信礼仪之邦。

早在战国初期，孔子及其弟子就曾在《论语》中多次提出交友需讲诚信。如曾子曰："吾日三省吾身：为人谋而不忠乎？与朋友交而不信乎？"孔子曰："谨而信，泛爱众而亲仁。"子夏曰："与朋友交，言而有信。"还有孔子的"不患人之不己知，患不知人也。"

这些都是讲与人相处要真诚信用、言行谨慎、善于了解别人长处的名言。时至今日，两千五百年过去了，我们的世人早已从古代走向了文

明，在中国传统道德文化的熏陶下，我们都懂得了很多关于诚信的道理。当然谁也不是圣贤，都会有过错，无意中对他人的伤害，只要在自己醒悟之后，能够真诚地道一句抱歉，就会得到别人真诚的谅解。

早年，尼泊尔的喜马拉雅山南麓很少有外国人涉足。后来，许多日本人到这里观光旅游，据说这是源于一位少年的诚信。

一天，几位日本摄影师请当地一位少年代买啤酒，这位少年为此跑了三个多小时。

第二天，那个少年又自告奋勇地再替他们买啤酒。这次摄影师们给了他很多钱，但直到第三天下午那个少年还没回来。于是，摄影师们议论纷纷，都认为那个少年把钱骗走了。第三天夜里，那个少年却敲开了摄影师的门。原来，他在一个地方只购得四瓶啤酒，于是，他又翻了一座山，趟过一条河才购得另外六瓶，返回时摔坏了三瓶。他哭着拿着碎玻璃片，向摄影师交回零钱，在场的人无不动容。这个故事使许多外国人深受感动。后来，到这儿的游客就越来越多。

只要有心做一个真诚的人，也一定会得到别人同样的真诚。

一位哲人说过："在朋友面前，我不会隐藏什么，我将毫无保留地展现一个真实自我。我的快乐、我的悲伤会暴露得淋漓尽致。我的乐趣会经常地让你分享，我的烦恼也会不时地向你倾诉。也许我的某一句言词会伤及你，但我绝不是有意，如果我能意识到，我会真诚地请求你的原谅。我愿坦诚面对每一位朋友，同时也希望所有的朋友能以诚相待。"

凡读过《三国演义》的人，大都忘不了第三十六回刘备送徐庶的感人场面：

玄德立马于林畔，看徐庶乘马与从者匆匆而去。玄德哭曰："元直去矣！吾将奈何？"凝泪而望，却被一片树林隔断。玄德以鞭指曰："吾欲尽伐此处树木。"众问其故。玄德曰："因阻吾望元直之目也。"

玄德此言此行，有谁不被感动呢？众所周知，刘备以织履起家，他文不如诸葛，武不如关张，但终成帝业，这与他礼贤下士、善于团结人才、重用人才有很大的关系。从他对徐庶的一片挚情，便不难明白何以有那么多的能人志士甘愿为他出生入死、鞠躬尽瘁、肝脑涂地。这其实就是真诚的力量。

肝胆相照

俗话说：人心换人心，四两换半斤。赤诚待人，肝胆相照，人亦必披肝沥胆，以诚报之。反之，则必如庄子所云："人不精不诚，不能动人。"纵使满脸堆笑，也只能落得个"强亲者虽笑不和"的下场。

王先生做生意素以真诚待人而受到圈内人的好评。

有一次，王先生的公司要与香港的一家公司合作，派王先生作为公司代表去签合同。双方谈得很是投机，很快就把合同递上来了。

王先生拿过合同准备签字，突然发现合同上的金额不对。本来是300万的项目，可能是由于录入员的失误，多打了一个0，变成了3000万。如果签下了这个合同，王先生公司的收益就会增加10倍！

可是王先生并没有签字，而是立即给对方指出了这个错误，言明金额有错误，不希望给对方带来损失，因此不能签字。对方很是意外，当然更感动，表示在生意场上像王先生这样真诚待人的人真不多见，与王先生合作很让人放心。于是自愿把金额追加到了500万。

王先生的真诚之心为自己的公司换来了利益，也为自己换来了大好前程。

像王先生这样，在生意场上能够如此诚信，实在值得很多人学习。

何为"诚"？说文曰："诚，信也。"《增韵》道："诚也，无伪也，真实也。"

星云大师认为，诚既可理解为诚实，也可理解为诚信。一方面，诚实的人不说谎话，一就是一，二就是二，与这样的人交往，不怕被骗。另一方面，诚信的人不会说话不算话，说到做到，与这样的人交往，不怕失望。

诚比金贵

诚信是一种社会公德，也是个人成功的一个必要条件。因为诚信就是影响力，是无形的财富。

18世纪的英国有一位有钱的绅士，一天深夜他走在回家的路上，被一个蓬头垢面、衣衫褴褛的小男孩儿拦住了。“先生，请您买一包火柴吧。”小男孩儿说道。

“我不买。”绅士回答说，说着躲开男孩儿继续走。

“先生，请您买一包吧，我今天还什么东西也没有吃呢。”小男孩儿追上来说。绅士看到躲不开男孩儿，便说：“可是我没有零钱呀。”

“先生，你先拿上火柴，我去给你换零钱。”说完男孩儿拿着绅士给的一个英镑快步跑走了。绅士等了很久，男孩儿仍然没有回来，绅士无奈地回家了。

第二天，绅士正在自己的办公室工作，属下说来了一个男孩儿要求面见，于是男孩儿被叫了进来。这个男孩儿比卖火柴的男孩儿矮了一些，穿得更破烂。

“先生，对不起，我的哥哥让我把零钱给您送来了。”

“你的哥哥呢？”绅士问道。

“我的哥哥在换零钱回来找你的路上被马车撞成重伤，在家躺着呢。”

绅士深深地被小男孩儿的诚信感动，“走！我们去看你的哥哥！”

去了男孩儿的家一看，家里只有两个男孩的继母在照顾受伤的孩子。一见绅士，男孩连忙说：“对不起，我没有给您按时把零钱送回去，失信了！”

绅士却被男孩的诚信深深打动了。当他了解到两个男孩儿的亲生父母都双亡时，毅然决定把他们生活所需要的一切都承担起来。

男孩的厚道与诚信，感动了绅士。可见，诚实守信是多么的重要，它远比金钱财富重要得多。试想，如果男孩没有这样做，结果又是怎样呢？

诚从何来？不是来自寒暄客套、例行问候，也不是来自请客送礼、频频举杯，更不是尾随上司、送钱送物。诚，来自执著而强烈的事业心，来自对人的由衷关心和爱护，来自与共事者在工作中长期结成的深情厚谊。一句推心置腹的话，一个真诚的关照，远比万言阿谀奉承真诚得多。

6. 买苦也心甘

星云大师说："花钱买苦也心甘。"吃苦没什么不好，多吃点苦头对于人的成长非常有帮助。有钱难买少时贫，只有经历了苦难的磨炼，才会有坚忍不拔的毅力、一往无前的勇气和排山倒海的气魄，才会有获得成功的资质和潜力。

成功先吃苦

人要想成功，若不吃点苦，恐怕是难以达到的。只有吃过苦中苦，才能成为人上人。

古人云："不经一番寒彻骨，焉得梅花扑鼻香。"遍观古今中外的成功人士，没有谁轻轻松松就会取得突出成就的。吃得苦中苦，方为人上人。只有经历过一番历练，才能成为强者。

一个屡屡失意的年轻人，千里迢迢找到老僧信圆，沮丧地对他说："人生总不如意，活着也是苟且，有什么意思呢？"

信圆静静地听着年轻人的叹息，吩咐小和尚说："施主远道而来，烧一壶温水送过来。"

不一会儿，小和尚送来了一壶温水。信圆抓了些茶叶放进杯子，然后用温水沏了，微笑着请年轻人喝茶。杯子微微冒出水汽，茶叶静静浮着。年轻人不解地问："宝刹怎么用温水沏茶？"

信圆笑而不语。年轻人喝了一口，细品之后，不由地摇摇头："一点茶香都没有。"

信圆说："这可是闽地名茶铁观音啊。"

年轻人又端起杯子品尝，然后肯定地说："真的没有一丝茶香。"

信圆又吩咐小和尚："再去烧一壶沸水送来。"

又过了一会儿，小和尚提着一壶冒着浓浓白汽的沸水进来了。信圆起身，又取过一个杯子，放茶叶，倒沸水，再放在茶几上。年轻人俯首看去，茶叶在杯子里上下沉浮，丝丝清香不绝如缕，望而生津。

年轻人欲去端杯，信圆作势挡开，又提起水壶注入一线沸水。茶叶翻腾得更厉害了，一缕更醇厚更醉人的茶香袅袅升腾，在禅房弥漫开来。信圆这样注了五次水，杯子终于满了，那绿绿的一杯茶水，端在手上清香扑鼻，入口沁人心脾。

信圆笑着问："施主可知道，同是铁观音，为什么茶味迥异吗?"

年轻人思忖着说："一杯用温水，一杯用沸水，冲沏的水不同。"

信圆点头："用水不同，则茶叶的沉浮就不一样。温水沏茶，茶叶轻浮水上，怎会散发清香？沸水沏茶，反复几次，茶叶沉沉浮浮，才会释放出四季的风韵：既有春的幽静、夏的炽热，又有秋的丰盈和冬的清冽。世间芸芸众生，也和沏茶一样。不经过沸水的冲沏，再好的茶也没有味道；不经过刻骨铭心的磨炼，再有才华的人也成不了大事。摆脱失意最好的方法就是苦练内功，提高自己的能力。"

年轻人茅塞顿开，回去后刻苦学习，虚心讨教，不久就引起了人们的注意，成就了一番事业。

古语有云："天将降大任于斯人也，必先苦其心志，劳其筋骨，饿其体肤，空乏其身，行拂乱其所为。所以动心忍性，曾益其所不能。"要想获得理想的人生，摆脱不受重视的状态，最有效的方法就是在苦难中磨炼自己。

故事中的茶叶就如同我们每一个人，沸水其实就象征着我们需要承受的苦难。受的苦难越多，我们才能够散发出更久远、醇厚的茶香。正所谓，水温够了茶自香，功夫到了事自成。

苦中亦有乐

俗语说："不吃苦，就不能做佛祖。"自古的伟人圣贤，哪一个不是从苦难中慢慢奋斗而得到最终成功的？佛陀六年苦行，达摩九年苦苦面壁；王宝钏十八年苦守寒窑，才为人记忆；苏秦悬梁刺股苦学有成，才为人所称道。所以说，苦是人生的增上缘。

人都说命苦如黄连，为什么这么说呢？原来，黄连是世界上最苦的。在湖南的一些地方有一个习俗，小宝宝出生三天内，一定要给他喝黄连水，这种做法在当地被称为“开口连”。

因为黄连有清热去湿的功效，可治热毒、口疮、痈疽疔毒等症。给宝宝喝了黄连水，就不会生痱子、长疖子了。

这是人生的开始，甜的生活始于苦的滋润。

苦难就是人生的历练，只有经过了苦难的折磨，才会拥有刚毅不屈的品格，才会练就不达目的不罢休的毅力，才会造就排除万难到达彼岸的喜悦。

有一种说法，说人生在世都要喝两杯水，一杯是甜的，一杯是苦的。在每个人离开这个世界的时候，得将两杯水喝完。有些人先喝甜的，到后面就剩苦水了；有的人是先喝苦的，后面就只剩甜的了。苦尽甘来，也就是把苦水喝完了就剩甜水了，今日的吃苦是为了将来的享福。

很多时候，我们为了欣赏高处的风景不得不经历艰险努力攀登。只有付出了汗水，才收获了吃苦后的那种满足、惬意和快乐。

在小王的心中，十年来一直没有忘记那年去张家界旅游的经历：

小王他们几个人走了一上午，登天子山时就已疲惫到了极致。

就在这时，一群抬竹轿子的人围上了他们，一位近60岁的大叔说要抬小王上山，只要30元钱就可以了。

小王说：“可是您那么大年纪了，我这么年轻，不行不行，我坐在上面心里不安。”

大叔说：“这有什么，你出钱，我出力，这是很公平的。”

小王问：“您每天都做这种事情难道不苦吗？”

大叔说：“苦是苦点，但是一想到上大学的两个儿子，我就一点也不觉得苦了。”

大叔的话让小王好感动。最后小王帮着那位大叔说服一位游客阿姨

坐他的抬轿上山了。而小王他们走走停停终于也到了山顶，虽然真的很累很累，但站在高处看那些美景，让他们的心豁然开朗，所有的辛苦都感觉不到了。

正如星云大师所说的那样：“面对具有挑战的生活，吃苦就是一种希望。有时候苦的东西，如果你悟通了，就不再是苦。所有的历经的苦都是一种弥足珍贵的人生经验，是一种体验，而不会是苦。”

甘心花钱买苦

我们常把人生比做一次旅行，辛劳和苦难则算做是我们所不能不花的旅费。而在这一趟旅程中，我们可以得到各种各样五色缤纷的经验。当我们痛苦的时候，可以当做是我们在旅途中的跋山涉水、走狭路、过险桥。而当我们快乐的时候，那是我们到达了风光明媚的处所，卸下了行装，洗去了风尘，在欣赏留恋。

有一个人，一生中经历了几乎一千次苦难。但他却说：“正是这些苦难成就了我的成功。”

6岁时，他的父亲突然病逝，没有留下任何财产。母亲外出打工，年幼的他在家照顾弟妹，并学会自己做饭。

12岁时，母亲改嫁，继父对他非常的严厉，常在母亲外出时痛打他。

14岁时，他辍学离校，开始了流浪生活。

16岁时，他谎报年龄参加了远征军。因航行途中晕船厉害，被提前遣送回家。

18岁时，他娶了个媳妇。但只过了几个月，媳妇就变卖了他所有的财产逃回娘家。

20岁时，他开始当电工、开轮渡，后来又当铁路工人，没有一样工作顺利。

30岁时，他在保险公司从事推销工作，后因奖金问题与老板闹翻而辞职。

31岁时，他自学法律，并在朋友的帮助下干起了律师。一次审案时，竟在法庭上与当事人大打出手。

于是32岁时，他又一次失业了，生活非常困难。

35岁时，苦难又一次降临到他的头上。当他开车路过一座大桥时，大桥钢绳断裂，他连人带车跌入河中，身受重伤，无法再干轮胎推销员工作。

40岁时，他在一个镇上开了一座加油站，因挂广告牌把竞争对手打伤，引来一场纠纷。

47岁时，他与第二任妻子离婚，三个孩子深受打击。

61岁时，他竞选参议员，最后落败。

65岁时，政府修路，拆了他刚刚红火的快餐馆，他不得不低价出售所有的设备。

66岁时，为了维持生活，他到各地的小餐馆推销自己掌握的炸鸡技术。

75岁时，他感到力不从心，因此转让了自己创立的品牌和专利。新主人提议给他一万股，作为购买价的一部分，他拒绝了。后来公司股票大涨，他因此失去了成为亿万富翁的机会。

83岁时，他又开了一家快餐，却因商标专利与人打起了官司。

88岁时，他终于大获成功，全世界都知道了他的名字——肯德基的创始人哈兰·桑德斯（Harland Sanders）。

他说："我应该感谢生命中的苦难，没有它们，也许我会以一个默默无闻的身份死去。"

人间的苦苦乐乐，我们都该把它看做理所当然，坦然面对。做生意顺利的时候，财源滚滚而来，取之不尽，用之不竭，那是顺境。一旦遇上风险，逆境来临，就又要过一过节衣缩食的苦日子。不够坚强的人当逆境来临时，就难免会匆匆结束这次旅行，提早承认自己的失败；而假如我们够坚强，就该明白，我们就是为经历这些风险才来到这个世界的。

所有的苦最终都是伟大的，就如星云大师所说的那样："伟大，是多少辛苦和努力换来的赞美词。吃苦就是吃补，诚信然也！"

有因缘，才能成就好事

——星云大师谈结缘

结缘，是指彼此结交善缘。为造立寺塔、刻印经书而喜舍财物称为结缘；人与人之间以欢喜心相见，互相招呼，亦称结缘；大众中共同听闻佛法，彼此以结法缘，亦称结缘。有的人富可敌国，但是没有人缘，到处被人嫌骂；有的人贫无立锥之地，反而非常受人欢迎，这都要看他平常是否善于与人结缘。

1. 随心随缘

在这个世界上，每个人的一生都不可能总是一帆风顺、事事如意，总会遇见烦恼和忧愁。当不顺心的事困扰着我们的时候，我们该如何面对呢？

主动随缘

什么是随？随不是盲目跟随，而是顺其自然，不怨恨，不躁进，不过度，不强求；随不是散漫随便，而是把握机缘，不悲观，不刻板，不慌乱，不忘形。随是一种达观，是一种洒脱，是一份人生的成熟，一份人情的练达。

什么是缘？世间万事万物皆有相遇、相随、相乐的可能性。有可能即有缘，无可能即无缘。缘，无处不有，无时不在。你、我、他，都在缘的网络之中。常言说，有缘千里来相会，无缘对面不相识。万里之外，异国他乡，陌生人对你哪怕是真诚一笑，这便是缘。

有诗云："有缘即住无缘去，一任清风送白云。"人生有所求，求而得之，我可随之而喜；求而不得，我亦不必为之而忧。若如此，人生哪里还会有什么烦恼可言？苦乐随缘，得失随缘，以入世的态度去耕耘，以出世的态度去收获，这就是随缘人生的最高境界。

在一个刮着北风的寒冷夜晚，路边一间简陋的旅店灯火通明。

夜深了，来了一对上了年纪的客人。不巧的是，小旅店早就客满了。

"这已是我们寻找的第十六家旅店了。这鬼天气，到处客满，我们该怎么办呢?"这对老夫妻望着店外阴冷的夜晚发愁。

店里小伙计不忍心看着这对老年客人受冻，便好心建议说："如果你们不嫌弃的话，今晚就住在我的床铺上吧，我自己打烊时在店堂打个地铺。"

老夫妻非常感激，将就着过了一夜。第二天照店价要付客房费，小伙计坚决拒绝了。临走时，老夫妻开玩笑似的对他说："你经营旅店的才能真够得上当一家五星级酒店的总经理。"

"那敢情好！收入多些可以让我的老母亲过得更好些。"小伙计随口应和道，哈哈一笑。

没想到两年后的一天，这位小伙计收到一封寄自纽约的信，信中邀请他去拜访当年那对睡他床铺的老夫妻，并夹有一张来回纽约的双程机票。

小伙计来到繁华的大都市纽约，老夫妻把小伙计引到第五大街与三十四街交会处，指着那儿一幢摩天大楼说："这是一座专门为你兴建的五星级宾馆，现在我们正式邀请你来当总经理。"

这位小伙计最后成为著名的酒店经理人。

小伙计与这对老夫妻的缘分不可谓不深。更难得的是，小伙计懂得随缘，缘分来了就随它来，自己只做些力所能及的事。当然，这段缘分也让他受益匪浅。

"随缘"，并非像一些人理解的那样，不需要有所作为，听天由命，由此也成为逃避问题和困难的理由。殊不知，随缘不是放弃追求，而是

让人以豁达的心态去面对生活；随缘是一种智慧，可以让人在狂热的环境中，依然拥有恬静的心态，冷静的头脑；随缘是一种修养，是饱经人世的沧桑，是阅尽人情的经验，是透支人生的顿悟。

随缘不是没有原则、没有立场，更不是随便马虎。“缘”需要很多条件才能成立，若能随顺因缘而不违背真理，这才叫“随缘”。

随缘智慧

随缘，不仅是一种胸怀，更是一种成熟，是对自我内心的一种自信和把握。懂得随缘的人，总能在风云变幻、艰难坎坷的生活中，收放自如、游刃有余；总能在逆境中，找寻到前行的方向，保持坦然愉快的心情。随缘，是对现实正确、清醒的认识，是对人生彻悟之后的精神自由，是“聚散离合本是缘”的达观，是“得即高歌失即休”的超然，更是“一蓑烟雨任平生”的从容。拥有一份随缘之心，你就会发现，天空中无论是阴云密布还是阳光灿烂，生活的道路上无论是坎坷还是畅达，心中总是会拥有一份平静和恬淡。

随缘是一种心态，也是一种意境，更是一种人生智慧。随缘是用出世的眼光看事，用入世的双手做事；随缘是举重若轻、轻描淡写、游刃有余的潇洒风度；随缘是“知其不可为”则果断放弃、审时度势、另辟蹊径的处事态度。随缘是一种人生的态度，从更深的层次看，随缘更是一种待人处事的思维方式。

有一个因缘乞丐的故事。

有一个乞丐，总是躲在寺庙的一个角落里静静地合掌念佛，然后就去乞讨。每当有人施舍的时候，他总是面露喜色，不停地说：“因缘！因缘！”即使不给，他也会说：“因缘！因缘！”小孩子用石头打他，他也只是说：“因缘！因缘！”因此，人们称他为“因缘乞丐”。晚上，没有住的地方，他就在别人的屋檐下过夜。

一个寒风刺骨的晚上，一个书生因为天黑没有看见他，竟在他头顶上小解。乞丐醒来，喃喃地说：“因缘！因缘！”书生看到他后大吃一惊，不停地道歉，乞丐急忙说：“不敢当，不敢当，都怪我睡错地方，吓着了你，这也是你我的因缘。你向一个乞丐道歉，实在是让乞丐不安！”书生被他深深地感动了，立刻向他许诺说：“只要我死在你的后面，我一定厚葬你！”

没过多久，因缘乞丐就在一家人的屋檐下死去了。书生信守诺言，为乞丐举行了隆重的葬礼，然后将其火化。

但是奇怪的事发生了，乞丐居然在火焰中获得了重生，他浑身散发着耀眼的金光，向书生说道：“感谢你将我的肉身超度，剩下的东西算是给你的补偿。”然后就消失了。

后来，书生在乞丐的骨灰中发现了几十颗水晶般透明的紫色舍利子。

书生与乞丐的因缘可谓有趣。书生随缘在路边小解得以结识乞丐，又随缘许下承诺，最后随缘把乞丐厚葬。随缘让书生坦荡，也让书生最终受益。

星云大师说：“缘动则心动，心动则缘起；缘来好好珍惜，缘去淡淡随缘。随缘一世，一世随缘。”《菜根谭》上说：“万事皆缘，随遇而安。”这是一种为人处世的方式，是一种安详恬淡的心态，是一种处变不惊的风范。

随性自然

生活是在随缘中实现的，心智也在随缘中成长。每一个人都要根据自己的缘去生活，依自己的因缘成就人生。岁月本无疆，人生当随缘。

有个年轻人被烦恼困扰，苦不堪言！于是，来到山里，寻求解脱！

走着走着，看见一牧童骑在牛背上，吹着笛子，好不欢快！于是，他问牧童：“你为什么能这样无忧无虑，而我总被困扰？”

牧童回答道：“我坐在牛背上笛子一吹，什么也不用想，什么烦恼也没有！要不，你也来试试？”

于是这个人就真的试试了，但是，还是有很多事困扰着他，越想越多，越想越乱，最后调子也不成调了！因为，心，根本就定不下来！

牧童说：“是你想得太多了！”

“那些事总是困扰着我，我没办法不想啊！”

于是这个人继续忧心忡忡地走了，来到山林深处，有一茅屋，内有一长者，年轻人就走上去问：“请教您一个问题，我感觉老是被困扰着，怎样才能解脱烦恼？”

长者答道：“有谁捆着你了吗？”

年轻人：“……”

“那么没人捆你、绑你，谈何解脱？根本就不是烦恼，只是你自己想得多了！”

是啊，有很多时候，所谓的困扰其实本没有什么的，只是自己想得多了，越想就越觉得烦，烦到最后，就一发不可收拾了！所以，有些事不用想那么多，佛语有云：随缘也！

2. 赞美艺术

赞美之言，每个人都喜欢听；赞美不仅能使被赞美者得到快乐，也能使赞美者受到欢迎。赞美是一种艺术，我们要想掌握好这门艺术，首先要有一双善于发现的眼睛。其实，每个人都有优点，他们身上有很多值得我们去学习和赞美的地方。如何发现它们并加以赞美，是一门高深的社交艺术。

脱身策略

众所周知，赞美之词没有人会拒绝。合适的赞美能给被赞美者带来快乐，使他们心情大好，赞美者也会博得对方的好感，当然也会为自己带来好运，在困境中使自己成功脱身。因此，赞美，是一种美妙的策略。

一次，北宋宰相寇准请一个理发师为他理发。

理发师理到一半时，因过度紧张，不小心将其头发剃秃了一块。他吓坏了，情急之下，忽生一计。他放下剃发刀，两眼直直地看着宰相的肚子。

寇准见状，好奇地问："你不理发，看我肚子作甚?"

理发师连忙说："人人都说宰相肚里能撑船，我看您肚子并不大，如何撑得了船?"

寇准闻此言后哈哈大笑："宰相肚里能撑船，是指宰相的气量大，对小事能容忍，不计较。懂了吗?"

话音刚落，理发师"扑通"一声跪在地上，战战兢兢地说："小的该死，刚给大人剃发之时，不小心将头发剃秃一块。宰相您气量大，请饶恕小的吧!"

寇准摸摸头发，果然秃了一块。刚要发火，但转念一想，自己刚说过宰相气量大，不计较小事，现在怎么能怪罪于人呢? 于是，笑着说："好了，你起来吧，谁让宰相肚里能撑船呢!"

从这个故事里，我们看到了理发师善用赞美的策略。他掌握了赞美的艺术，抓住了一般人"伸手不打笑脸人"和"盛赞之下，怒气全无"的心理，先把宰相的气量捧大，再想办法为自己开脱，最后终于得以脱身。

▶ 讲究技巧

当然，赞美是要讲究技巧的。如果不懂得技巧，一味地追在人家屁股后面大献殷勤，未免有阿谀奉承的嫌疑。在这个问题上，古代大诗人唐伯虎就给我们上了一堂生动的赞美课。

有一次，一豪绅大摆筵席为老母祝寿，请唐伯虎赴宴。这位豪绅平时乐善好施，颇受乡亲们的好评，而且为人幽默而大气，唐伯虎欣然前往。

酒酣耳热之际，众宾客纷纷祝贺，说了许多华美的贺辞。这时，再美好的辞令也显得很平常。唐伯虎来了一回"耸人听闻"，他向主人献了一首诗。

唐伯虎慢悠悠地对着寿星念道："这个婆娘不是人，"听完第一句，举座皆惊，大家以为唐伯虎醉酒失礼，都不知该怎么办。

唐伯虎还是慢条斯理地念下去："九天仙女下凡尘，"宾客听完，都拍掌称绝。

唐伯虎又念："生下儿女都是贼，"刚缓和的神经又绷紧了，大家又被镇住了，鸦雀无声。

只听他念下一句："偷得蟠桃献母亲。"众人舒了一口气，同时为他精彩的诗句折服。

唐伯虎在公众场合露的这一手，别出心裁，自然语惊四座。像唐伯虎这样的赞美，就是运用了先抑后扬的技巧。明明是要赞美你，但故意先说点难听的，把胃口吊起来，然后出其不意地大加赞美，让听者不仅怒意全消，而且非常受用。

同样的，在平常的生活中，我们需要适时地赞美别人，而且一定要讲究技巧，才能达到事半功倍的效果。

学会赞美

赞美别人说话是一门艺术，一句话能把人说笑，也能把人说跳。学会赞美别人，是我们为人处世必须知道的一个道理。

有甲乙两个猎人，各猎得兔子两只回来。甲的妻子看见冷漠地说："你一天只打到两只小野兔吗？真没用！"甲猎人不太高兴，心里埋怨起来，你以为很容易打到吗？第二天他故意空手而回，让妻子知道打猎是件不容易的事情。

乙猎人遇到的则恰恰相反，他的妻子看到他带回了两只兔子，欢天喜地："你一天打了两只野兔吗？真了不起！"乙猎人听了满心喜悦，心想两只算什么，结果第二天他打了四只野兔回来。

两句不同的话，产生了完全相反的结果。人的根本天性就是喜欢自己主动地做一些事情，而不是被动的，而赞美就有这样神奇的效果。

美军陆军部的一次军官培训课上，一位上校对于专家所讲的激励技巧颇不以为然。

一个星期后，上司安排上校负责一份重要的简报，由于他做得很出色，那位上司——将军决定表扬他。将军在一张卡片的封皮外面写上“太棒了！”里面则写了些赞扬和鼓励的话，然后召见上校，当面称赞他，并把那张卡片交给他。

上校打开卡片看了一遍，愣了一会儿，然后头也不抬地走了出去。

将军感到莫名其妙，还以为自己做错了什么，便随后跟了出去。结果，让他感到美妙的是，上校转到每个办公室，向其他人炫耀他那张卡片。

后来，上校专门设计印制了一些类似的卡片，专门用来赞美和鼓励他人。

赞美和鼓励，能激发人更多自信和勇气；对生活充满热情；对未来充满希望。学会赞美别人，你也会得到别人的赞美。

3. 毋固毋我

很多人总是在自己的感受里面生活，执著于自己“心”的感受，其实这些感受就是让我们尝受痛苦的主要原因，因为当我们用“我自己的感受”来分别和判断一切事物时，就会产生“对”与“错”、“爱”与“恨”、“是”与“非”的分别，从而产生种种烦恼。

星云大师说：“我们的心有多大，世界就有多大。”虽然我们生活在同样的天空下，但各人心中的世界却如天地悬隔。如能突破我执，去掉凡俗事物的束缚，我们的心灵就会得到安宁，变得纯净。

毋固我执

太过执著的人总会有无尽的烦恼，总也找不到自由自在的生活状态。只有放下我执，才能让心灵自由驰骋。

释迦牟尼得道之后宣扬佛法。

有一次，有一个人问他："可否将你的全部教导归纳成最简短的一句话?"

他回答说："可以!"

那个人于是问："那么请问，这句宝贵的话是什么呢?"

释迦牟尼回答说："一切都不要执著!"

为什么我们会为琐事烦恼，而非其他更重要的事情呢？世间每天都可能发生很多灾难，有很多人遭遇挫折或离开人世，但我们只是感叹一下，不会有多少切身感受，更不会因此寝食难安。这是因为其中还未贴上"我"的标签，一旦发生的事情中介入"我"，感觉立刻就不同了。

比如，如果那个遭遇挫折的是"我"，那个离开人世的是"我"的亲人，一场普通的人间悲剧便顿时上升为头等大事。在我们的世界中，还有什么比"我"受到伤害更严重的事件呢？当一个不相干的人去世了，我们会觉得人皆有一死，不足为奇；可当亲人或我们自己面临死亡时，就不会如此坦然了，不是抱怨上天不公，便是哀叹自己薄命。

由此可见，一切烦恼皆围绕"我"展开。我们将缘起的念头和想法当做是"我"，将种种不是我的当做是"我"。若不是受这种错觉的影响，那些来来去去的念头又如何能在心中生根，进而伤害我们呢？如果没有"我"的干扰，世间的无常变化就是我们能够接受的客观规律，就如我们能够接受四季更替和草木枯荣一样自然、坦荡。

突破我执

说来说去，"自我"只是虚张声势的皮包公司，并无实际内容。凡夫因无明之执，将拥有的一切赋予"我"的错觉，进而执著于它。其实，被执以为"我"的一切，只是出自我们的设定而非事实本身。我执是很多烦恼的根源，只有从根本上舍弃它，才能够让我们的生活更轻松。

禅师问一学僧："夜来好风?"

学僧平静地答道："夜来好风。"

禅师："吹折门前一棵松?"

学僧仍旧重复："吹折门前一棵松。"

禅师颔首一笑，转身又问旁边站立的侍者："夜来好风？"

侍者急忙反问："是什么风？"

禅师："吹折门前一棵松。"

侍者仍旧紧追不舍："是什么松？"

禅师深有感触地摇摇头，慨叹道："一得一失！"

像这个侍者这样，就是不能突破我执，始终纠缠在我执之中，只能给自己徒增烦恼。

其实，我们的心，本像虚空那么空明浩瀚，那才是心灵的真相。情绪只是虚空漂浮的云彩，是生命延续过程中积累的渣滓。而凡夫因看不清事实真相，始终纠缠在云彩中。

是我非我

世间万物，没有绝对的归属和界限。其实，没有什么东西一定是属于自己的，也没有什么东西一定不是自己的。全人类共同生活在一个地球上，那世上万物就是我们所有人共有的。

有青年向星云大师乞求剃度出家时，大师总是先问对方："佛光山是谁的？"

如果他毫不犹豫地回答："师父！如果我在佛光山出家，佛光山当然是我的！"那就算通过初步的考核了。因为，唯有觉得常住是我们自己的，每个人才肯奉献身心，安住求道，寺务才能日益兴隆；唯有觉得师兄弟是自己的，才肯包容他们的缺点，成就他们的长处，大家才能和乐相处。

星云大师在佛光山巡视散步时，时常会驻足西来泉畔，聆听淙淙溪声，仿佛看到早年洪水暴发时师徒们合力以身挡水的壮观场面。走到大雄宝殿前的成佛大道上，又好像见到当年大家在烈日雨水下，拿着铁尺就着未干的水泥地刻画纹路的辛苦情景。

三四十年来，因为他们将佛光山看成是自己的，所以才能众志成城，

将蓁莽未启的荒山开辟成庄严殊胜的净土。唯有觉得一切都是自己的，才能产生源源不绝的动力。

佛光山既然是“我”的，当然也属于大众每一个“我”，因此从开山以来，所有设施都是随顺信徒所需而建，一切重大计划都是经过大家开会来决定，乃至典章制度里的每一则条文也都是在公开场合通过并公布。1985 年，星云大师依章程退位，将住持之职交由第二代接棒，许多信众前来哭跪请留，都无法挽回他坚决的意向。

4. 战胜自己

星云大师在归纳人的心路成长历程时说：“在很多时候，人人都需要在心中添把火，以重新燃起某些希望。而在另一些时候，人人都需要在心中洒点水，以灭掉某些欲望。”在人生的道路上，人人都有许多美好的梦想，人人都希望寻到自己的最佳位置，实现自己的最大价值。但世事无常，美好的梦想有时会在瞬间被无情的现实击得粉碎。

人在一生中会遇到成千上万个对手，如每一次赛跑、每一次竞争、每一次争斗、每一个利益……人生最大的敌人、最难对付的敌人是谁呢？其答案就在眼前，人生最大的敌人是自己！

征服自己

一个人如果不被恶习所染，把自己的希望降到最低点，把自己的理性升华到最高点，也就成了一个圣人。如果一个人总是不讲诚信东欺西骗，最后受骗最大的一定是自己。常言说，一个人征服世界并不伟大，能征服自己的人才是世界上最伟大的人。人生最大的失败是懒惰，人生最大的愚蠢是欺骗，人生最大的错误是自卑，人生最大的财富是健康，人生最危险的境地是贪婪，人生最可怕的作为是只说不动。如果有一天你成了懒惰的手下败将，日复一日，年复一年，结果到了最后一天，只能落得个一事无成的下场。

提到司马迁，很多人第一个想到的是他所编著的皇皇巨著《史记》，但并非所有人都知道，他是在遭受宫刑之后才发愤图强，一心著书的。而更鲜为人知的是，他曾一度自暴自弃，想要自尽。

受到宫刑以后，司马迁觉得自己的人生已经没有意义，曾几度想寻短见。一次跳河，一次上吊，都被人救了下来。后来，他去一座寺庙上香，见到寺里的僧人严守戒律，清心寡欲。他反观自己，顿时觉得如果就这样死去，自己所受的刑罚就会变得毫无意义。

于是，他回去之后开始发愤图强，几十年如一日，最后终于给后人留下了《史记》这部浩瀚巨著，自己也彪炳史册。

我们总说，人人都有闪光点，人人都有优点，世上缺乏的不是美，而是发现美的眼睛。看一棵树，无论是看花、看叶，还是看枝干，只要你带着欣赏的眼光、带着审美的心情，总能在一棵树上发现美。

同样的，在生活中与人相处，看人、看事物也是一样的。一个人只要和疾病发生了关联，就没有什么好日子可过了；一个人和自卑沾上边，结果肯定是赔了夫人又折兵；如果一个人放不下架子，死要面子活受罪，一直不能在最现实的面孔里活着，那才是人生最痛苦的。

人活一生非常不易，总应该给社会做点什么、奉献点什么。任何一次对自己的原谅，都会导致下一次更大的错误，任何道路都是靠自己走出来的，而不是靠自己在梦中等来的。只要准确地迈出第一步，相信自己，脚踏实地去做工作，真抓实干创事业，完成一些朴实和奉献的事情，就一定能够采摘到丰硕的果实。

挑战自己

人生总要面对诸多困难，总会遇到很多敌人。但是，人生最大的敌人不是别人，而是自己。然而，你只要静下心来想想，只要把自己放到一个更高的位置，就像是站在山顶看山下、站在火星看地球、站在月亮观四海一样，你会发现很多前所未见的东西，就能超越自我，也包括超越自我的眼光和局限。

曾有两位年轻人，终日在田里劳作，背朝着毒辣如火的太阳，面对着贫瘠干旱的土地，日复一日地耕种着几亩可怜的田地。而每过一段时间，又要把自己的辛苦所得上缴一部分给朝廷。

周围的人也都过着同样的生活，但是没有人想过要去改变什么，他们的心里早已给自己定好了农夫的位置。

只有这两位年轻人不甘于做一辈子农夫，他们没有把自己当成常人看待，而是喊出了“王侯将相宁有种乎”的豪言壮语，为改变自己的境遇而努力。当然，他们最终成就了别人想都不敢想的事，永载史册，这两个年轻人就是陈胜和吴广。

虽然他们的起义最后失败了，但是能够战胜自己就是成功的。他们战胜了甘愿沦为农民的心理，取而代之的是希望成为王侯将相的自己。

在这个日新月异的社会中，如果满足于现状，甘愿一直生活在从前的时代里，便会成为时代的落后者，被时代抛弃。如果你用老眼光看今天的世界，得到的结果将是昏花一片；过去的成功经验，或许已成为当今社会过时的信息，将成为新时代创业的绊脚石。很多人把过去成功的经验拿来照搬，结果造成了今天的失败，无疑是眼光没有随着时代更新。

我们应当敢于挑战自己，摒弃成规，克服自己的缺点，走出自我，真正地行动起来，用美德感悟这个世界的神奇，用爱心体会这个时代的绚丽，用品格体验现实的真谛，用精神渲染人际的和睦。最后，你会发现战胜自己并不是一件难事。

认识自己

人之所以最难认清自己，主要是因为真心蒙尘。就像一面镜子，被灰尘遮盖，就不能清晰地映照出物体的形貌。真心不显，妄心就会成为主人，时时刻刻攀缘外境，心猿意马，不肯休息。人体如一村庄，此庄中主人已被幽囚，为另外六个强盗土匪（六识）占有，他们在此兴风作浪，追逐六尘，让人不得安宁。

心不动才能真正认清自己，遇到顺境不动，遇到逆境也不动，不受任何外在的影响。现代人的状况大多相反，遇到顺境的时候高兴得不得了，遇到逆境的时候痛苦得不得了，这就带来许多痛苦。其实，我们遇到的任何外境都一样，如果我们能够了解这一点，就不会被六尘诱惑，也不会被六识蒙蔽。

仰山禅师有一次请示洪恩禅师道：“为什么吾人不能很快地认识自己？”洪恩禅师回答道：“我给你说个譬喻，如一室有六窗，室内有一猕猴，蹦跳个不停，另有五只猕猴从东西南北窗边追逐猩猩。猩猩回应，如是六窗，俱唤俱应。六只猕猴，六只猩猩，实在很不容易很快认出哪一个是自己。”

仰山禅师听后，知道洪恩禅师是说吾人内在的六识（眼、耳、鼻、舌、身、意）和追逐外境的六尘（色、声、香、味、触、法），鼓噪繁动，彼此纠缠不息，如此怎能很快认识哪一个是真的自己？因此便起而礼谢道：“适蒙和尚以譬喻开示，无不了知，但如果内在的猕猴睡觉，外境的猩猩欲与它相见，且又如何？”

洪恩禅师便下绳床，拉着仰山禅师，手舞足蹈地说道：“好比在田地里，防止鸟雀偷吃禾苗的果实，竖一个稻草假人，所谓‘犹如木人看花鸟，何妨万物假围绕’？”仰山终于言下契入。

生活中，有很多人的心情都容易受到外界的影响，更有甚者，将对自己的认识和评价建立在他人的态度之上，更是本末倒置。如果用一句通俗易懂的格言来概括洪恩禅师的话，那就是：走自己的路，让别人说去吧。

阿瑟刚当上军官时，心里很高兴。每当行军时，阿瑟总是喜欢走在队伍的后面。一次在行军过程中，他的对手取笑他说：“你们看，阿瑟哪儿像一个军官？倒像一个放牧的。”

阿瑟听后，便走在了队伍的中间，他的对手又讥讽他说：“你们看，阿瑟哪儿像个军官？简直是一个十足的胆小鬼，躲到队伍中间去了。”阿瑟听后，又走到了队伍的最前面，他的对手又说：“你们瞧，阿瑟带兵打仗还没打过一个胜仗，他就高傲地走在队伍的最前边，真不害臊！”

阿瑟听后，心想：如果什么事都得听别人的话，自己连走路都不会了。从那以后，他想怎么走就怎么走了。

“走自己的路，让别人说去吧！”谁能代替你走路吗？谁能代替你作决定吗？答案当然是否定的。自己的人生要自己做主，自己的命运需要自己主宰。人，要依据自己的心，作出自己的判断，不能总被外界的境遇左右。

5. 学会微笑

微笑是人类最好的语言。一个微笑，无色，却能让世界色彩斑斓；无味，却能芳香满人间；无形，却改造着世间万物，抚慰人间冷暖。

在人世间，没有比微笑更朴实而又珍贵的了，只要你留心周围，随时都能得到它的青睐。它不分阶层、不分年龄、不分男女，只要你一天里拥有一次，便可以幸福一个小时，快乐一天，顺心一周……别人给你微笑，你也可以送出你的微笑。所以，没有比微笑来得更容易了，只要你不吝啬，一个微笑可以带来一次幸福的感受，一个微笑可以化解一场误会，一个微笑可以消弭一场危机……

▶付出微笑

微笑是最不会赔本的买卖。微笑不花一分钱，但却能给人带来巨大的好处。微笑会使对方富有，但不会使你变穷。它只有瞬间，但它留给人的记忆却是永远。没有微笑，你就不会这样富有和强大；有了微笑，你就会富而不贫。微笑能给家庭带来幸福，能给人生带来好运。它会使疲倦者感到愉悦，使失意者感到欢快，使悲哀者感到温暖。微笑买不着，讨不来，借不到，偷不走，微笑是无价之宝。若有人过于劳累，发不出微笑，把你的微笑献给他们，那正是无助疲乏的他们最需要的。

一位小女孩和往常一样出去玩耍，回来的时候手里却拿了一个袋子。女孩的父母问袋子里装的是什么。小女孩天真地说道是十万元钱，女孩子的父母将袋子拿过来打开一看，果然是十万元钱！女孩的父母十分不解，便问小女孩哪里来的这么多钱。小女孩笑了笑，说：“是一位叔叔给我的。”父母继续追问为什么要给她这么多的钱。小女孩说：“我什么特别的也没有做，叔叔就给了我这些钱。”

这件事情像炸开了锅一样，仅仅过了两天，全村乃至外村的人都知道了。人们都说小女孩的运气好。几天后，记者络绎不绝来到小女孩家里，这些记者的问题都是大同小异。而小女孩的答案居然从没有变过——“我什么特别的也没有做。”

不久之后，这位“叔叔”的神秘面纱终于被揭开了：他是一位外省的企业家，每年的年收入高达几亿。可正是这种富裕使他的生活发生了翻天覆地的变化。原本那个并不富裕但很幸福的港湾，一下子接受了一场突如其来的风暴：他经常不回家而在公司加班，他的妻子有了外遇，家庭开始破裂，唯一的孩子的抚养权也落在了妻子身上。失去了希望的他独自一人来到外省，想在异地结束自己的生命。正在他前往一座楼房的途中，遇到了这位小女孩。女孩与他双目相视的时候，投去了一个甜美的微笑。正是这个微笑使这位绝望的企业家重新燃起了希望。为了感谢这位萍水相逢的孩子，他给了这个女孩十万元钱。

生活中，一个微笑、一个眼神，甚至是一句简短的问候都可能为别人带来希望。因此我们在生活中要经常给予别人鼓励和帮助。

常常微笑

微笑是阳光下灿烂的花朵，给人美丽的享受，给人生命的力量。微笑似甘泉，沁人心脾；微笑似醇酒，久而弥笃。微笑，是成长中顿悟的人生真谛，是苦难中探寻的希望曙光，是生活中彼此沟通的无形桥梁，更是生命中轮回不息的蓬勃朝气。

20世纪30年代，有一位犹太传教士每天早晨总是按时到一条乡间土路上散步。无论见到任何人，他总是微笑着热情地打一声招呼：“早安。”

其中，有一个叫米勒的年轻农民，对传教士这声问候，起初反应冷

漠。在当时，当地的居民对传教士和犹太人的态度是很不友好的。然而，年轻人的冷漠，未曾改变传教士的热情，每天早上，他仍然给这个一脸冷漠的年轻人道一声早安。终于有一天，这个年轻人脱下帽子，也向传教士道一声："早安。"

好几年过去了，纳粹党上台执政。

这一天，传教士与村中所有的人，被纳粹党集中起来，送往集中营。在下火车列队前行的时候，有一个手拿指挥棒的指挥官，在前面挥动着棒子，叫道："左，右。"被指向左边的是死路一条，被指向右边的则还有生还的机会。

传教士的名字被这位指挥官点到了，他浑身战抖，走上前去。当无望地抬起头来，眼睛一下子和指挥官的眼睛相遇了。

传教士习惯地脱口而出："早安，米勒先生。"

米勒先生虽然没有过多的表情变化，但仍禁不住还了一句问候："早安。"声音低得只有他们两人才能听到。米勒先生看着传教士，犹豫了一秒钟，将指挥棒指向了右边，低声说："右。"

人是很容易被感动的，而感动一个人靠的未必都是慷慨的施舍、巨大的投入。往往一个热情的问候、温馨的微笑，也足以在人的心灵中洒下一片阳光。不要低估了一句话、一个微笑的作用，它很可能使一个不相识的人走进你，甚至爱上你，成为开启你幸福之门的一把钥匙，成为你走上柳暗花明之境的一盏明灯。

真诚微笑

真诚的、会心的微笑，它所传递的感情是："我很高兴看到你，你带给我快乐，我喜欢你。"不论你到何处，以愉快的心情、甜美的微笑去招呼每个你认识的人，诚恳地与人握手，问候他人，没有人能够拒绝微笑。时时想着快乐的事，你会发现生活充满乐趣，世界变得非常可爱。

位于法国巴黎的科尼克亚购物中心在开业前夕，经理却为售货员的工作制服没有确定而十分苦恼。有好几家服装公司送来了竞标样品，尽管都设计得简洁、美观而富有特色，但他总觉得缺少了点什么，只好向世界著名时装设计大师丹诺·布鲁尔征求意见。这位83岁的时装设计师听明白经理朋友的意思后，忠告说："其实员工穿什么衣服并不重要，只要他们面带微笑。"现在，科尼克亚以销售法国纯正葡萄酒而享誉全世界，同时，它也是巴黎少有的几家没有统一的员工制服的购物中心，但是它的服务和微笑被公认是世界一流的。

成功人士总是脸上带着微笑，因为他们知道微笑的力量。一个表情不友好的人会让别人退避三舍。反之，一个脸上经常带着微笑的人，会使人有一种亲近的感觉，这样的人办事怎么会不成功呢？

一位普通军官不幸被俘，被投进了戒备森严的单间监牢。就在将要被处死的前夜，军官摸遍自己的全身，竟然意外地发现了半截皱巴巴的香烟。军官心里高兴极了，很想吸上两口，以便缓解一下面对死亡时的恐惧。

可他没有火柴，唯一的办法就是求助于窗外的卫兵了。再三请求之下，铁窗外那个木偶似的士兵总算毫无表情地掏出火柴，划着火，给这位军官点上了烟。当四目相撞时，军官不由得向士兵送上了一丝微笑。

令人惊奇的是，那士兵在几秒钟的发愣后，嘴角不太自然地上翘，最后竟也露出了微笑。以此为契机，两人开始了交谈，谈到了各自的故乡，谈到了各自的妻子和孩子，甚至还相互传看了珍藏的与家人的合影。谈到高兴处，两人都会心地笑了起来，谈到伤心处，两个人都落下了眼泪。

当天快要亮时，这位军官离死亡也越来越近了。当军官苦泪纵横的时候，意想不到的事情发生了：这位士兵竟然悄悄地放走了他！

一个平凡的人，就这样用一丝微笑叩开了生命之门。谁又能够对天使般的微笑无动于衷呢？只要时刻保持微笑，就会在办事的时候拥有一张永久的通行证。

般若莲花处处开

——星云大师谈心经

《心经》指《摩诃般若波罗蜜多心经》，是《般若经》的总要，全部般若的精义都存于此经。该经言简意赅，博大精深，提纲挈领，是佛教中极为重要的一部经典。领悟《心经》，并由此解疑去惑，达到工作、生活中的圆满境界。

1. 指引心路

跋涉在漫漫人生路上，我们时常会遭遇山穷水尽的困境，但是谁又能知道会不会"柳暗花明又一村"呢？这时候，可怕的不是前方真的无路，而是我们心中没有了路。不管遇到怎样的困境，一定要坚定自己的内心，告诉自己风雨之后一定会有彩虹，充满信心和希望，这就是我们心中的路。相信，只要我们心中有路，便能继续前行，就一定能走出一片艳阳天。

心的道路

人生的道路上，总会不期而遇这样那样的问题、难题。有的人或许会愁苦万分，觉得眼前一片茫然，认为自己已经无路可走，甚至可能会一蹶不振，再也走不出困境。但是有的人即使被难题困扰，也总能保持一颗坚定平和的心，他们不光用眼睛看、用头脑想，他们更用心寻找出路。当然，皇天不负有心人，他们最终走出了困境，迎接他们的，是一片光明。

一天早晨，伦敦城大雾弥漫，到处都是一片灰蒙蒙的，要看清楚一两英尺远的地方都十分困难。公共汽车、小轿车和出租车都无法行驶，被迫停在路边。大街上，人们只好在大雾中慢慢地步行。

唐纳德要去学院参加一个重要的会议，必须准时赶到那里。他心急火燎，只好摸索着往前走，没过多久就像其他一些行人一样迷路了。

就在这时，唐纳德遇到了一个热心肠的人，对方主动地问他有何困难，需要什么帮助，并介绍说自己名叫约翰。在得知唐纳德有急事后，约翰自告奋勇地替他带路。就这样，他们俩寸步不离地穿行在浓雾之中。虽然街上能见度很低，但约翰却毫不费力地走着。他领着唐纳德走过一条巷子，接着拐进一条大街，然后通过一个广场，只用了半个小时就到了学院。

唐纳德十分高兴，但弄不明白这位好心人为什么这样轻车熟路。“约翰先生，真是太感谢您了！”他随即问道，“在这样的大雾里，您是怎样找到路的？”

“先生，因为我是一个盲人，再大的雾也难不住我。”约翰说。

盲人之所以不会迷路，是因为他心中有路。

是的，万法皆通，在于一心。一切情、理、名、利，一切困难、艰险都是外在的，对于心中有路的人来说都是暂时的。而对于那些眼虽亮而心盲者来说，即便是小小的困囿也不能挣脱，甚至有时候竟然会付出巨大的代价。

真心无价

黄金有价情无价。世界上最宝贵的东西，不是金不是银，而是人的真心。

自从父亲不幸身亡后，10 岁的莉莉只有和母亲相依为命。明天就是圣诞节了，疾病缠身的母亲掏出家里仅有的 5 美元递给莉莉，让她上街给自己买点礼物。

莉莉拿着钱却去找到医生。她把5美元递给医生，小声请求道："先生，您能再帮我母亲做一次腰椎按摩治疗吗?"医生轻轻摇了摇头，无奈道："莉莉，5美元不够的，最少也得50美元……"莉莉失望地走出了诊所。

大街的一角围了一些人，莉莉挤进去一看，是一个街头的轮盘赌。轮盘上依次刻着26个阿拉伯数字，这些数字也依次对应着26个英文字母。不管你押多少钱，也不管你押什么数字，只要轮盘转两圈后，指针能停在你的选择上，那么你都将获得10倍的回报。

轮盘赌的主人托伦冲莉莉挥挥手，示意她走开。莉莉却没有退缩，她犹豫了一会儿，把手中的5美元放在了第12格上。轮盘转两圈后，停在了第12格，莉莉的5美元变成了50美元。轮盘再次旋转前，莉莉把50美元放在了第15格。莉莉又赢了，50美元变成了500美元。人们开始注意莉莉。托伦问："孩子，你还玩吗?"莉莉把500美元放在了第22格。结果，她拥有了5000美元。托伦的声音战抖了："孩子，继续吗?"莉莉镇定地把5000美元押在了第5格，所有的人都屏住了呼吸。不到一分钟后，有人忍不住惊呼："上帝啊，她又赢了!"托伦快哭了："孩子，你……"莉莉认真道："我不玩了，我要请医生为我妈妈按摩——我爱我的妈妈!"

莉莉走后，有人开始计算连续四次猜对的概率有多少。托伦则像呆了似的凝视着自己的轮盘，突然，他痛哭道："我知道我输在哪里了，这孩子是用'爱'在跟我赌啊!"

人们这才注意到，莉莉投注的"12、15、22、5"四个数字，对应的英文字母正是"L、O、V、E"! 也就是"爱"的英文。

星云大师说："真情无价，真心无价，真爱无价。当一个人用尽所有的能量去对待一件事时，结果往往超出人的想象。"所以，我们千万不要轻易去伤害那些用信仰、用爱来生活的人，否则你一定会吃大亏。因为他们看起来虽然渺小，弱不禁风，但在柔弱的外表下却隐藏着惊人的能量。我们应当用真心去对待别人，这样才能换得别人同样的真心。

用心生活

人们向往着自以为是的幸福，埋怨命运不能让自己如愿以偿，有时候会把自己置身于另一条痛苦的道路上去。于是开始诅咒和抱怨命运，怨恨人生中的挫折和苦难，把这些苦难视做大祸。可是又有谁能像塞翁那样理解苦难的真实意义，又有多少人会去感恩呢？古人云：“人生在世，不如意事常八九。”苦难之事充满了你的生活，但是这一切并不可怕，可怕的反而是你面对事物的心态。是感恩还是抱怨，这才是你的生活快乐与否的决定性因素。

在一座大山上有一所小寺庙，庙里住着一个老和尚和他的一个小徒弟。

有一天，来了一个达官贵人，为这个小寺庙捐了很多财物，他在庙里住了一段时间，得到了老和尚和小徒弟的热情款待。在他离开不久后，又来了一个书生。

这个书生衣衫褴褛、面黄肌瘦，饿得晕倒在庙门口。老和尚看见后，让小徒弟把他扶到了庙里，和上一个贵人一样端上最好的茶，准备了最好的斋饭。

小徒弟心里开始抱怨起来：那个达官贵人为我们庙里捐了那么多的财物，自然有资格喝最好的茶，吃最好的斋饭，但是现在这个人不知道是从哪儿来的叫花子，师父竟然还这样厚待他，真是老糊涂了。

书生住在庙里的这段时间，小徒弟一直没有给他好脸色看，有时候趁着师父不注意，就把已经馊掉的斋饭端出来给他吃，还不给他吃饱。

书生离开以后，老和尚用泥巴塑了一个菩萨，放在庙堂的正中央，对小徒弟说这是庙里新请来的菩萨。

徒弟每天都认真地给菩萨上香、叩头、虔诚地念经。

一个月后，老和尚又把那尊泥菩萨削琢成一只猴子放在庙堂中央。

小徒弟觉得菩萨变成了一只猴子，吃了一惊，然后几天都没有去上香。老和尚问他：“你怎么不去上香了？”“师父，那菩萨变成了一只猴子。”小徒弟说。

老和尚把那只猴子拿过来再次削琢，一尊菩萨又出现在小徒弟的面

前，小徒弟呆呆地望着师父，不知道这是什么意思。

老和尚用棍子在小徒弟的头上轻轻地敲了一下，慢慢念经，不再理会他。

这一敲打顿时使小徒弟醒悟过来，他说："师父，我终于明白了。其实我们每个人的生命就像这团泥，都是一样的，只是塑造了不同的表象罢了，而我之所以对达官贵人谦恭，对落魄的书生无礼，都是被表象迷惑了啊。"

老和尚笑了："其实，认识到平淡却奇妙得可以捏塑出各种形象的生命之泥，才是生命赐予我们最大的意义。"

生活有时候会和人们开一个大玩笑，乔装打扮而来，所有的事情，例如机遇、情感、成功、幸福、团圆……它们都看似是"菩萨"，但它们并不等同于"菩萨"。如果把人生的苦难和幸福分置到天平的两端，苦难的体积则会很庞大，幸福可能只是一块小小的石头。但是指针向哪一面倾斜，完全取决于你的人生态度，而非它的重量，所以不要被它的表象迷惑了。

2. 解脱挂碍

在现实生活中，每个人都会有这样那样的烦恼。星云大师引用佛典中经常会见到的"烦恼即菩提"这句话，来告诫人们可以通过心的锻炼，培养出刚直、纯真的人性。因此不必向外求，不要光谈理论，而要亲身去体验实际的感觉与情境。

放下杂念

修禅定的人，在生活中与一般人是大异其趣的。

同样是吃饭，同样是睡觉，为什么给人感觉会有不同呢？且看一位禅师与一位世俗人的对话：

"禅师，你用功参禅打坐，是在修行吗？"

"是的！"

"你用的什么方法呢？"

"饿了就吃，困了就睡。"

"任何人都是这样做的，他们是否也可以跟你一样，算作修行呢？"

"不。"

"为什么？"

"因为他们吃的时候并不是在吃，而是在想各种各样的事情，从而使自己被扰乱。他们睡觉的时候也不是在睡，而是做梦，也是在想许多事情，所以他们与我不同。"

修习禅定的人，首先要做到排除杂念。所谓万法归一，就是把许许多多的杂念收缩到一个点上，就在这一念集中处，寻找究竟。一般人在吃饭、睡觉的时候，却在想很多事，心里有很多杂念，根本不是一心一意。而禅师在吃饭、睡觉的时候，杂念都被排除了。只有像这样，放下心里的包袱和杂念，才能专心修禅。

果断放手

世间因为有遗憾才会彰显生命的魅力，爱情因为有遗憾才更能彰显爱的情意。失望，在某些时候也是一种幸福。因为有爱，才会有所期待，也因为有期待，纵使是失望也是幸福的。既然爱会让人失望，放手也未必不是一种幸福。果断放手，更是一种深情的爱。

一个失恋的年轻人去请求苏格拉底帮助他度过失恋的痛苦。年轻人见到苏格拉底，跟他哭诉自己失恋的痛苦："哲人，我很难受，我也很痛苦，因为我失恋了。"

苏格拉底说："哦，失恋痛苦是正常的事情。如果失恋了不悲伤，那么恋爱大概就没有意思了。可是，年轻人，我发现你对失恋的投入甚至超过你对恋爱的投入。"

年轻人痛苦地说："失恋就如同到手的葡萄，有一天突然丢了，这份遗憾和失落，您是不知道其中的酸楚啊。"

苏格拉底说："既然已经丢了，那么为什么看不见前面更多的葡萄呢？"

年轻人伤心地说："我会等着她回心转意，不管多久，我都会等待。"

苏格拉底说："这一天也许不会到来。她会有她自己的幸福。"

年轻人无奈地说："为了表示我对她的爱，我可以去死。"

苏格拉底看了看年轻人，轻轻地说："如果你死了，你不但会失去你的爱人，也会失去自己，那样的话你就会有双倍的损失。"

年轻人伤心地说："我真的很爱她，可是我该怎么办呢？"

苏格拉底笑笑说："你真的很爱她吗，那么你希望她幸福吗？"

年轻人抬头看着苏格拉底说："我肯定是爱她的，我也希望她永远幸福，我跟她在一起的时候是最快乐的。"

苏格拉底再次笑着说："那是曾经的事情，她会认为你离开对她而言是一种幸福，你怎么想呢？"

年轻人失望地说："我会觉得她是在骗我，我的感情投入岂不是白白地浪费了吗？我会生不如死。"

苏格拉底再次笑了笑说："她没有骗你，你也没有浪费感情。因为在你付出感情的同时，她也对你付出了感情，她给了你快乐的同时你也给了她同样的快乐。"

年轻人疑惑地说："您的意思是这一切都是我的错吗？"

苏格拉底说："是的，从一开始你就犯了错。如果你能给她的生活带来幸福，她是不会逃避你给的幸福的。"

年轻人有点懊恼地说："可她连机会都不给我，这让我感到很自卑。"

苏格拉底说："你不应该这样想，年轻人的身上应该有自豪感，被抛弃并不是不好，或许也是一种幸福。"

年轻人疑惑地说："我不明白您的意思。"

苏格拉底淡淡地说："我给你讲个故事，有一天，我在商店里看中一套高贵的衣服，我很喜欢。营业员问我要不要，我没有说要，却说这件衣服质地太差，不能要！事实上是因为我口袋里没有钱。年轻人，你有没有想过你可能就是这件被遗弃的衣服？"

年轻人懊恼地说："您真会安慰人，可我还是没有从失恋的痛苦中转过神来。”

苏格拉底说：“是的，我没有这个能力。但是我可以向你推荐一位有能力的朋友。”

年轻人惊讶地说：“还有谁比你更有能力吗?”

苏格拉底点点头说：“是时间，时间是人类最伟大的导师，只有时间可以帮助你抚平心灵的创伤，并重新选择幸福，最后你就会享受到本该属于自己的那份快乐。”

放手是对对方最大的祝福，放弃固然痛苦，但放弃能够让对方获得幸福未尝不是件好事。既然爱对方，就应该懂得放手。不管是缘起缘灭，还是缘浓缘淡，都不是世人能够控制的。人们能做到的，是在因缘际会的时候好好珍惜那短暂的时光。既然无法相守，那么就给对方自由，果断放手。

3. 悟心之语

《四书》之一《大学》有云：“心不在焉，视而不见，听而不闻，食而不知其味，此谓修身在正其心。”这是古人对“无所用心”的具体释解。如果用现代人的话讲，就是不动心念、不加分辨、无心无思，自然行事。或者说是只管去做，不动心思。这就是古人所讲的“修身之要”在于无念正心。

心向真存

人心是人的神、性、命所居之所，心意即神性。星云大师认为，心意动，神性出，灵性显，谓之“神明”，乃心之用也。若无心，则神鬼也不可知，可见这“心”是宇宙万物的变化妙理，因而是一切生命的主宰。心能虚，性自灵而命自强。故修道者必先明白这“心”之一字。真心显现于万物之中，万物无一不是真心的变化过程表象。真心即无心，先天无分别之心；绝对唯一之心，不可思议言说之心。一心即一切，一切即一心。

一个富人要在院中建造楼阁，特地请了一位风水先生来看风水。风水先生看过之后，说风水不好，住在这个地方会破财，留不住人。

于是这个富人就请了一尊密宗的佛像放在楼梯口，说这样风水就转过来了，会聚财、能留住人。

正好一位得道禅师经过这里，得知此事后，便笑道：“这样你依然留不住人、财。”

富人问道：“那请禅师开示，如何才能报得平安呢?”

禅师道：“该平安的终究平安，如有罪孽，如何都难以逃出因果。自心为正，一切则平，皆为善果。”说完便轻步而去。

明理的人都应该懂得，建筑与命运并无必然关联。真正的关系在于住在里面的人的心。如果他的心正、行正，自然诸佛护念，龙神拥护；如果他的心术不正、言行不正，就有魔来护持他，那就属于魔境。

星云大师对宇宙人生的真相真理的了知，只有修炼到对境无心时，无我、无你、无他、无天地万物时，阴阳时空相对消失时，世界万象化为虚无时，与宇宙融合一体（即天人合一）时，才能显发原本真心，瞬间顿悟得见宇宙人生真相。而这个见又不是人的肉眼所见，而是心眼所见，即真心本性所见。

治心为本

心灵对人的生存有着超乎寻常的掌控作用。人之心灵所生出的思维意识不仅仅是精微的高能信息物质，也是编排未来人生世界密码程序的依据。所以，人生社会万物皆由人心所造化。人心的清净平等与龌龊失衡不仅决定人的生存空间环境的优劣，而且还决定人的智慧与文明层次的差别。

一天，觉广禅师走过庭院时，一阵狂风吹来，把树上的黄叶吹落下来，撒满一地。觉广禅师看了一阵，也不说话，低头弯腰，把树叶一片片地从地上捡起来。

庭院里的几个小沙弥觉得十分有趣，就围过来说："师父，您不要捡了，我们明天就会把院子里的黄叶扫得干干净净的。"

觉广禅师说："打扫虽然可以使地上变得干净，但我在这里捡得一片叶子，不就可以增加一分干净吗?"

有个小沙弥抢着说："师父，捡起来太慢了，您看前面的叶子捡完了，后面又落下叶子来了!"

觉广禅师并未理睬他们，边捡边说："你们认为只有地上有落叶吗?其实，在人们心中的落叶也不少！我在这里捡，也是在捡我心中的落叶。时间长了，终究有捡完的时候。"

几个小沙弥听了，若有所悟地点点头。

浇树要浇根，育人要育心。改造社会要从改造人心开始，救世度人也要从救度人心着手。平衡和谐的自然生态要从平衡和谐人心开始，创造美好幸福的未来也要从创造美好的心灵做起。让我们用真心去创造幸福美好的世界，用真心去装点辉煌光明的未来。

拥有真心的人生才是真实的有价值、有意义的圆满人生。每个人都要历练自己的真心，拥有一颗真心，才能够在人生路上寻得应有的快乐和人生意义。

因缘生法

佛教对于世间认知的最高真理之一，当属佛理中的因缘所生法。只是于此谛理的体认也应以因缘法观之。仅凭外在的灌输、理性的禅观还是难以体认其中实相的，只有待众缘和合时，于此谛理的认知才能云开雾朗，顿见光明。现世中有很多人对生活没有正确的信仰与追求，常施躁动之举，就是因为他们尚未如理认识佛教的因缘所生法。

郑国有一个巫祝名叫季咸，能断定一个人死生存亡、祸福寿夭。列子醉心于季咸的功夫，对老师壶子说："一直以来，我以为老师的道行已至极盛，遇见季咸后，才知道他的道行比你还高!"

壶子说："我教授你的只是外在形式的名相知识，精神内涵的层次都

还未传授，你如何获得人道的功夫？只有雌性没有雄性的话，如何使卵成形，孕育生命？当你想要与人一较高下，展现自己的卓越，当然容易让人看出你的优劣，以此断定你的生死祸福。”壶子为了让列子更明白这个道理，叫列子请季咸为他看相。

季咸为壶子看完相后，赶紧拉列子到门外，摇头叹息：“你准备为你的老师处理后事吧！”列子神色凝重地询问原因，季咸说：“他面如死灰，神情异常，我断定他活不过明天。”

列子听后，泣涕沾襟地跑进屋内转述季咸所言，壶子神色若定：“刚刚我示现的是无心自然，生命不动的气象，所以他以为我已无生机。你再请他来吧！”

隔天，季咸又来帮壶子看相，看了一会儿，走出门口，对站在外头等候的列子说：“还好遇上我，才能挽回你老师的一条命。我看他已显露生命的气象。”列子将季咸所说的话转达壶子。壶子说：“这一回，我透显出天生本真的样貌与能量，这说明了我们可以主导自身的生命情态，不是他人可以决定的。你再请他来看看。”

第四天，季咸看完后，对列子说：“你老师的面相不齐，难以捉摸，等他面相端正时，再找我来。”列子进到屋里，告诉壶子今日的情况。壶子说：“这次我展现的是平衡的生命气象，是毫无征兆可见的太虚境界。”

第五天，季咸又来看相，脚都还未站稳，就被壶子所显现的万象俱空的境界吓得仓皇逃跑。壶子说：“刚刚我显示的是无相之相，如镜子如实映照对方的样貌，如草顺风而靡，如水随波而流，让他无法摸索出我的究竟面目，才会落荒而逃。”

列子终于恍然大悟，当下惭愧自己才疏学浅，而还乡潜修三年不出门。终其一生，帮妻子烧火煮饭喂猪，返璞归真。

身处现代世界，对“诸行无常”的感悟无时无处不在。这种感悟留给人的不是空有感慨，而是催促人们奋发向上，及时充实自己，赶上社会的发展。从近年来各阶层人士在教育方面的投入可以看出这种积极入世的取向。“诸行无常”在今天已经成为人们融入世界、追赶潮流的动力。

4. 自在难得

人活一世，生命诚可贵，自在很难得。星云大师把自在比喻成指引人腾飞的光芒，认为只有自在的人生才会有成就。我们要观照自在，要用般若把自己的佛性之光观照出来。

自在在己

佛教所谓“观自在”，就是说要能有自己的自在，不需要别人给予自在，他人的毁谤、赞美，也都跟我不相干，这种修养要透过般若智慧才能养成，谈何容易。所以，观自在菩萨，“行深般若波罗蜜多”的时候，就能“照见五蕴皆空”，度一切苦厄。能照见五蕴皆空，离开一切苦厄，自在对于我们的生活何其重要。

日本有一位很有名的拜音禅师。有一户人家拜拜音禅师做师父，对他极为恭敬。

主人的小姐跟外面的一个青年谈恋爱，怀孕了。爸爸知道后，气急败坏地追问孩子的父亲是谁，但是女儿不敢讲，生怕一说出来，男朋友会被父亲活活打死。后来被逼急了，女儿心想，父亲平日那么相信拜音禅师，于是就说：“孩子是拜音禅师的。”

爸爸一听，心里顿时天崩地裂：“拜音禅师，我平常把你当成佛祖一般的信任，你怎么可以做出这种坏事？”于是不分青红皂白就去打了禅师一顿，拜音禅师一句话都不讲。最后女儿生下小孩后，做父亲的就把孙子抱到寺院里，朝拜音禅师一掼：“这是你的孽种，给你！”拜音禅师一句话都没说，就把他收养了下来。

为了养活孩子，拜音禅师只好四处去化缘奶水。但是走在路上，不断地有人骂他坏和尚、野和尚。无论拜音禅师走到哪里，甚至连小孩都在后面用砖头丢他。不过，他却能够忍辱，就这样慢慢地把小孩带大了。

过了几年，跟这个女儿私通的年轻人回来了，他问：“我们的小孩呢？”女孩说：“我们的小孩，我还能把他留下吗？我只好说是拜音禅师的。”那个年轻人也是拜音禅师的徒弟，一听她这么说，“糟糕，糟糕！你怎么能这样子做呢？他是我们的师父，你怎么这样害他呢？我要去向你父亲自首。”

这个爸爸一听，大怒：“唉！你们这两个畜生，误了事情、误了事情，怎么办呢？”一家人跑到拜音禅师那里去忏悔：“师父，我们对不起你！”拜音禅师回答：“为什么对不起我？”爸爸说：“那个小孩不是你的，是我们的。”“是你们的，就抱回去吧。”禅师一点不高兴的样子都没有，一点都没有生气。

你说是我的，就是我的；你说是你的，你就抱回去吧！拜音禅师并没有因为外人对自己的干扰而不自在，反而顺其自然，尽管经历了很多困难，但内心的自在并没有丢失。只有真正的伟大、坦荡之人，才能如此自在。

别不自在

很多人在不知不觉地生活，被动地生活，他们不知道自己活着的意义是什么，这样一来生命就是一种令人厌烦的东西。不仅生命需要承担物质世界的一切，生命自身也是可憎的累赘。因为肉体和精神的各种沉重负担，生命自身也是生命可怕的敌人。这样，生命除了自我内在的折磨之外，别无所有。

有一个人做事总是非常紧张，生怕自己出丑，但往往真的出丑，渐渐地，他心里自然对任何事都很在意。

一天，他遇见了一位禅师，禅师对他说：“人生在世第一件必须学习的就是摔倒不受伤。走路的时候栽跟头，做事栽跟头都不在乎。我学习了摔倒不受伤的本领，我来教给你。”

禅师又说：“你不是别的，只是一只旧袜子，那么你就不必在乎摔倒了，因为旧袜子不会受伤，也不会断，这就是全部诀窍。现在我们来假装旧袜子吧！注意，你周身都是软绵绵的，别让肌肉硬僵僵的。”

就这样练习，禅师把他举起，往地下一扔，他果然没有受伤。这个人从此得到教训，每遇到急事就告诉自己，不要紧张，自己就是一只软绵绵的旧袜子，身体如此，精神也如此。

果然，时间一长，这个人终于能够遇事放松，不再过分在意身边的事情了。他的生活也变得自在了许多。

其实，像这个人一样，很多时候我们的不自在都是自己给自己找来的。如果我们能够用正常的心态去面对自己、面对身边的人和事，那么我们就会少去许多不自在。自卑的人再多一点自信，烦恼的人再多一点快乐，就会感到自在其实是很容易的。

清心自在

静水流深，平静的水平面，给人以平静的感觉；真水无香，无味的真水，给人以平淡的感觉。这是一种修养，一种气度，一种格局，宁静以致远，清心求自在。

有一天，一位新来的僧人问惟宽禅师：“请问禅师，我想知道狗是否具有佛性。”

惟宽禅师轻轻地答道：“狗是有佛性的。”

僧人又问道：“那么马有佛性吗？”

禅师回答道：“马也是有佛性的。”

僧人不解地问道：“为什么您说这些动物都有佛性呢？”

惟宽禅师笑了笑说：“因为它们都是众生，因为众生平等，所以众生均有佛性。”

僧人更加疑惑地说：“既然是这样，那么请问，您身为人有佛性吗？”

惟宽禅师看了看僧人说：“我没有佛性。”

“您不是说一切众生都是平等的，而且也都具有佛性吗？为什么您没有呢？”僧人吃惊地问禅师。

惟宽禅师淡淡地说：“我没有佛性是因为我不是你所说的众生。”

僧人更加迷惑不解了，他说：“您不是众生，难道您是佛吗？”

“我不是佛。”惟宽禅师响亮的声音响起。

“那您究竟是什么?”僧人问道。

惟宽禅师轻轻地摇了摇头说:“我不是一个‘什么’!”

惟宽禅师的话让新来的僧人感到更加迷惑不解，他说:“您能告诉我佛性到底是什么吗? 是人们经常能看到的或是能想到的什么，又或是能感觉到的什么吗?”

惟宽禅师说:“你说的什么也不能，佛性只能是悟到。”

惟宽禅师看了看新来僧人，然后反过来问道:“你认为荒田没有水、瘠田没有肥能耕种吗?”

学僧毫不犹豫地回答:“不能。”

惟宽禅师接着问:“那么你觉得在荒田里注水，在瘠田上施肥，就一定能种出粮食吗?”

新来的学僧怀疑地说:“恐怕不能吧!”

禅师继续问道:“那么你觉得香里有没有佛? 油里有没有呢?”

学僧坚决地回答:“没有。”

“那么你认为买香油，买油烧能烧出佛吗?”

“当然不能! 我想请求您告诉我佛到底是什么?”学僧再次问禅师。

惟宽禅师最后淡淡地说:“真正的佛其实是一种澄静的智慧，也是一种明亮的作为，佛不是烧香磕头就能得到的。人生过得没有争执，没有欲望，深谙处世之道，这就是真佛!”

清心自在就是佛性。人生难得的就是安贫乐道。人要学会淡泊名利，得之不喜，失之不忧，不要过分在意得失，不要过分看重成败，不要过分在乎别人对你的看法。人生一世，只要坚守自己的本分和原则就可以了，能够安贫乐道地享受现在的生活，而不是去追求与自己的生活不协调的物质，这就是自在，也就是幸福。

5. 享受无我

回顾人类刀耕火种时代，自我的力量几乎成了世界的全部。而今处于工业社会及科技社会时代，个人的作用已融入大众的集体行动中。

"我"被诸多外象吸纳，自我只有在与周遭世象的融合中才能找到正确的位置。所以社会强调更多的是整体的融合、集体的力量。而"我"在现世社会的作用却被削减了，甚至消失了。

在这种时候，如果不能正确认识"我"在现实世界中的地位与作用，不管是无限夸大自己能量的冒进做法还是无视自己能力的悲观避世行为，都将使自己迷失人生的方向，感受痛苦的煎熬。

无我境界

要想达到"无我"的境界，首先要从"舍"字做起，所谓"舍得舍得，不舍不得"，就说明了这个道理。首先要舍得身外之物，钱财都是身外之物，生不带来，死不带去，于此身外之物若不能舍，则只能做个守财奴，其结果是"万般带不去，唯有孽随身"。"舍得"二字全在于自己的内心，不一定非得是大款才能做慈善，做大功德。若此心真正能舍，则所得功德也无量无边。

《阿阇世王受决经》讲了这样一个故事：

阿阇世王拿出百斛麻油，从宫门到祇园精舍，到处都点上灯。

有一位贫穷的老妇人看见国王做好事，心里非常感动。就拿身边仅剩的两钱去买油，用以点灯。两钱只能得二合油，卖油人很受感动，感动于她的至诚，就赠送给她三合。但是这些油还是点不到半夜，老妇人就暗暗发誓："如果我后世得道如佛，但愿这盏灯通宵不灭！"

这天晚上，国王点的灯，或明或暗，种种不同，唯独老妇人的灯，通宵达旦，光明如昼。第二天早晨，目连用袈裟扇这盏灯，灯光反而更加明亮。佛告诉目连："这盏灯不是你的威神力量所能熄灭的，这位老妇人已经在前世供养一百八十亿佛，再过三十劫就会成佛，号'须弥灯光如来'，只因为前世没有布施，所以今世贫穷。"

这个故事告诉我们，只有真心能舍，才会有大得。老妇人把身边仅剩的钱都用来买了香油供佛，这就是真心能舍。

所谓"修慧不修福，罗汉应供薄"，是说只修智慧不修福德，即使成

了阿罗汉也会饿肚子。要修福德，就要舍得，那么布施的善行，也是势在必行的。

不仅身外之物要能舍，身内之物也要能舍，头目脑髓、五脏六腑等等都能舍给众生。现在的器官捐献就是这样了，治疗白血病需要骨髓移植也是这种舍。但是这种舍与佛的境界比起来还差得很远，因为器官移植往往在死后捐献，捐献骨髓也不会影响人的生命，而最高的境界的“舍”就是自己身上的一切随时随地都可以捐献给众生，宁可自己死了，也要让众生活着。

释迦牟尼前世修行“舍身饲虎”。老虎快要饿死了，释迦牟尼可以把自己的身体施舍给它，以此挽救老虎的生命。正因为释迦牟尼如此能舍，所以他就达到了“无我”的境界，成佛是自然的事。

杭州径山院僧人鉴宗是湖州长城人，俗家姓钱氏，是礼部侍郎钱徽的孙子。鉴宗的父亲钱晟生病时，鉴宗割股肉给父亲吃，他怕父亲不吃，就对父亲说这是牲畜的肉。父亲吃后，不久病就好了，鉴宗的孝誉闻于乡里。后来，鉴宗也成为高僧而得解脱。

对于舍得，真心能舍的人是不求得的。不管是施舍身外之物，还是身内之物，都不要有所执著，不要企图获得回报。这就叫做无相布施，只有无相布施才能使人达到“无我”的境界。

升华无我

普通人因为执著于自己，无不爱惜自己的身体，为了滋补身体可以杀尽一切水陆众生以满足自己的口腹之欲。若有别人残害自己的身体，更会对其切齿痛恨。然而，释迦牟尼在往昔被歌利王割截身体时，不但没有痛恨之意，反而发愿今后成佛第一个就要度这个残害自己的人。这是什么力量使然呢？这就是“无我”的力量。因为一旦达到了“无我”的境界，则肉体的我已经成为假象，而永恒不变的“真我”就出现了。一旦“真我”出现，菩提心也就来了。

民族英雄郑成功在守卫台湾时，遇到一个从广东来的高僧，袒臂端坐。用利剑去刺他，如刺铁石。论兵法也可以娓娓而谈。郑成功正在招募豪杰，就很敬重他。后来他渐渐骄傲，态度傲慢，郑成功无法忍受，又怀疑他是间谍，想要杀他，但是又怕杀不死他。

当时有一员大将叫刘国轩，对郑成功说："一定要除掉他的话，我有办法。"他于是邀请僧人，盛情款待他，忽然说："大师固然是佛位中人，但不知遇世俗美女，还会收纳吗？"僧人说："我心空旷，心似泥土，何能动心？"刘将军说："不过我还是想看看真实的情况，才肯相信。"

于是就精选善于行淫的美色十多人，安排大床，让她们侍候僧人。这些美女个个风情万种，柔情蜜意，尽天下美色妖惑之能事。僧人开始时与她们谈笑自如，似无所见。时间一久，忽然闭目不视，刘即拔剑一挥，僧人头即落下。

郑成功问其缘故，刘将军回答："他能够刀砍不入，是他练功的定力所形成的。他心定则气聚，心动则气散。开始时，因为他不动心，所以敢张目见色，后来闭目不视，就知道他已经动心了，只是极力在控制，所以我剑一挥，他即人头落地。"

这个小故事告诉我们，只有真正做到"无我"，才能达到遇何境界都不动心。这个僧人既然渐渐骄傲，说明他的执著和分别心已经来了。真正"无我"的人，永远不会骄傲，永远都会把自己视为地上的泥土一样。

"无我"是乘载芸芸众生通向解脱彼岸的航船。只要真正理解和做到"无我"了，离涅槃境界的日子也就不远了。所以，我们应该知道，身家万贯的并不是世界上最富有的人，只有达到"无我"的人才是世界上最富有的。

6. 消除烦恼

星云大师说："烦恼由心生，而非身外物。"他是在告诉我们，其实很多时候，烦恼并不是由身外之物引起的，而恰恰是我们心里生出来的。但是，很多人并不明白其中的道理。每遇烦恼，他们就把原因归咎于外

在的事物，从而忽略了自己心意的作用。

烦恼何处生

很多人可能都想过这样一个问题：人生诸多烦恼，到底生自何处？

有人以为烦恼是眼睛引起的，因为有句俗话叫“眼不见心不烦”。可是从来没有谁为了去除烦恼而把自己的眼睛挖瞎，可见烦恼不是眼睛引起的。耳朵、鼻子、舌头、身体，每样都是人身法宝，缺一便成残疾人。谁也不想成为残疾人，可见耳、鼻、舌、身都不是烦恼的本源。

那烦恼的根源是不是意呢？意其实最珍贵。人与其他动物的最大区别就在于意，人的聪明愚蠢也靠意分别。没有意，人生也就失去了意义，可见意也不是烦恼的根源。

有位虔诚的女施主，每天都从自家的花园里采撷鲜花到寺院供佛。

一天，当她送花到佛殿时，碰巧遇到信德禅师从法堂出来，信德禅师非常欣喜地说：“你每天都这么虔诚地以香花供佛，根据佛家经典记载，常以香花供佛者，来世当得庄严相貌的福报。”

女施主非常高兴地回答：“这是应该的，我每次来您这里礼佛时，觉得心灵就像洗涤过似的清凉，但回到家中，心就烦乱了。作为一个家庭主妇，如何在烦嚣的尘世中保持一颗清净纯洁的心呢？”

信德禅师反问道：“你以鲜花献佛，对花草总有一些常识。我现在问你，你如何保持花朵的新鲜呢？”

女施主答：“保持花朵新鲜的方法，莫过于每天换水，并且在换水时把花梗剪去一截，因为这一截花梗已经腐烂，腐烂之后水分不易吸收，花就容易凋谢！”

信德禅师说：“其实，保持一颗清净纯洁的心，道理也是一样的。我们的生活环境就像瓶里的水，我们就是花，唯有不停净化我们的身心，变化我们的气质，并且不断地忏悔、检讨，改掉陋习、缺点，才能不断吸收到大自然的食粮。”

的确是这样，其实烦恼都是出自人心的。如果想要保持一颗清净纯洁的心，不为烦嚣的尘世所沾染，那么就要经常反省自己、时时审视自己，使得自己始终能保持简单、宁静，心灵自然就会纯净无染，又怎么会心生烦恼呢？

佛意不在身

其实，每个人原本都是自在的，是我们在成长的过程中，自己不愿意接受自在，自己时时把自在给破坏了。总认为自己缺少什么、需要什么、期待什么，有这么多不好的因素存在，又怎么能领悟本来是'佛'呢？

福州罗山道闲禅师去拜会石霜禅师，说："心的灵知灵觉已现，却往往会被一大堆纷乱的琐事束缚住。在这种起伏不定的时候，我该如何用功呢？"

石霜禅师回答说："最好是正视它，直接把各种念头抛弃掉。"

道闲对这个答案不满意，便又去请教严头禅师，问了同样的问题。

严头禅师说："那狂妄之心该止时便会止。学佛之人应当懂得，佛在意而不在身！"

人心总是纷乱复杂、起伏不定的，智慧的人能够顺其自然。佛不在眼睛里，不在耳朵里，不在鼻子里，不在舌头里，不在身体里，不在意识里，更不在念头、思想、感觉里，其实，佛就在时时自在的现在里，离开现在哪里还有佛呢？

或许有人会奇怪，也许要问，既不入定，又不能需要快乐，那怎么安排思想和生活呢？佛法的奥妙就在这里，心的自在本不需要任何物质与精神的快乐来维持，需要快乐感觉反而等于心被物质与精神给束缚住了。

我们打发思想的最好办法是工作，在照顾自己之余还可帮助困难的人。千万不要以为这样的人生没有意义，其实在你确定这种观点并照之实行时，世间的烦恼就已经远离了，在以后的日子里，你体会的将是更加自在和舒适。这就是不修而修、不定而定，在热闹中是禅定，在寂静中是禅定。随着时间不断的推移，禅定功夫也会越来越高。

烦恼与挠痒

人的生活，本来应该是简单快乐的。可有时候，却要在痛苦中苦苦挣扎，那些烦恼甚至是无名的，莫名其妙生出来的。甚至连我们自己都不知道烦恼的理由是什么，不知道为什么而烦恼。试想一下，这样的烦恼又有什么意义呢?

很久以前，有一个年轻人，他每天都感觉自己生活得不幸福，但又不知道是什么原因。他听说有个智者很有名气，于是跑去向智者倾诉他的烦恼。

年轻人见到智者就开始诉说自己的痛苦，他说了很多，智者只是在一边听着，什么话都不说。等到年轻人说完以后，智者才说："请让我为你挠一下痒吧。"

年轻人听了智者的话感到迷惑不解，他忍不住问道："我不明白为什么您不给我解答烦恼，却要给我挠痒，我想知道我的烦恼与挠痒有什么关系呢？何况我并不需要挠痒！即使需要我也可以自己去做呀！"

智者说："这两者之间看似没有关系，但是它们之间的关系大着呢！"

年轻人虽然觉得很无奈，但还是掀开了背上的衣服，让智者给自己挠痒。

智者只是随便在年轻人的身上挠了一下后，便不再理他了。年轻人经过智者的一挠，突然觉得背上有一个地方很痒，于是便对智者说："您再给我挠一下吧，我现在感觉到痒了。"

智者听完年轻人的话，于是又在他的背上挠了一下。可是，年轻人觉得智者刚挠完这里，那里又痒了起来，便求智者再给自己挠一下。就这样，年轻人一直觉得自己的身上很痒，然后智者在他的要求下给他挠了一上午的痒。

不知不觉时间过去了很久，年轻人要走了。在临行前智者问他："你现在还感觉到人生充满了烦恼吗?"

年轻人经智者这么一提醒才发现，原来自己整整一上午都在缠着智者给自己挠痒，居然将所有烦恼的事情都忘记了。于是，他摇了摇头说："我现在感觉不到烦恼了。"

智者点了点头说："其实，烦恼就像挠痒一样，你本来是不觉得痒的，但是如果你没事情的时候去挠一下，便会发现身上有很多痒的地方，并且越挠越痒。"

年轻人听了智者的话似有所悟。智者接着说："其实烦恼最喜欢去找那些闲着没事的人，如果一个人整天忙碌着，他根本没有时间去烦恼。"

为什么有人会感觉到烦恼，因为他们整天闲来无事而不懂得耕耘。一个为了生活而忙碌的人感觉到的不只是充实，还有幸福。人生的幸福和满足就是在不断的耕耘中体会到的，也是这个耕耘的过程让人们发现，其实改变了人生的态度，很多事情就会迎刃而解，幸福自然就会随着改变来到自己的身边。

随所住处皆是净土

——星云大师谈禅净

所谓禅净，“禅”是禅宗，“净”是净土宗，是佛教两种不同的修行方法。禅宗比较偏向于自力，也就是独立地依靠自身的力量，讲究自修自悟。而净土宗比较倾向于他力，他力是谁的力量呢？就是阿弥陀佛的力量，通过念佛，借助于佛陀的愿力来修行。

1. 禅学真义

禅即“禅那”，汉译“静虑”。禅学不仅是一门高深的佛学，更由于后世诸多文人骚客、古圣先贤的参禅悟道而发展为一种人生的哲学。禅宗是中国佛教最为显赫的宗派之一。禅门以不着语言、不立文字、直指本心、见性成佛为宗旨，即心即佛，一切现成，归结到一点，即对于悟的强调。

洗涤心灵清水

每个人都生活在纷繁复杂的大千世界，难免会受到世间人事的影响、左右，使自己变得不再简单、纯净、自在。但是，一个人若能经常为自己蒙尘的心灵沐浴和洗涤，那么，他的心一定会亮丽如初、圣洁高尚。

一个小和尚化缘回来，在禅房门口见师父端坐在太阳下晒得大汗淋漓。小和尚非常不解和惊讶。

他问师父：“师父，您怎么了？”

“没怎么，我在沐浴呢！”师父心平气和地说。

小和尚更加迷惑了，他转了几个圈后，又凑过去问师父：“师父，我没看见您沐浴、洗涤啊？”

“我是在沐浴、洗涤自己的心灵，你当然看不到了。”法师静静地说。

小和尚更好奇了，他想探个究竟，学点见识，又打破砂缸地问道：“怎么才能为自己的心灵沐浴和洗涤呢？师父可否开导开导弟子？”

师父说：“点燃一颗感恩戴德之心，在自己的心底煮沸半腔开水，再加入仁义、孝悌，甚至反思、忏悔等几味名贵的心结，便可以为心灵药浴了。”

为身体洗澡，使人清爽；为心灵洗澡，同样会令人心旷神怡。可以想见，老和尚沐浴身心的过程该是何等的享受啊！尤其是他对“沐浴”方法的描述，真是精彩绝伦，每个喜欢神思独处的人应该都有类似体验。

解除执著妄念

《金刚经》里有一首很有名的偈语：“一切有为法，如梦幻泡影，如露亦如电。”而“无为法”则是超世间的，所以也称“出世法”，是一种法身慧命，真如自性，更接近事物本然。

“无为法”并非人工装饰，也不是经过加工的东西；“有为法”是无常、无我的，是变异、变化、不实在的。

有一个比丘很欢喜禅坐，往往一坐就是好几天。有一阵子，比丘打坐时，都会遇到一件怪事，让他心里很是苦恼，于是向寺里的老和尚请教。

“师父，为什么每当我一入定，眼前就看见一只大蜘蛛爬在我腿上，怎么赶也赶不走它呢？”老和尚回答：“下次入定时，你不妨拿支笔在手里，如果大蜘蛛再出来捣乱，你就在它的肚皮上画个圈，看看是何方妖怪。”

比丘遵照老和尚的指示，准备了一支笔放在一旁。

入定后，大蜘蛛果然又出现了，比丘不慌不忙地拿起笔来，在蜘蛛的肚皮上画了一个圈作为标记。才一停笔，大蜘蛛随即销声匿迹……

出定后，比丘沐浴净身，猛然发现画在大蜘蛛肚皮上的圈，竟然在自己的肚子上。这才恍然大悟，原来一直扰乱自己入定的大蜘蛛，不是

来自外界，而是自己心思的妄想幻境所现。

比丘禅坐时所面临的境界，也是我们日常接触人或事物所生起的感受、情绪与看法，这是一种执著、一种妄念，是一种主观意识的“有为”行为。

执著和妄念需要解除，而禅宗的智慧十分高超，解除的方法也十分简单——只不过是在“蜘蛛”的肚皮上画个圈，一切妄念也就灰飞烟灭了。

▶发散思维方法

星云大师说：心是生死的根本，心也是成佛作祖的力量。心，人人本具，个个不无，随我们五趣流转、六道轮回，天上人间到处来去，上天堂也是这颗心，下地狱也是这颗心。所以，参禅修道，主要就是把我们的恶心换成善心，把坏心换成好心，把假心换成真心，把非心换成是心，把染心换成净心，把小心换成大心，把恨心换成爱心，把愚痴心换成智慧心。

一个小和尚，出家几年了，一直对禅理不得要领。

有一天他去找老方丈求救，方丈微微一笑说：“这样吧，你回去蒙上被单睡一觉，估计就差不多了。”

小和尚听从了方丈的建议。

就在刚刚入睡不久，老方丈带着几个身强体壮的和尚来到小和尚的卧室，二话不说，就用他身上的被单把他裹了个严严实实，连鼻子和嘴都缠上了。他从梦中惊醒，不知发生了什么事情，懵懵懂懂地只感觉到憋闷得难受，甚至要窒息了。为了活命，他使出全身力气，一下就把床单给挣破了。

当他看到老方丈和几个僧侣时，惊讶而困惑地说：“不是您让我睡的吗？怎么又带人来捆我？”

方丈哈哈一笑说：“你好厉害嘛，一下子就挣脱了。”

“能不挣脱吗？快憋死我了！”小和尚委屈而痛苦地说。

“是啊！遭受再厉害的束缚，只要拼命地挣扎，就一定能够挣脱。”老方丈意味深长地说。

小和尚愣了一下，马上就惊喜而又感激地对方丈说："多谢师父指点，弟子顿悟了！"

人要是感觉到憋闷，就应该拼命挣扎；思想要是感觉到束缚，也要有意识地努力去挣脱，要有足够的勇气和力量去突破由于长期习惯而形成的强大势力。

这种努力可以是抓住若隐若现的灵光进一步去静思、去冥想，也可以是彻底地放下、放松和放开。怕的是，从小就生长于缺氧的环境而习惯于压抑局促的呼吸方式，毫无憋气的意识，或者就算有所意识也已积习生惰，缺乏改变现状的勇气，所以说小和尚能意识到自己所受的思想束缚也算是很有慧根的了。

2. 参禅悟道

我们带着什么东西到禅堂？倘若带着妄想、烦恼、杂乱、不清净的念头进入禅堂，是无法体会"禅"的，所谓"净念投于乱心，乱心不得不净"，唯有以清净心，才能在禅堂参出个究竟来。

简易养身法

现在的很多人，追求"自由"、讲究"生活"，甚至不惜用燃烧青春和毁灭自己的极端做法去享受一时的"快乐"，岂不悲哉。

当然，对于有人生追求的修行求道之人，就更是应该严格要求自己了。但一味强求坚守"清规戒律"也是十分痛苦、很难长久的，唯有保持平和、自在的心态才能适情宜性享受人生，如此也就不大会耽于诱惑而去打乱已有的心灵平静了。

任何一个寺院都会有自己的清规戒律，但即便如此，还是会有些小和尚屡屡犯戒。

定一法师所在的禅院也是如此，他决定有机会对这些小和尚予以教诲。

这一天，刚刚做完日常佛事，僧侣们正要走出禅房，定一法师扬手碰落了供台上的一个瓷瓶，摔个粉碎。众弟子一下愣在那里，不知方丈的这一举动，是有意为之，还是无意所致。

定一法师见这些和尚都在以那种探询式的眼光看着自己，便语气凝重地说："非常可惜吧？一抔泥土，不知经历了多少工序，经过了多长时间的煅烧，才超脱成珍贵的瓷瓶，被我们摆上了神圣的供桌，成为一件高贵圣洁的法器。如果保存好了，它千百年都不会损坏的，甚至可以永远流传下去。可是，扬手之间，它就坠落于地，一文不值了。同样的道理，一个人，尤其是我们敛德修行的僧人，取得了法号，悟出个境界，不是件容易事！你若不珍惜、不自律，堕落起来与瓷瓶无异！"

一时间，和尚们你看看我，我看看你，都默默无语。有人忽然有所顿悟，于是合掌跪地，深表忏悔。

要烧制一个精美的瓷瓶，需要付出无数的艰辛，可轻轻一碰就会被摔得粉碎。建设难，摧毁易；立事难，败事易；学好难，学坏易；修行难，放纵易……

只有付出艰辛劳动和勤奋求索所取得的快乐才是健康的、永久的，而且还要坚守必要的戒律，否则很容易毁于一旦。

所以说，禅是一种比佛教清规戒律更为简便易行的保养身心的方法。

他见和自见

禅悟是自己心灵深处的体验，单靠学习别人的心得或者一味向师父请教都是不会开悟的，正因为这样，往往在有学僧向禅师请教"禅是什么"之类的问题时，师父不是断喝就是棒打，这说到底是一个他见和自见的问题。师父那样做，是要打消徒弟向外寻求的念头，让他们睁开自己的慧眼，拥有自己的体验和见地。

《战国策·赵策》里有一则关于伯乐为马宣传的故事。

据载，有一个人想把他的骏马卖掉，于是把马牵到市场上叫卖，然而一连三天都乏人问津，没有人知道这是匹好马。最后，这个人实在没有办法，只好求助伯乐。他说道："我打算把这匹马卖掉，可是已经在市场上站了三天，一直卖不出去。想拜托您帮我个忙，请您到市场上围着我的马看一看，临走前再回头看上几眼，我愿意付给您一笔酬劳。"伯乐看了他的马，确实是匹好马，于是就答应了。

第二天，伯乐到市场上绕一绕，经过那匹马面前，左瞧右看，走过去又折回来。

果然，伯乐刚从市场上离开，这匹马的价格立刻涨了十倍。

由于伯乐是相马的名师，因此大家认为只要他相中的马，一定是好马。事实上，即便那不是一匹好马，只要伯乐在那里转三圈，仍然有人会买。这种事不只在古代，就是现今社会上也有许多盲目跟从的人，既没有自己的主见，也不了解自己的需求，一味跟随附和别人的意见，人云亦云地瞎起哄。

内求和外求

禅语说：凡事不向外求，向内求；不向他求，向自求；当下即是，什么都不缺少；只要心存在，必定所有俱足。

一位年轻貌美的小姐叫菩达多，她走在河边产生一个错觉，看到水里自己的倒影没有头，错乱了理智。从此，菩达多以为自己没有头了，无论看到什么人都疯狂地说："我的头呢？你还我的头。"她到处跟人要头，家里被她吵闹得不得安宁，朋友见到她也很害怕，因为精神不正常，到处不得人缘。

有一天，遇到一个法师，菩达多上前说："我的头！我的头！还我的头来！"

这位法师看出她的病况，不由分说地便给她"啪！"一个耳光，年轻的菩达多大叫："你怎么可以打我？"

法师说："我打你哪里？"

菩达多理直气壮地回道："你打我的头啊！"

法师却说："打你的头？你既然有头，为什么还跟我要头？"

一语惊醒梦中人，菩达多终于清醒过来。常人多惯于要求别人“给”自己，却没有想到，本来一切俱足，自家心里的宝藏比外在的财富更多。世间所有万物宇宙都在我心中，除了我的心，还要到哪里寻求？为求外在财富千山万水跋涉，却只是舍本逐末，不明白根本之源，只在枝末要求，枉然那无尽宝藏。

3. 禅的般若

有我有你，即有对待，就是不空；有凡有佛，就有差别，不能平等。禅要从对待中平等，从差别中统一，那才是禅的般若。般若者，智慧也，禅心也。光照大千，即是禅之妙用。

心悟禅定

禅定是一种恬淡、宁静的自在心态，是不受外界干扰的。达到这种境界的人，也不会总是自诩自己的厉害。

宋朝大文豪苏东坡在江北瓜州担任太守期间，经常和镇江金山寺的住持佛印禅师往来。

苏东坡曾经做了一首诗偈：

稽首天中天，毫光照大千；八风吹不动，端坐紫金莲。

这位苏大学士对自己的诗偈相当自豪，于是命书童赶快坐船，送去给佛印禅师鉴定。

佛印禅师端详了一遍，一句话也没说，只在纸上写下两个字，又叫书童送回。苏东坡见他这么快就回来了，急急问道：“佛印禅师可讲什么话吗？”意思是，禅师可有称赞什么吗？

书童回答：“禅师没有讲什么话。”

“啊！真是岂有此理，他没有讲话，你怎么就回来呢？”

书童委屈地说：“话是没有讲，但写在纸上了。”苏东坡一听：“赶快拿来看。”

上面写了什么呢？“放屁”两个字。苏东坡一看，火冒三丈——

“这个老和尚，我平常那么尊敬你，不称赞我也就罢了，怎可以骂我放屁？”

所谓“八风”，不是室外吹拂的东风、南风，而是指我们遇到各种因缘，产生的八种境界，即“称、讥、毁、誉、利、衰、苦、乐”。苏东坡认为，自己的修养已经到了八风吹不动的程度，你佛印禅师为什么还骂我“放屁”呢？心里愤愤不平，又命书童叫了船，准备到金山寺跟佛印禅师理论一番。

佛印禅师知道苏东坡会来，便站在山门口等待。当他看到苏东坡气呼呼地走上来时，哈哈大笑：“学士，学士，您不是‘八风吹不动’的吗？怎么一‘屁’就打过江了呢？”

“八风吹不动”，是有定力的表现。就像真正聪明者不会认为自己聪明一样，真正有定力的人是不会以“八风吹不动”自诩的，这本身就是一种不正常的心态。有道是“定则生慧”，苏东坡定力不够，智慧也就受到了限制，没有意识到佛印禅师所书“放屁”二字是对他“八风吹不动”的验证和考验，产生了错误意识，误以为佛印禅师只是在羞辱他，因此也就被“一屁打过江”了。

看来，一个人口里经常说自己有修养、能明理，是没有用的。所谓“道一丈，不如行一尺”，修学佛法，要真实做到，否则千经万论也只是“数他人宝”，一无用处！

莫贪般若

禅定是否到位，与般若智慧是有关联的，定能生慧，慧能生定，这是相辅相成的。但是，如果过分贪恋般若，却只能蹉跎禅定。

一位国王很欢喜鸟类中的大雁，尤其当大雁飞在天上，有时候排成一字，有时候排成人字，队形非常壮观。

国王命猎人捕了许多大雁，养在笼子里，每天喂以美味饮食。笼子里的大雁雀跃欢喜，因为在野外天天寻求生活饮食，实在不容易。现在

在笼子里，不必飞行找寻，就有美食摆在眼前，自然高兴万分。

雁群中，有一只大雁却忧愁不悦，它不吃任何东西，偶尔只喝一点水。其他大雁笑它不知时势，在这小笼子里有的吃、有的喝，还烦恼什么呢？

过了一两个星期，那只不吃食物的大雁慢慢消瘦下来，不再像一只大雁。有一次，趁人不注意的时候，瘦小的大雁从笼子的铁缝钻了出去，恢复自由之身，重回天空，快乐翱翔。其他的大雁因为饱食终日，被猎人养得肥肥胖胖，不要说在铁笼子里飞不出去，就是铁笼子打开，它们也飞不动了。

食物因为自由飞翔而来得甘甜，般若因为禅定自在而无比快乐；如果贪恋于般若智慧的所见所得而产生执著心，就会失去禅定的功力，无上的般若也就随之丧失了。

所以说，虽然禅定生般若，但对般若要保持平常心，若有若无，可有可无……只有守“无”，才有般若；一旦执著，真正的般若也就不复存在了。这就是禅定和般若的微妙关系，不能因为贪恋般若而蹉跎了禅定的功夫。

定在内心

很多人都比较看重外在环境条件，以为幽雅舒适的环境可以使自己的心情好，可以促进自己的工作，可以使生活更快乐。其实不然，外在的环境终究只是外在因素，真正能左右自己的还是自己的内心。如果只是贪图外界的安逸，会导致自己安于现状，无心上进，反而与发展无益。只有端正自己的内心，才是通往成功的不二法门。

佛陀有一位名叫弥醯的弟子，在一次化缘归来的路上，经过一处美丽、舒适的果园。他当下起了一个念头：“如果能在这么美丽幽静的地方打坐，对我的禅定功课一定能够有很大的帮助。”于是他就请求佛陀允许他，独自在那片果园里打坐。

佛陀对这个弟子的情况相当了解。他知道弥醯的心性还不稳定，光凭着一念的喜好，并不会为他的修行带来帮助，因此要他过一段时间再说。

然而弥醯早已被他的美梦冲昏了头，经过再三恳求，最后佛陀只好答应了他。弥醯满心欢喜地前往他理想中的地方，并在一棵大树下坐下来。

奇怪的是，他坐了大半天，心中的意念却纷飞不断。他慢慢地意识到，这样的禅修对他来说，果真是一点进展都没有。

好不容易捱到傍晚，弥醯终于放弃了心中的执著，悄悄回到佛陀及弟子们所安住的精舍，并且向佛陀禀告他在禅坐时，受到的种种烦恼与困扰。

佛陀看到弥醯已有悔意，于是告诫他：凡夫的心容易随着外境的变化而飘忽不定。禅坐修行，还是要找寻适合自己的方法来调整心念，而不是一味地追逐舒适安稳的环境！

弥醯听到了，当下心生惭愧，并且用心参悟佛陀的告诫，不久后便证得了初果。

所谓“佛说一切法，为治一切心；若无一切心，何用一切法?”心，是万物之本，一个人如果没有把“心”这个最重要的根本照顾好，纵然外在环境再好，终究还是不能圆满。

4. 智慧风光

星云大师说：禅不是刻板，不是呆坐，禅更不是墨守成规。禅是活泼，是幽默，是方便，是灵巧，有方便、有灵巧才是禅。古代的禅师大德，他们扬眉瞬目、举手投足都是禅，甚至一言一行、一思一想无非中道，一草一木、一沙一石无非禅心。所以，只要我们有了禅心，再看世界、看自然、看万象，一切就都充满了禅机、充满了妙趣、充满了智慧。

无语胜千言

禅对人的教诲指点，有很多种方式，它不苛求于形式，只看是否真正能点拨人于迷途。这和家长老师教导孩子是同样的道理。有时可能需要讲道理、摆事实，让孩子明白；有时却无须多费口舌，可能只是旁敲侧击、看似不相干的几句话，有心的孩子自然可以明白其中的道理。

良宽禅师终生修行参禅，从来没有松懈过一天，他的品行远近闻名，人人敬佩。当他老年的时候，从家乡传来一个消息，说禅师的外甥不务正业，吃喝嫖赌，五毒俱全，快要倾尽家里的财产了，而且还时常为害乡里，家乡父老都希望这位禅师舅舅能大发慈悲，救救外甥，劝他回头是岸，重新做人。

良宽禅师听到消息，不辞辛苦，不顾自己年事已高，立即往家乡赶。他风雨兼程，走了三天的路，终于回到家乡，和多年没有见过的外甥见面了。这位外甥久闻舅舅的大名，心想可以在狐朋狗友们面前吹嘘一番，因此也非常高兴与他的舅舅相聚，并且特地留舅舅过夜。

家人都很高兴，心想正好禅师可以整夜对这个不肖的外甥进行说教，劝他浪子回头。外甥却心想，久闻舅舅大名，要是他真的对我说教，我可要好好捉弄他一下，日后在朋友们面前摆摆谱。出乎意料的是，晚上，良宽禅师在俗家床上坐禅了一夜，并没有劝说什么。外甥不知道这个舅舅葫芦里卖的什么药，惴惴不安地勉强熬到天亮。禅师睁开眼睛，要穿上草鞋，下床离去。他弯下腰，又直起腰，不经意地回头对他的外甥说道："我想我真是老了，两手直发抖，穿鞋都很困难，可否请你帮忙，把我草鞋带子系上？"

他的外甥照办了，良宽禅师慈祥地说道："谢谢你了。年轻真好啊！你看，人老的时候，就什么能力也没有了，可不像年轻的时候，想做什么就做什么。你要好好保重自己，趁年轻的时候，把人做好，把事业基础打好，不然等到老了，可就什么都来不及了！"

禅师说完这话，掉头就走，对于外甥的任何非法行为，一句不提。

但就是从那天以后，他的外甥再也不花天酒地去浪荡了，而是改邪归正，努力做人，像换了个人似的。

禅宗的教学法，有时当头棒喝，有时反诘追问，有时"有"、"无"不定，有时暗示含蓄。总之，禅的教育，就是不说破，没被说破的才是自己的全部。不说破，留给别人思考的余地，相信他们能够思考，他们通过自己思考得出的结论，比强行灌输进去的效果要好。不然，唠唠叨叨，自己累得要死，不但劳而无功，还会引起对方的抵触情绪。

天下爱护儿女的父母们，你们能懂得这种禅心吗？你们能够运用这种暗示、启发教学法吗？

时间抛身后

禅者的智慧也是和其特殊境界分不开的。禅境讲究虚无，不偏执于任何一方面，甚至达到忘我的境地，所以要连时间也忘在身后。

老和尚经常带着小和尚到寺院外面的山峰上诵读经文。

有一天，小和尚对老和尚说："时间过得真慢呀。"

老和尚就说："你这样试试——上午，你面朝西方坐着读；下午，你面朝东方坐着读。"

小和尚就听了师父的话，背对着太阳诵读经文，渐渐地，就忽略了时间的快慢。

第二天，他对老和尚说："师父真高明，这一转换方向，我就忘记时间了，整个心思都放在经文里了。"

老和尚说："无论干什么事情，只有把时间放在身后，才能做到全神贯注，达到一种忘我的境界。"

转过身躯，背对太阳而坐，读经的境界就会完全不一样了。禅者处事总是这样简单而又充满智慧的灵光。

行去知回头

常人因无明造作，容易对世间万象产生贪爱执著：眼贪色，耳贪声，鼻贪香，舌贪味，身贪触觉，心起分别，因分别妄动而造下是非善恶。

贪心产生执著，有贪执就有偏颇，有偏颇就有谬误。比丘的肚子就好比是一个挡箭牌，挡住了粗汉的执著心。

很久以前，在浙江普陀山上有一位勤修苦行的比丘善听，他日以继夜、夜以继日地观照佛法真理，从不懈怠，唯一能让他起身的，就是饥肠辘辘时。等到进食后，比丘即刻进入禅定中，继续用功。

一天，善听比丘感到饥饿，于是出定下山，准备沿街托钵。才走到半山腰就看见一位正在打猎的粗汉，比丘心想：佛法广大无边，众生平等无差，托钵不该分贫富贵贱才是。于是，趋前向粗汉行化。此时的粗汉正为采猎不到动物而懊丧，心情郁闷无处可以发泄，善听比丘的出现，正好成为泄愤的对象，手上的弓箭早已蓄势待发，毫不犹豫地朝向比丘。

面对粗汉的行为，善听比丘不慌不忙，神色若定地解开衣衫，轻声说："请射我的肚子，好吗？"

"为什么要我射你的肚子？"比丘突如其来的反应，让粗汉如坠雾里。

"我本来可以清净修行，却因为饥饿难耐，不顾危险地向你乞食，才会遭此横祸，所以要你射我的肚子。"善听比丘平静地解释。

这一番话听在粗汉耳里，犹如当头棒喝，他暗忖：我的处境与比丘有什么不同？为了充饥，宁愿冒着生命的危险，与虎豹豺狼搏斗，造下无以计数的罪孽。粗汉当下忏悔己行，追随比丘出家修道。

软肚子当然挡不住硬箭头，正因为此，对方同样软弱的内心就被触动了，他要考虑这支箭到底能不能射出去，既然射不出去，那就要主动回头，自己也就幡然悔悟了。

这就是禅宗的另一修行方法：直逼人心，赌其通路；行不去处，自知回头。禅家常用的断喝、棒打，皆有此功用。

5. 人间净土

何谓净土？酷暑寒冬都美，南北东西都好，高低上下都妙，人我界限都无，这就是净土。

人间净土是通过禅修而得来的"人间仙境"，是一种随身随地的享受。

始终如一

同一个事物，有人见了欢喜，有人见了悲伤。事物没有差别，可心境为何有天壤之别呢？就是因为我们的内心太容易受外界事物的干扰。

一池落花，两样心情，有人怜惜好花飘零，有人却喜花果将熟。企图改变外在的环境，不如改变我们内在的心境，只要保持良好的心态，快乐和幸福将永远相随。

有一个年轻人，刚结婚时，逢人便说，有了家庭生活多么美好、惬意。单身时，回家吃泡面度日，现在一回到家，大门一开，笑容可掬的太太提着拖鞋让我穿上，一进到屋子里，可爱的小狗围着我汪汪叫，餐桌上菜香四溢，你看人生多么美好？拥有家庭多么幸福呀！

一年后，他逢人便诉说结婚的烦恼、有了家庭的烦恼。因为现在一回到家，太太不再拿拖鞋给他穿了，她也有工作忙碌着，换成小狗衔拖鞋给他，太太绕着他汪汪叫，要求他分担家事，要求他懂得投资之道，要求他准时回家……一年后，浪漫的烛光晚餐不见了，温柔可人的太太变成管家婆，结婚这么不自由，简直像个牢狱一般。

年轻人心情苦闷，跑到寺庙向一位法师诉苦。法师听完年轻人的话，告诉他："你大可不必再苦恼，你仍然可以过着幸福快乐的日子。为什么呢？你的拖鞋一样有善解人意的小狗给你衔来，太太对你要求的声音，就当做小狗可爱的汪汪叫，仿佛是像一首又一首的幸福乐曲，你的生活，还是和以前一样美满。"

外在环境怎么改变并不重要，重要的是我们的内心不要被外境迷惑，那样只会给我们平添烦恼。

阳光抚慰

世间的人们都生活在同一个地球上，呼吸着同样的空气，沐浴着同样的阳光，可是人们的心情却千差万别。有的人每天都开心快乐，脸上总挂着笑脸；可有的人总是忧愁烦恼，很难看到他们的笑脸。这是为什么呢？

一个叫乐天的老和尚，每天都乐呵呵的。有个小沙弥感到好奇和羡慕，就寻个机会问乐天和尚："师父，我看你每天都乐呵呵的，太令人羡慕了，有什么诀窍吗？"

"什么诀窍也没有，"乐天和尚笑眯眯地说，"我这张被阳光抚慰过的脸，就像花骨朵开花一样，自然而然地就笑了。"

小沙弥就说："阳光怎么不抚慰我呢？我怎么就笑不起来呢？"

"那是因为你没有抚慰阳光，"乐天和尚依然笑眯眯地说，"其实，阳光对每个人都是一样的，我经常看到你的脸也满是阳光的。"

小和尚就更加迷惑了，不解地问："阳光怎么抚慰呢？"

"珍惜每寸光阴，不虚度每一天，"乐天和尚还是笑眯眯地回答，"早晨迎接朝阳的升起，傍晚目送夕阳的余晖，不就抚慰阳光了吗？"

小和尚终于明白了乐天和尚的开导，舒心地笑了。

其实阳光一直抚慰着每个人的脸，但并不是每个人都能像乐天和尚那样感受到阳光的抚慰并尽情地享受快乐。这是由于执著心占据了人们的心灵，以至忽视了阳光的存在，当然也不会有心情去抚慰阳光。

牢记初衷

人世纷杂，很多事物都在诱惑着我们，这里面固然有一些陷阱，而更多的却是一些本身很好很健康的东西，更容易诱惑人的往往正是这些。这时候，最重要的是要清楚我们本来是要干什么的，也就是不要忘了自己的初衷。

老方丈分三天派三个小沙弥到某个山涧去采药。第一个小沙弥一走进那个山涧，就被遍地的天然美玉迷住了，他想到美玉是可以雕刻佛像的，就喜出望外地捡了许多回来了，老方丈含笑表扬了他，并嘱咐他暂时不要把拣到美玉的事说出去。

第二个小沙弥一步入那个山涧，也马上发现了那些非常漂亮的美玉，他想到美玉是可以雕刻菩萨的，就非常激动地捡了一大包回来了，老方丈也含笑表扬了他，也嘱咐他暂时不要把拣到美玉的事说出去。

第三个小沙弥来到山涧之后，就开始抱怨前面的两个沙弥：这么多的美玉不捡不是有眼无珠吗？若用这样的美玉做成念珠，岂不完美无比？于是，他抱着沉甸甸的美玉回来了。为了不独占这份“功劳”，他邀请了前面的两个小沙弥一块去见老方丈。可是，老方丈迟迟下不了床，病得很重。三个小沙弥非常惊恐，关心地问方丈这是怎么了。老方丈说：“我病了三天了，可是，手握你们仨为我采来的美玉，一点儿也不起作用，而且越来越重了。”

直到这时，三个小沙弥才意识到他们在美玉面前居然忘记了自己是去干什么的了。通过这次的教训，他们也领悟到了禅理：诱惑面前，要记得自己的初衷。

不仅是小沙弥，生活中的我们也总抵抗不了诱惑，总会忘记自己起初的目的。看电视不犯法，但迷恋电视会耽搁很多本该去做的事情；爱情是美好的，但别忘了上大学的初衷还是为了求学谋生，父母希望你成器成才，而你带回来个漂亮女友又有什么用……

抵抗诱惑，要不忘自己的初衷，更要有良好的心态。只有保持一颗平常心，心气平和，不迷念、不痴狂，才不会发生那种采来美玉、“病死”方丈的事情。

6. 心情保鲜

星云大师说：我们的心好比工厂，能够制造各种东西，有清净的，也有污浊的。求道就是要把这颗原来具有真如佛性的心，扫除表面的尘垢，恢复“一点通”的“灵犀”，还给它光明的本来面目。好比拨去浮云的明月，重现灵明。当我们的心清净无染时，就能够像月亮一样，如实地观照事物的实相，这就是惠能大师所说的“何其自性，本自具足……何其自性，能生万法”的真心佛性。

别迷失自我

大千世界，繁华乱世，很多人在纸醉金迷、物质享受中迷失了自我，最终丢失了自己纯真的本性，甚至为了得到更多、占有更多而不惜铤而

走险、无恶不作。从禅学上来说，他们并不是本性多么恶劣，而是他们迷失本来的自己，而且没有及时地呼唤自己、找回自己。

每天清晨，不等寺院里的晨钟敲响，僧侣们就被老方丈的呼唤声惊醒了。不过，老方丈呼唤的却不是寺院里僧侣们的名字，而是他自己的名字。

多少年了，老方丈总是在晨钟敲响的前十分钟左右，率先起床，站到寺院附近的山坡上，对着山谷大声呼唤自己的名字。有一个小和尚曾经问过老方丈："您怎么天天呼唤自己呢？这样做有什么玄机吗？"

老方丈笑笑说："我天天晚上在梦中出走，甚至云游四海，腾空万里，根本无法约束自己，醒来后当然要呼唤自己了，把自己及时地唤回来，不然的话，就有可能把自己迷失了，再也找不到自己……"

其实，常常走失自己的，岂止老方丈，又岂止是在梦里？现实生活中，不知有多少人在经意或不经意间，就走失了自己，迷失了自我。

这是一个关于禅的问题，禅总是在点亮我们的心灯，让我们能够看到眼前的一切。既然是要我们自己"看"东西，那就要意识到自己的存在和自身的价值，而呼唤自我就是一种很好的强化自我、保养身心的方法。

打坐忘日月

身处21世纪，信息知识的丰沛多样让人目眩，事业工作的繁忙沉重让人不安，生活行程的紧凑杂沓让人动荡，意识上蹿下跳，人也显得虚浮躁动，思路无所适从，压力更是无从释放。

为此，许多企业推行"心灵训练"计划，通过禅修提高员工心灵的能量、正向的情绪以及创造的能力。他们明白，从根本调整才是关键；只要时时保持一颗明晰沉静的心，以积极喜乐的态度对待世间一切，那么无论身处职场或课堂，都能游刃有余、得心应手。

明朝的憨山大师常常坐在木桥的桥墩上，听溪水的声音。

有一天，他坐下以后，顿忘身心，念头一动就听见流水声，不动即不闻，最后众响皆寂，根尘俱泯。

又有一次，在打坐时，又进入坐忘的境界，直到听到耳边数十声响，才微微觉醒。睁开眼睛一看，竟不知身在何处。

信徒对他说：“我离开的时候，师父就闭门打坐，今天已经第五天了。”

憨山大师回答：“我感觉只有呼吸一下的时间而已！”

憨山大师醉心于打坐调理，常常因为心意静寂而顿失根尘、万籁隐没。其实，人的一念岂止坐忘五个昼夜，一念更可以坐断三际妄想，任它刀兵水火、川流不息，我且日日醉卧于野水春风之中。因为这一念，便足以驰骋于天地古今，创意无限，巧思出新；因为这一念，便足以跨越情绪的藩篱，洞观一切，气爽神清。

净化心保鲜

人的心灵世界，本应纯洁、晶莹剔透，但社会的污染已使很多人的内心蒙上污垢。只有坚持自觉洗涤、自我净化，才能永葆心的本真。

一个干净的社会，人心组成的元素是：关怀、爱心、知足、正义；一个肮脏的社会，人心组成的元素是：自私、暴戾、贪婪、邪恶。人心干净，社会自然就干净；人心肮脏，社会自然就肮脏。佛说：“万法唯心。”想要改变环境，就要先从改变人心做起。所谓心净则土净，我们要努力找回人人那颗原本具足的、纯洁的天真心。人心净化了，社会也就净化了，当下就是净土；人心污染了，社会也就污染了，眼前却是秽境。

人生中的浮浮沉沉、起起落落，使我们的生理上、心理上到处充斥着错觉感，但也让我们从中悟出无比的智慧来。只要我们能让这颗躁动不安的心清净下来、沉淀下来，就能找到本性中真实的自我了。

我们要以真实的自我来生活。人人就从自己先做起，以干净的心待人、处世、过生活。小我净了，大我也就跟着净了；人心好了，世界也就跟着好了。